Rebuilding Kritik der reinen Vernunft

『純粋理性批判』を立て直す

1 カントの誤診

Kant's Misdiagnosis 1

永井 均

Nagai Hitoshi

春秋社

はじめに

本書は、二〇二三年四月から二〇二四年八月まで七回、Ｗｅｂ春秋「はるとあき」に連載された「カントの誤診──『純粋理性批判』を掘り崩す」に論旨をより明確にするための加筆修正を施したものに、さらに書き下ろしの最終章（第7章）「誤謬推理とは本当は何であるか」と、『現代思想』二〇二四年一月号（「ビッグ・クエスチョン」特集）に載った「この現実が夢でないとはなぜいえないのか？」に修正を加えたものとを、加えて成ったものである。付加された第7章には、あくまでも暫定的であるとはいえ、ここまでの結論的なことが述べられている。暫定的であるというのは、本書は最初の構想では『道徳形而上学の基礎づけ』や『実践理性批判』も論じて、含めて一冊にする予定であったのだが、理論哲学を論じたこの部分だけでも十分に長くなったので、一応ここで切ることにしたからである（残りの部分は「カントの誤診2」として本年中に刊行予定）。それゆえ、結論は暫定的なものとなった。また、「付論」は極めて短いものだが、本文の議論を前提しておらず、いきなり読んで本論の問題意識の根底を大づかみに捉えるのに適しているので、まだお読みでない方は先に読まれることをおすすめする。

連載をはじめるに際して書いた「はじめに」には、私はこう書いていた。

書籍として出版する際には、最初に「序章」を置いて、まずはカント哲学全体の私の眼から見た概観を与えたいとも思うが、それは最後まで書いてからのほうがよいと思うので、この連載にかんしては、いきなり個別的な議論から始めることにしたい。これは、そのようにカントの個々の議論に即して私の観点からの疑念を提示していき、結果的に全体を「立て直す」ためのものである。立て直す過程において、カント自身が夢にも思っていなかった（であろう）その真の意義が掘り起こされる、と信じてのことである。

これは今でもまったくそのとおりだと思ってはいるが、先に述べた事情により、冒頭の「最初に「序章」を置いて、……」という点については、今回は実現しないことになった。実のところはまだ「最後まで」書かれていないからである。この「はじめに」は、続けてこう書かれていた。

これをカント哲学への入門として使う方はあまりいないとは思うが、そのように使うこともできることは強調しておきたい。そういう入門の仕方こそが、ある哲学への最も有効な入門の仕方であるともいえるからだ。始めから解説言語で語られた平坦な説明からは哲学的な何ごとも学ぶことはできない。ちょうど芸術批評がそれ自体芸術作品でなければならず、そういうもののみがかろうじて作品への通路を開くのと同様、哲学もまたある独自の哲学的観点から批評されたときに始めて、対象への突破口がかろうじて開かれうる、と考えられるからである。私のカント批判からカントの真価がはじめてわかるということがありうる、と私は信じている。

これについては、書き終えた今なら、同じことをもっと自信をもって主張できる。すなわち、カントへの入門はこの門から入ることこそが最も正統的であり、さらにいうなら私のこのカント批判を通じてしかカントの真価が理解されることはないであろう、と。そしてそれは、たんにカント（などという昔の一哲学者）が考えたことへの門ではなく、この世界そのものへの門でもあるはずだ、と。

最後にタイトルについて。このタイトルは拙著『「青色本」を掘り崩す――ウィトゲンシュタインの誤診』に肖《あやか》ったものである。哲学を「治療」行為として捉えたのはウィトゲンシュタインであり、これはその治療が「誤診」に基づくものであったとの趣旨であったから、そもそも哲学が「治療」行為であるなどとは言っていないカントに、このタイトルは不適切にも思えたが、考察を深めるうちに私は、次第にそれが適切であると感じるようになった。「治療」という語は使われなくとも、ウィトゲンシュタインの哲学行為とカントのそれとのあいだにはある並行関係があり、前者のよく知られた前期から後期への移行は必ずしも成功していない（問題点を処理しきれていない）のに対して、後者は、前者もまた直面したに違いない問題をより本質的に解明・解決できる隘路を切り開いており、その後のだれもこれに比肩しうる達成を成しえていない、と私は確信するに至ったからである。それにもかかわらずそのカントもやはり、原初の問題把握において致命的な「誤診」を犯しているというのが、ここでの「誤診」の意味である。とはいえ問題をより本質的に解明・解決できる途を見出してはいるのであるから、「掘り崩す」のではなく「立て直す」とせざるをえなかったわけである。

『純粋理性批判』を立て直す——カントの誤診1　目次

『純粋理性批判』を立て直す——カントの誤診1

第1章

世界はどのようにできているか

――「超越論的感性論」への入り口として

一　感性と悟性、個別的なことと一般的なこと

1　カントはわれわれの認識の源泉を感性と悟性とに分類した。平たくいえば、感じることと考えることに、である。どうしてそのように分類したのかという問題を念頭に置きながらも、カント自身の議論とは独立に、ことがらそのものに即して、この分類の起源がありそうな場所を、まずは気楽に逍遙してみよう。この連載のこれからの議論は、この分類でいえば、ほぼすべて悟性論にかんするものになって感性論にかんする問題提起はあまりないと思うので、ここではその道すがら、感性論に属する私が思いつく問題点を思いつくままに気楽に指摘していき、後半から次第に、この連載全体の主題に通じる論点を少しずつ提示していく、というようにしたいと思う。

2　まず明らかなことは、われわれの認識の源泉は五感（視覚、聴覚、嗅覚、味覚、触覚）から来る

ものだけである、という事実である。その他に、自分自身について感じることとして、身体感覚（「頭が痛い」など）や気分（「憂鬱だ」など）などを考慮に入れるとしても、そうした「感じられる」ものしかないことは明らかだろう。「考える」ことや「分かる（理解する）」ことは、それとはまた別のことであるはずだ。入口といえるものは「感じる」ことにしかない。この区別を理解するために、ここでまずは、とくにカントとは関係なく、だれが考えてみても単純にわかることを、いくつか確認しておこう。

3　すぐに気づくことの一つは、われわれはこれらの感覚をかんたんに識別できる、という事実である。すなわち、見えているものと聴こえているものとを、味と臭いとを、等々、われわれは容易に区別でき、むしろ混同することのほうが難しいだろう。ということはつまり、それらを「感覚」とか「感じること」といった一つの種類に括ることのほうが多少とも高度の抽象力を必要とする技巧的な仕事であるともいえる、ということでもあるだろう。さて、ではそれらはどのような意味で同じ種類だといえるのか、と考えてみれば、その分類根拠は、カントの言うとおり、「考える」こと、「分かる（理解する）」こととの区別においてである、という答えが比較的かんたんに思いつかれるかもしれない。感じられるものごとは、理解するということとは関係なく、それが何であるのか、どういうものなのか、さっぱり分からなくても、文字どおり理屈ぬきに、とにかくそう感じられればとにかくそう感じられる、それでおしまい、というあり方をしているからだ。カントの用語でいうと、感じることが「感性」であり、分かる（理解する）ことが「悟性」である。

4　ここでは、カント的分類の問題には深入りせずに、もう一つのさらなる区別に進もう。われわれはまた、それぞれの感覚の内部においても、たとえば赤い色と青い色とを、甘い味と辛い味とを、容易に区別できる。そのうえでまた、空間的に離れた場所にある（個数的に）二個の色を（種類的に）同じ色として、すなわち「違う場所にある二個の同じ色」として、捉えることができるし、時間的に離れて味わった（個数的に）二個の味を（種類的に）同じ味として、すなわち「違う時に味わった二個の同じ味」として、捉えることなどもできる。おそらくは「赤い」とか「甘い」といった名が付与される以前から、潜在的にその区別は可能であったであろう。* 前者は空間の存在を、後者は時間の存在を前提としており、後者の場合には、すでにして記憶力の介在を必要とするだろう。あたりまえのことだが、いま味わっている味を過去に味わった味と比較するためには、過去の味の記憶を必要とするからである。** 記憶がもたらすこの持続力は、後に言語を介した他者とのコミュニケーションを開始するに際しても不可欠の前提であらざるをえない（決してその逆であることはできない）こともまた、だれが考えても明白だといえるであろう。

＊　名づけとともに初めて区別が可能になるといったことがありえないのは、それならそもそもどうして名づけるなどということが可能なのか、を考えてみれば明らかだといえる。名づけが私的な（自分だけの）名づけであっても公的な（他の人と共通の）名づけであっても、その点には変わりがない。感じられるものにかんする原初のこの識別可能性こそが、感性を悟性へと、すなわち感じられることがらを理解されることがらへと繋ぐ隘路であったことは疑う余地がないと思う。

＊＊　記憶された甘さの表象は甘く感じられはしない（甘さならまだしも、過去の痛み体験を思い出す

たびに痛く感じるとしたら、たまったものではないだろう）。とはいえ、それはたんなる「甘さ」という概念であるわけでもなく、あのとき感じたあの甘さそのものを表象してはいる。すなわち感覚は、概念化されることも、また感覚それ自体が再現されることもなしに、思い出されうるのである。（非常に先走った指摘をここであらかじめしておくなら、感覚的要素のこの独特の持続感は持続的自己意識の成立のために是非とも必要なものではあるのだが、だからといって持続の事実そのものを保証するわけではない。その同一性の感覚が何らかの仕方で後から作られたとしても、そうであることを判別はできないのだから、この持続的な同一性感は誤りでありうるからである。それに対して、いま感じている感覚は誤りであることはできない。たとえそれが何らかの作り物であっても、その誤りえなさに変りはないからだ。先走り過ぎの指摘だが、この違いは重要である。）

5　空間の存在にかんしては、自分の身体を動かして何かに近づいたり遠ざかったりすることができるという能力の介在もまた、大きな役割を果たすに違いない。それができることによってもまた、見えたものの形を触って確かめるといったこともできることになり、丸くてすべすべのものと角ばったものとの違い（という同じ一つのこと）を、視覚によっても触感によっても同様に識別できる、といったことも発見されるであろう。* その結果、異なる二つの感覚によって共通に捉えられるその対象自体は感覚（感じられるもの）を超えた何かであることが確認されるであろう。**

＊　これを「発見」と見るのは論点先取ではある。むしろ逆に、ここで新しい同じさが「発明」される

ことによって「空間」という共通対象が「構成」される、と見ることは可能だからだ。しかし、どちらでも同じことだともいえる。いずれにせよ、その種のことを前提せずしては、対象「を見る」ことも、対象「に触る」ことも成立せず、それゆえ、対象そのものはまだ存在していない、とはいえるだろう。

＊＊「その結果、……」と言ったが、見えたものの方向へ自分（の身体）が行くという概念《コンセプト》自体がすでにして、対象自体はその感覚を超えた何か（触《さわ》れたりもするもの）であることを前提していたはずである。これらがもし連動していなかったら、視感も触感もたんに雑感（色々な感想という意味ではなく、音の場合の「雑音」にあたる、統一性がなく対象を指向しない感覚の集まり）に留まっていたであろう。

6　ところで私は、『独在性の矛は超越論的構成の盾を貫きうるか——哲学探究3』の第1章の段落2において、「土とか石とか鳥とか雨とか風とか……。そういう一般的な種類というものがあって、あらゆるものはその一例である」と言った後に、こう言っている。

さらにそれらに、丸いとか冷たいとか白いとか……一般的な属性があって、さらに動くとか縮まるとかぶつかるとか……一般的なことをする。ここでもまた、一般的な種類がまずあって、あらゆることはその一例なのである。

ここでは、そもそも一般的なことがらというものが存在すること自体の神秘性とならんで、その階層性の存在*が指摘されている。土も石も鳥も……、土や石や鳥や……であることとは独立に丸かったり冷たかったり白かったり……できる！　それだからこそ、この石は丸いとか、すべての石は冷たいとか、ある石は白いとか、主語で指される実体と述語で指される属性とを繋げる「判断」というものをくだすことができるわけである。

＊　もしこの階層性がなかったなら、すなわちたとえば土は必ず冷たく、石は必ず丸く、鳥は必ず白いといったように、属性がみな種に付随していたり、通常は変化や運動もそれぞれの種に固有のものであったりしたら、実体と属性を繋げて「判断」をくだすということ自体が成り立たなかった、とも考えられうるだろう。すなわち、この種のことは、アプリオリであるとはいっても、もとをたどればかなりの程度はこの世界のたまたまのあり方に依存しているともいえるのである。（もちろん、この問題提起は感性についてではなく、悟性にかんするものである。もっと限定するなら、カテゴリーの作られ方にかんするものである。）

7　一般的なことと個別的なことということの区別を悟性と感性というカント的区別に繋げて理解するためには、一般的なことはそれが実現する（実例となる）ためには空間時間的な位置づけを持つ必要がある（逆にいえば、空間時間的位置づけを持つことこそがすなわちそれが実現するということである）という事実に注目する必要がある。段落4において私は、「空間的に離れた場所にある（個数的に）

二個の色を（種類的に）同じ色として、すなわち「違う場所にある二個の同じ色」として、捉えることができるし、時間的に離れて味わった（個数的に）二個の味を（種類的に）同じ味として、すなわち「違う時に味わった二個の同じ味」として、捉えることなどもできる」と言ったが、ここで働いている、同じ種類のものの個数という考え方それ自体が、空間と時間という感性的なものをそれ以外の（種類というものを作り出している）諸概念《コンセプト》から区別することによってはじめて可能になっているということを、ここから理解していただきたい。*

* それはつまり、時間と空間それ自体が、じつは概念ではなく、端的に存在する個別的な（＝独自成類的な）もの（につけられた名前）であることを意味する。「空間」も「時間」も固有名、それもある類に属する一つのものにつけられたそれではなく、端的にそれしか存在しない唯一のものにつけられた固有名なのである。それゆえ空間的・時間的に位置づけて区別することは概念的に区別することとはまったく違う種類の仕事であるわけである。

8　しかし、そうすると今度は、個別的なことと一般的なことということの（存在論的な）区別が、感じられることと理解されることということの（認識論的な）区別と、本当に重なるのか、そこが疑問に思われてくるかもしれない。「石」は概念であり一般的なものだが、時間空間的に個別化された「この石」は（一般概念を使って指されているにもかかわらず）個別的なものであるからだ。それは、個別的なものではあっても、たんに感じられるものではなく、すでに概念を経由して、概念的に把握されたものである。とはいえ、もしそう言うのであれば、「白い」や「冷たい」のような直接的に感じられるものでさえ、そう捉えられる以上は、やはりすでにして概念を経由した、すなわち概念的に把握されたものだといわざるをえない。理解されることと感じられることとの対比と、一般的なことと個別化された（空間時間によって）こととの対比とが、そのまま綺麗に重なるわけではないのだ。概念を介して個別的なものを捉える、ということができるからである。もしそれができなければ、感性を悟性へ繋げること自体が不可能であったろう。

9　カントは、感性と悟性という対比と並行的に、直観と概念という対比も用いるが、こちらもやはり、以上で論じた個別的なことと一般的なことの区別から理解したほうがよい。直観とは個別的なことを、すなわち空間時間的に個別化されたことがらを、それとして捉える能力のことである、というように。その際に実際には一般的な種類（すなわち概念）による把握が補助的に使われるとしても、ともあれ個別化された何かを捉える際には必ず直観がはたらく（というより個別的な事象を捉える際にはたらく能力のことを直観と呼ぶ）のである。概念によって捉えられるのはその概念の一事例であるが、空間時間的な位置づけによって捉えられるのは唯一の空間、唯一の時間のある一部分である。空間と時間はそれ自体が概念ではなく直観される「これ」という一つのものだからだ。概念による把握はその事例を把握し、直観による把握はその部分を把握する、と理解すべきだと思う。

二　置き移しと押し付けの対決へ

10　以上の記述はカントの議論をなぞったものではなく、感性論におけるカントの議論（その中心的な問題意識）と関連があると思われることがらを思いつくままに拾ったものにすぎない。が、カントの議論もまた、概してはこのような素朴な捉え方に整合的であるとはいえる。ただ一つだけ、ここで特記すべき事実を指摘しておきたい。それは、ここまでの段階で、他人の存在は必要とされていない、ということである。それと並行的に、カント自身の議論も、じつは他人の存在を考慮に入れることなしにも成立するようにできているのである。* 観点を逆にして言い換えるなら、現実には存在している他人というものがそもそも何であるのか、『純粋理性批判』におけるカントの議論からは少しもわからないのである。**

* 第7章で考察する「純粋理性の誤謬推理」のA347（B405）とA353-4とにおいては他者の問題が登場するが、それは私の意識が「置き移された」ものとしてである。しかし、そもそもなぜ置き移す人（私）と置き移される人（他者）とが――そのような差異が――存在しうるのだろうか。それはいったい何の差異なのだろうか。いいかえれば、そもそも他人とは（それと相関的に他人でない人とは）いったい何なのか。カントはこの問題をまったく説明していない（おそらくは考えてもいないようだ）。それゆえまた、それにもかかわらずなぜ「置き移す（übertragen）」などということが必要でかつ可能なのか、という問題もまったく説明されていない。だから当然、その際にはいったい何が置き移され、何は置き移されずに残らざるをえないのか、もまったく説明されていない。この後者の問い（何は置き移されずに残らざるをえないのか）は、もしそれが存在しなければそもそもこの差異自体が生じないだろうからきわめて重要であって、その決して置き移されることができないもの

の存在こそが、その人を「他人」ではない人、すなわち「私」たらしめていることになる。それはいったい何であるのか。

この問題はそもそも、①感性と悟性とか②現象と物自体とか、といったカント的な道具立てによって説明可能なのだろうか。それもまた明らかではない。①で説明するなら、置き移す側には感性が歴然とあるが、置き移される側には悟性（あるいは悟性によって概念的にそういうものとして理解されたかぎりでの感性）しかない、といったことになるだろう。すると、他人というものにはじつは感性がない？ ②で説明するなら、置き移す側には物それ自体が直接に露呈している――だから実のところはそれが何であるのかわれわれには決してわからない――が、置き移される側にはそのような不可思議なものの露呈などなく、だからそちらこそが通常の意味でごくふつうに客観的に実在する現象としての人間主体である、ということになるのではないか。

私としては是非ともこの問題を、カントに深く考察してほしかったのだが、残念ながらこれはまったく手つかずに残されており、もっと悪く解釈すると、③超越論的弁証論における「誤謬推理」において、批判対象である「合理的心理学」の主張の一部として（すなわちその問題を考えること自体が誤りであるとして）葬り去られている。その点については、その問題を扱う第7章においてさらにくわしく考察することにする。

＊＊『純粋理性批判』における、という限定は不要かもしれない。カントを読むことによっては、ふつうに存在しているあの他人たちとはいったい何であるのか、自分と他人との違いとはいったい何の違いであるのか、そうしたことは少しもわからないからである。私は、『〈私〉の哲学 をアップデートする』所収の「青山発表の提起した問題に触発されてカント的世界構成との関連を再考する試論」

において、現実に存在している他人というものがそもそも何であるかにかんして、若干のカント的な（と私には思われる）議論を提示してみた。

11　結局のところはまたその同じ問題に復帰して終わることになるとは思うが、ここからは、空間と時間とはどう同じな（どこが違う）のかについて、少し考えてみたい。すでに明らかになったように、空間と時間は個別的な現象が生起する場であり、逆にいえば、個別的な現象は必ず空間と時間のもつ構造によって秩序づけられて生起する。その空間と時間の違いを、まずは主観的な確実性の違いという観点から考えなおしてみよう。知覚によって捉えられる空間的な事象に比べると、心の中に起こる情緒や気分のような、時間的な位置づけははっきりと持つが空間的位置づけははっきりとは持たない事象のほうが、主観的な確実性が高いように思われる。そこに見えたものは、それだけでは本当はそこに在るかどうか確定しないが、内的に感じられたものは、必ず感じられたとおりに在るからだ。なぜ必ず感じられたとおりに在るのかといえば、現象の背後にあるべき本体というものがそもそもなく、感じられたそのあり方がすべてだからである。もちろん、その現象を因果的に引き起こしている物理的な事象はあるだろうが、何がそれを引き起こしていようと、そんなこととは関係なく、その結果感じられた感じそれ自体のほうが、ここではその事象の本体そのものなのである。

12　カントはしかし、Ａ３８、Ｂ５５において、このような見解を次のように批判している。外的対象にかんしてはその現実性を証明することができないと考える人々も、「われわれの内的感覚の対象（私自身や私の状態）は意識によって直接的に明らか」だとみなすので、それゆえに「外的対象はたんなる仮象でありうるが、内的対象は否定しがたく何か現実的なものである」と考えたがる。しかし、そういう人々はどちらも現象にすぎないことを忘れているのだ、というようにだ。しかし、内的対象のほうが「何か現実的なもの」であるということの差異は、現象にすぎないか物自体であるかという差異とは関係ない、それとは別の問題ではなかろうか。それは現象としてのあり方の内部における差異にすぎないだろう。すでに指摘したように、心の中に起こる情緒や気分のような内的に感じられたものが必ず感じられたとおりにあらざるをえないのは、現象の背後にそれがそう現象しているといえるようなそれがそもそも存在せず、感じられたあり方こそがすべてであるから、いいかえれば、それが本性上の「見かけ存在」にすぎないから、である。

13 「我思う、ゆえに我あり」の確実性なども、じつはこれと同じ種類の問題であって、この場合の「我」の存在の疑いえなさは、それが本性上の「見かけ存在」であるがゆえに疑いえないにすぎない。隠された本体なきまったき現象的なもののそれゆえの絶対的な現実性という問題がここにはあるのだ。たんなる用語法の問題であるともいえるが、「物（それ）自体」という表現を、ことがらに即して使うことが適切であるならば、それゆえにこれこそが「物（それ）自体」なのだ、と言ってここでのカントの議論に反論することもできるはずである。それは、表象的なあり方こそがその本体そのものであるような、そういうもののあり方だからである。

14 このような点から見ると、時間的にだけ現象するもののほうが主観的な確実性があり、その意味でより「現実的」である、といえそうに思えるかもしれないが、必ずしもそうはいえない。空間の存在を前提とした「あの辺りにあんなものが見えている」といった知覚現象も、客観的な空間的位置や対象名にかんする主張と切り離されれば、やはり不可謬でありえ、絶対的な主観的確実性を、すなわちまったき現象性を持つことができるからである。逆に、時間の存在のみを前提とする主観的現象であっても客観的な時間的位置にかんする主張がともなうなら、それは本体のある、したがって誤りうるものとなって、ここで言われている意味での「現実性」は失われうるからである。*

＊　空間的なものは、棒状の物体に目盛りを付けて「物差し」を作れば、それだけですぐに客観的に計測可能となるが、時間的なことがらは、それを計測するための目盛りに当たるものを「付ける」のに若干の工夫が必要となる。それにはおそらく、まずは第一に、周期的に変化する自然現象の力を借りることが必要だろう。客観的な自然現象の力を借りるのであるから当然、この段階ですでに時間は客観化されることになり、それと相関的に、主観的な時間把握は可謬的なものに変じる。しかし、ただ周期的に変化するだけで、それが空間的位置の変化ではない場合、「目盛り」として使うには不便であろうから、変化を目盛り化するために、第二に、その周期的変化は空間的位置の変化であることが望ましいことになる。そのために最もふさわしいのは、地球上から見た太陽の位置の変化と、それと相関的に作成可能な日時計のようなものだろう。第二段階が時間の空間化であり、それがすなわち「時計」の成立であるといえよう。

15　（段落14は段落13にかんする注のような従属的段落なので、以下の議論はむしろ段落13から続くことになる。）しかし、このような問題が、じつは段落10の注＊で論じた私と他人の差異の問題との関連で生じていることを見るのはたやすいことだろう。本性上の見かけ存在のもつそれゆえの「現実性」

という問題は、もとをたどれば、なぜか他人である人たちとは異なる、なぜか私である人というものが現に存在しており、それに直接的に与えられることがらというものが存在している！という問題であろうからだ。ここで、それに直接的に与えられることがら（が存在している）とは、いかに置き移そうとしても、それだけはいかにしても置き移されえないもの（が存在している）、ともいいかえることが可能であるだろう。いかなる置き移しも、その舞台の上でなされるほかはなく、舞台それ自体はそのままにとどまるほかはないからである。現実にはその舞台がすべてであり、実のところはそれしかないのだから。

16　本性上の見かけ存在というものが存在するのは、なぜか端的に置き移す側である人が存在しているからであり、いいかえれば、なぜか現実に私である（＝なぜか他人ではない）というあり方をした人が存在するからである。* このような仕方で、カントがその存在を問題にしていない（あるいは気づいていない）二つの問題が一つに繋がることになる。その場合、段落10の注＊で区別した①と②は一致することになるだろう。端的に与えられた直接的に感じられることこそが、物それ自体（原初においてそれ自体として存在する事象）でもまたあることになるからだ。それが存在する原因等々といったことは、後から「関係」のカテゴリーが適用されて作り出される悟性的な構成物にすぎないことになるだろう。

＊　この「端的に」や「現実に」をここではまだ、だれにでも成り立つ一般論として、すなわち「可能的な現実性」として理解しないことが肝要である。そのことこそがここで議論している問題の出発点

なので、ここでそう指摘されても、その違いの意味がわからない方は、この先を読んでも無駄である。

17　しかし、この議論には大きな問題が含まれている。私自身にとってはこれまで何度も繰り返し語ってきたことでもあり、それゆえこの連載の読者の方々の中にも耳にできたタコも腐りはてたとおっしゃる方もおられるとは思うのだが、少なくとも、あの問題がここにもあるぞ、との指摘だけはしておかないと、この議論は完結せず、後にも続かないので、ごく簡単にならざるをえないが、この段落と次の段落で、一応の指摘だけはしておくことにしたい。それは、カントが他人とは「私の意識」が置き移されたものだと言うとき、また「われわれの内的感覚の対象（私自身や私の状態）は意識によって直接的に明らか」だと言うとき（いずれも傍点は引用者）、その「私」とはいったいだれのことなのか、という点にすでにして最大の問題が含まれている、ということである。一つの解釈は、それはカント自身のことを指している、というものである。たしかに、これらの文章を書く瞬間、カントは自分自身のことを意識したではあろう。しかし、おそらくそれは、たんに一例として、であったにすぎまい。彼の主張内容としては、それはだれにとってもの「私」のことを意味していた、に違いない。だが、もしそうだとすると、そのときすでに、「私」の「置き移し」は起こってしまっており、そこから他人へ置き移されると言われているそこがすでにして置き移されたほうの「私」になってしまっている、ということになる。この種の問題を言語で語る際には、当の「置き移し」がすでに起こってしまっている状態を出発点にして、その「置き移し」の生起が論じられざるをえないことになるわけである。「置き移し」の議論が論点になっていない「私自身や私の状態」の場合は、もちろん、あからさまにそうである（すなわち「置き移し」はすでに終わってしまっている）。私自身の用語を使ってよいなら、ここにはすでにして「累進構造」がはたらいてしまっているわけである。

18　この問題の根底には、最初の出発点である「私」は「だれにとってもの、その人の自我」のようなものであってはならない、という問題がある。もし世界が最初から、並列的に存在している諸自我からはじまる平板《のっぺりした》な（＝端的な開始点のない）世界であったなら、「置き移し」によって解決されるべき問題、いいかえれば「置き移し」によって初めて成立する（客観的）世界、などといったものは存在しなかったはずだ。幸か不幸か世界は、少なくともいま与えられている世界は、そうではなく、それを必要とする世界なのだ。この世界は、それが実在するためには、原初に「置き移し」が起こることを必要としており、その「置き移し」からしか始まることができない、とても奇妙な世界なのだ。なぜなら原初には、なぜか世界そのものがただそこからだけ開かれているため、そのそこ（あるいは開けそのもの）とその結果開かれてある世界とが分離できないあり方をしており、それだけしか存在していないため、現にあるような（いわば客観的な）世界を作り出すためには、まさにその原初の事実そのものを、世界の中に現れているある種のものどもに「置き移す」という奇妙な作業が必要になるからである。*

＊　まさにその原初の事実そのものを、であるがために、すなわちそれをこそ「置き移す」ことになるために、結果として、いま語っているこの（不可欠の）作業それ自体が二重の意味をもたざるをえなくなるのだ。それが、先ほど指摘した「私」の二重の意味の成立の真の根拠であり、また、以下にお

いては、その同じ問題が空間時間論にも反映されて現れることが示されることになる。

三　右と左――置き移されるものとしての

19　空間にかんして、カントは『純粋理性批判』では左右の問題に触れていないが、『プロレゴーメナ』§13においてこう言っている。

私の手あるいは私の耳に似ており、それとすべての点で等しいものとして、鏡の中のその像以上のものがありうるだろうか。しかし、鏡に映った手は原物の代わりにはなりえない。原物が右手なら鏡像は左手であり、……

カントはこの例を、ここには悟性的に理解できるような違いは何もなく、その違いがただ感性のみに関係していることの例として、提出している。ところでしかし、鏡の中の手が左手であるということには二つの意味があるのではなかろうか。一つは、(a)鏡に映ったその人物にとってそれが左側にある（という意味でそれは左手である）という意味であり、もう一つは、(b)その人物主体との関係を離れて、その手だけを単独で捉えても、それが左手型をしている（という意味でそれは左手である）という意味である。かりに物体が相互に貫入可能だとして、悟性的には合同であるはずの右手と左手をぴったりと重ね合わすことはできない、というカントの主張点から推察するに、カントの考える感性的世界とは、一般に主体との関係を離れても客観的に左右の区別が存在するような世界であり、ここでの例示の意味も、(b)のような意味に解するのが妥当であろう。

20　しかし、厳密に考えてみれば、この二つはただ重なり合わないだけで、そこに左右という区別があるわけではないだろう。左右は、上下と前後との関係で導入されるのだから、上下と前後という区別が有意味であるような身体的物体（主としては人間身体）の存在なしにはありえないからだ。* それゆえ、身体から切り離された右手と左手は、ただ重ならないというだけで、左右が逆なのか前後が逆なのか上下が逆なのかはわからない（というよりその区別は存在しない）。時間でいえば、これはいわゆるB系列（「より以前―より以後」の相対的関係だけがあって、「未来―現在―過去」の絶対的な区別がない系列）に相当するであろう。そこには相関的な「関係」があるだけである。

* 身体とはこの場合、眼があってそれゆえに見える方向というものがあり、通常、それが意志的に移動できる方向と一致しているようなもの、を指している。それが前後の方向を決定することになり、（上下の方向は大地と重力の存在などによってすでに決定されているとすると）そこから左右が決まることになる。身体ではないたんなる物体ではそれは起こりえない。ここで重要なことは、原初においては、それ「しかない」もの、端的にそこから世界が開けているものにも、それにもかかわらずやはり、その世界の内部に位置づけられうるようなこの前後方向が（感性的にアプリオリに）存在している、という事実である。この事実が感性的な空間世界の出発点である。

21　そのことから遡って考えてみるに、A系列に相当するものが生じるのは、そのようなたんなる相対的な重ならなさだけでなく、ある起点（基点）から見ての左右が逆転することによる重ならなさが生じる場合であることになる。この重ならなさは、時間でいえば、たんに時間軸全体が逆転するのではなく、ある特定の現在から見て過去と未来とが逆転している、といったことを意味することになるだろう。しかし、それだけでよいなら、特定の現在そのものは任意にどこにでも設定されるとも言えるので、けっして絶対的な現在が存在するなどとは言えまい。それはまだ、私の従来の用語法に従って言うなら、（「B関係」と対比された）「A関係」であるにすぎない。そこにはたしかに過去、現在、未来の区別がありはする（し、ある時点は最初は未来で次に現在になり最後には過去になるといった「A変化」も起こりはする）が、それでもそれは任意に相対的に想定可能な（その時における）現在にすぎず、端的にどこが現実の現在なのか、という肝心の「A事実」がそこに厳存してはいない。A系列という概念の内には、そうした一般的なA的関係以外に、A事実というものの厳存の主張が含まれており、そこでは、一般的なA関係（時間の場合はA変化でもある）の存在という事実を超えて、そのどこが端的に現実の現在であるのか、という端的な「A事実」の存在がさらに不可欠となるのである。すなわち、どの時点をとってもその時点にとっての現在というものは必ずあるのだが、それらとは別に、そのうちのどれが端的な現実の現在であるか、という（ある意味では真に驚くべき、しかしある意味ではまったくあたりまえの）「事実」がさらに必要とされるわけである。

22　空間の場合、この「どの時点をとってもその時点にとっての現在というものは必ずある」に相当するのはもちろん、諸意識、諸自己の存在、従来の私の表記法に従って言うなら、「私」たちの存在であり、「それらとは別に、そのうちのどれが端的な現実の現在であるか、という（ある意味では真に驚くべき、しかしある意味ではまったくあたりまえの）「事実」が……」に相当するのはもちろん、端的にそこから世界が開けている唯一者としての〈私〉（山括弧のわたし）の存在である。「空間」と限定した場合には、さらにその〈私〉が身体を持っており、* 「自身にとっての上下・前後・左右をもつこと」が必要となるだろう。鏡像との対比というカントの例に即していえば、それはあくまでも鏡像でない側の人間にとっての左右であり、鏡像は——いや鏡像などではなく、自分と向かい合っている現実の人間であっても——あくまでも派生的な、すなわち現実のではない、左右を持つだけであることになる。

* 厳密に考えれば、身体を持っていなくとも、上下のあるある空間的位置に、全空間がそこから開ける知覚的原点（いわゆる幾何学的な眼）がありさえすればよい、ともいえるだろうが、ここではその問題までは考えないでおくことにする。

23 そこから出発する場合には、鏡像や他者にとってもそこからの左右というものがあるといえるのは、〈私〉が自分にとっての左右をそこへと「置き移し」たからにほかならないことになる。各時点にその時の現在があるという考え方についても、同じように理解することができる。各時点にそれぞれその時点にとっての現在が（したがって過去や未来が）あるといえるのは、端的な現実の現在が、すなわち〈現在〉が、そこへと「置き移され」た結果でしかありえないことになる。それなら、置き移さないこともできるのか、といえば、ある意味では、それはできないのだともいえる。もし置き移さなければ、時間も他人も存在できないからである。もちろん、存在しなくたってかまわないではないか、とはいえるのだが、その場合、何も始まらないことになるだろう。もちろん、何も始まらなくたってかまわないではないか、ともいえるのだが、事実はこのようなことが現に始まってしまっており、いったいこれは何が始まってしまっているのだろうか、ということが、ここで研究されるべく課せられた課題なのである。

24　カントのいう感性の形式としての空間と時間にかんしても、実のところは事情は同じである。その根源的な備給源泉は端的な現実の〈私〉の存在と端的な〈現在〉の存在にこそある、と考えることができるし、ある意味ではそう考えないことにはそもそも何をやっているのか理解できないとさえいえる。しかも、その「置き移し」は必ず成功するのだ。なぜなら、すべてはじつはそれが成功したところから出発しているし、そうであらざるをえないからである。いわゆる「超越論的な主観」とは、要するには、この二義性（あえていえばこの矛盾）*に付けられた名であるともいえるだろう。それは、〈 〉で表現されるような独在性の事実と、それが不可避的に持つある形式が「置き移し」可能であるという事実——したがってすでに置き移されたそれ——との結合体である。とはいえ、もしそうであったなら、端的なA事実と置き移されたA事実としてのA関係だけが存在することになるはずだが、カント的な感性形式としての空間時間は、そこからもう一段の抽象を経て、もはや置き移されたほうの出発点さえもなくてよい、しかしそこから由来する形式を抽象的にはなお残した、B系列的なあり方をしている。B系列としての空間時間が、そうではあってもあくまでも直観的に捉えられる個別的なこれであり、C系列のような（どこにでも概念的・一般的に適用されるような）悟性的な存在ではないのは、その遠い起源を〈私〉や〈今〉に持つからであろう。段落19及び20で問題にしたような、人間身体から切り離された右手と左手の形の理解にも、〈私〉の左右が入り込まざるをえない。おそらくはこの遠い由来によって、段落8及び9で指摘された、「感性」や「直観」のもつ二つの意味もまた繋がっているだろう。B的な空間や時間は、現実の〈私〉や〈今〉はどこにも存在しないのに、いたるところに――生き物が存在しないところにさえも――それが存在するかのような、どこからでも左右や過去未来が開けてる「ヌエ的」な世界なのである。

＊　矛盾というのは、そもそも決して置き移し不可能な事実の、その不可能性そのものの置き移しを、それが含んでいるからである。しかし、世界はそのことからこそ始まっており、それ以外の始まり方はありえぬともいえるのだ。

25　もし、置き移しを拒否して、端的なA事実主義に徹するなら、他人の左右も私のそれからそのまま押し付けられるべきものとなり、他時点における現在などといったものを置き移しによって作り出すこともなく、あくまでも端的な現在の視点をそこへとストレートに押し付けることに徹するべきであることになる。その場合、鏡像は左右が逆になるといった事実も存在しないことになり、もし左右逆転のケースを考えたいなら、対象の形などとはまったく無関係に私がこちらから（まったく勝手に）押し付けるべきであることになるだろう。ここには、「押し付けvs.置き移し」という対立があるのだ。カントの世界は、置き移しから出発する世界であり、それは最初に成し遂げられる置き移しを（前提するが）もう見ないことにすることよって成り立つ世界である。とはいえ、それは完全に無視されているわけではない。本章で引用したいくつかの箇所をはじめとして、カントはその問題を気にはしてはいるからだ。おそらくは気にせざるをえないのだと思う。なぜなら、その事実こそがカント的世界構築を暗に駆動しているといえるからである。彼の理論哲学だけではなく道徳哲学にまでも、そのことが響き渡っているように私には思われる。そのことを示していきたいと思う。

第2章
カテゴリーの分類と構築

一　カント的な「カテゴリー」の特質

1　『純粋理性批判』は、大きく分けると感性論と分析論と弁証論とからなる。第1章では感性論の範囲の問題を扱ったが、これからは分析論の範囲の問題を扱う。分析論は、大きく分けると概念論と原則論とに分かれるが、その概念論はカテゴリー論と演繹論とに、その原則論は図式論と狭義の原則論とに分かれるので、結局のところ、カテゴリー論、演繹論、図式論、原則論の四つに分かれる、といえる。以下、この第2章ではカテゴリー論について、第3章では第一版（いわゆるA版）の演繹論について、第4章では第二版（いわゆるB版）の演繹論について、第5章では図式論について、第6章では原則論について、それぞれ多少とも批判的に論じていくことになるが、この第2章は批判的というよりはむしろ、カント的な「カテゴリー」という発想を基礎としながらも、それを私自身の考えに沿って発展させ、前章と同様に比較的自由に論じていくことにする。

2　色とか音とか触った感じとか……、ともあれ五感に与えられるものを、秩序づけて整理する仕方には、前章で論じた空間的な上下左右や時間的な前後関係のほかに、われわれの使う言語の構造と密接に結びついたものがある。きわめて大雑把にいえば、それがカテゴリーである。ここで言語というのは文の組み立て方のことである、といえる。ふたたびきわめて大雑把な言い方をするなら、前章で感じることと考えることを区別したが、感じたことは語で表現されるが、考えたことは文で表現される、といえる。文とは要するに複数の語を（ある規則に従って）繋げたものであり、その繋げ方の規則がすなわち文法なのであるから、先ほど、五感に与えられるものを秩序づけて整理する仕方には言語の構造と結びついたものもある、と言われた際のその言語とは、すなわち文法のことであった、ということになる。五感に与えられるものを秩序づけて整理する仕方には文法と結びついたものもあるのだ。

3　文法について考えていく前に、以上のことを前提として、カント的な（カントに特有の）カテゴリーの特徴はどこにあるのか、についてまずは端的に指摘しておこう。ひとことで言えばそれは「それに従って秩序づけられなければわれわれの経験そのものが成り立たず同時にまたわれわれの世界そのものが成り立たないようなもの」である。すなわちカント的なカテゴリーは、感覚に与えられるものを秩序づけてある纏まりをもった経験を――ということはすなわち纏まりのある一人の人間主体を――作り上げるとともに、そのような経験の作り上げ方において同時に客観的世界そのものをも作り上げる、そういうものなのである。重要なのはこの「同時に」なのだが、それは時間的な同時性というよりは、それらがじつは一つのことであるということを表現している、と考えていただきたい。すなわち、どちらにとっても、一方は他方なしには不可能であるということを表現しているのである。4　統一性のある纏まった経験を作り上げることは必ず客観的世界を作り出し（なぜならそうしないと統一性のある纏まった経験は作れないから）、また逆に客観的世界が成立するということはそれを経験しうる主体をそのことのうちで作り出さざるをえない（なぜならそうしないと客観的世界が成立しないから）、ということになる。しかし、それはわれわれの理解しうる客観的世界のことだけを考えているからではないのか、と言われるかもしれないが、それに対する答えは、然り、何故なら客観的世界とはわれわれの理解しうる客観的世界のことだから、というものになるであろう。* この根源的な相補性こそがカントの最大の洞察であり、これがすなわち超越論的な関係である。ここで最も重要なことは、これを人間に起こる何らかの心理的事実のように理解しないこと、である。いかなる事実も、したがって心理的事実も、このような超越論的関係の上に乗ってしか成立しえないのだ。これこそがカントの根源的洞察である。

*　本章のこの後の議論で、カテゴリーをわれわれに与えられた世界の側がもともとなぜか持っていたそれとわれわれの悟性が世界に持ち込んだそれとに区別するが、これらはすべてここでいうところの客観的世界の作られ方にかんする議論であり、主体の側の自己同一性にかんする議論は（最後に人称のカテゴリーが追加されるまで）まったく触れられない。カントに即したカテゴリーの議論としてはこの順番にならざるをえないのだが、じつのところは人称カテゴリーにおける第一人称「私」の成立と客観的世界の成立が相補的となる。そこで初めてここでなぜ「われわれの」と言えるのかも明らか

にされる。

二　一応はカントの分類に従ったカテゴリーの（勝手な）解説

5　という前提に立って、話を戻して文法について考えていくことにしよう。文法の例としては中学校で英語を教わり始めた際に教えられたことを例にとって説明していくことにする。単語は単語で覚えなければならないが、それとは別に単語の繋げ方の規則を次々と教えられたはずである。たとえば、This is a stone. のように。この場合、stone は感覚に与えられたものそのものではないが、感覚に与えられたものから（文の構成に先立って）作られるそのパターンではある。感覚に与えられるもののある種の類型を stone として分類していることになる。すると、This is a stone. という文は、視覚に与えられるある類型に名を与えているか、すでに与えられたその名を使ってその類型を分類しているか、であることになるだろう。たいていの場合、話し相手にもそれが同じように見えていることを前提にして、それらはなされるだろう。

6　この段落は前章の段落6で述べたことに続く話になる。土とか石とか鳥とか雨とか風とか……そういう一般的な種類というものがあって、あらゆるものはその一例でなければならず、さらにそれらに丸いとか冷たいとか白いとか……一般的な属性があり、さらに動くとか縮まるとかぶつかるとか……一般的なことをし、あらゆることはその一例でなければならない。なぜすべてのものごとが一般的なものごとの一例でなければならないのか、それには究極的な根拠はなく、この世界のもつたまたまの事実にすぎない。したがって、土も石も鳥も……、土や石や鳥や……であることとは独立に、丸かったり冷たかったり白かったり……することができることにも、すなわち世界がそのような二層構造*をしていることにも、究極的な根拠はなく、それもまたこの世界のもつたまたまの事実にすぎないといえる。しかし、世界がそのような構造をしているからこそ、This stone is white. といった文が構成可能になる。すなわち、主語概念によって指される実体と述語によって指される属性とを繋げる「判断」というものが成立可能になるのだ。これはカントのカテゴリー表でいえば、三の1の「実体性と偶有性」に対応する。This stone が実体で white がそれが偶有的に（すなわちたまたま）持つ性質である。偶有的であるというのは、かりにその性質を持たなくても（したがって色が変わっても）その同じ石でありうるからである。

* white という形容詞に、他の諸々の色や色以外の形容詞をも限定できるような副詞が作用できる（たとえば This stone is brightly white. のように）とすれば三層、その構造が原理的には無限であるとすれば多層である、といえる。

カテゴリー表

一　量

1．単一性　2．数多性、3．全体性

二　質

1．実在性　2．否定性　3．制限性

三　関係

1．実体性と偶有性　2．原因性と依存性　3．相互性

四　様相

1．可能性－不可能性　2．現実性－非存在　3．必然性－偶然性

7　中学で英語を習い始めた時に教えられたことに戻って、このカテゴリー表との対応を考えてみよう。一の「量」のカテゴリーにかんしては、まずは複数形である。わりあい初期のころに、These stones are white. といった文の作り方を習ったはずである。とはいえこれは、後には文法の問題にもなるとはいえ、もともとは文法の問題というよりは世界のあり方の側の問題であったはずである。複数という捉え方は、数という概念の起源なのであるから、極めて重要な捉え方であるとはいえるが、それでもやはり、これはわれわれが世界に押しつけたわれわれの側の「捉え方」であるというよりは、むしろ世界の側が事実としてそうなっていることからわれわれがそれを受け入れて物事を捉える基本的な型とした、という意味での「受け入れ方」であると言ったほうが適切であると思われる。世界に

はなぜか一般的な種類というものがあって、したがって同じ種類に属する複数のものが必ずある。だからこそ、その数という捉え方が生じうるし、生じざるをえないとさえいえるわけである。ということは、逆にいえば、そうなってはいない場合も——すなわち個数という捉え方がそもそも成り立たないような世界も——十分に考えられはするわけである。*

＊　物に種類なんぞなくても、ともあれ個的物体がありさえすれば、個数は可能だとも考えられはする。目の前に石が一個と木が一本あり、そこに一羽の鳥が飛んで来たなら、全部で三個である、と捉えることができるというように。とはいえ、その世界に石や木や鳥といった種類はないのだから、それらは最初からたんに物（という種類）だったわけであり、それだからこそそれらの個数を数えることもまた可能であったわけである（でなければそれらを「三個（三つ）」と数えるのはかなり無理がある）。種類と個数とが相補的な概念であることは明らかだろう。物（個的物体）さえも存在しない世界（例えば流体世界）ももちろん可能であり、その場合には個数というものもなく、それゆえに数という概念も発生しにくいであろう。

8　ここで、前章の段落7で指摘した事実との関連において、「いくつあるか」が他の「どのようにあるか」と截然と区別されるべき理由を確認しておくべきだろう。そこで私はこう言っていた。「ここで働いている、同じ種類のものの個数という考え方《コンセプト》それ自体が、空間と時間という感性的なものをそれ以外の（種類というものを作り出している）諸概念から区別することによってはじめて可能になっているということを、ここから理解していただきたい」と。ある観点から見ると、これはライプニッツの「不可識別者同一の原理」に対する批判であるといえる。不可識別者同一の原理とは、大雑把に言うなら「識別できない（＝すべての属性が同じである）二つのものは同じ一つのものである」という原理である。しかしカントは、その諸属性から空間時間的な位置だけは分離すべきだと考えたわけである。「たとえ概念にかんしてはそれらの物が完全に同一であるとしても、同じ時間におけるそれらの現象の場所の違いは、（感官の）対象そのものの数的差異を成立させるのに十分な根拠となる。二滴の水滴がある場合、それぞれの水滴の間の内的差異（質と量）はまったく度外視するとしても、もしそれらが同時に異なる場所において直観されるならば、それらは数的に異なるとみなすに十分である」（A263-4、B319）。このような考え方から質的同一性と数的同一性の区別が生じ、個数（時間の場合は回数）というものの独自の意義が根拠づけられることとなる。そもそも数とは、起源的には、個数と回数のことであったに違いない。

9　「量」のカテゴリーにかんしては、次に重要なのは全称判断等々の判断類型の成立であろう。これはしかし、要するにはやはり、この世界にはなぜか、物の種類とそれがもつ性質の種類に分かれて、多層的に種類というものが存在している、という事実からの帰結だといえる。前章の段落6で述べたように、世界にはなぜか土や鳥や石や……があって、土も石も鳥も……、土や石や鳥や……であることとは独立に、丸かったり冷たかったり白かったり……できる。それだからこそ、この石は丸いとか、すべての石は冷たいとか、ある石は白いとか、主語で指される実体と述語で指される属性とを繋げる「判断」というものをくだすことができるわけである。*

＊　たとえば「すべての石は〜」という形の全称判断の場合、「〜」に入る語がそもそもの始めに石を石として識別する際に使われていた基準のたんなる反復であれば、それは分析的判断であるということになり、当然のことながら必然的に正しい。それは意味上の真理であるからだ。これに対して、そもそもの始めに石を石として識別する際には使われていなかった真理を、経験的な探究の結果として、新たに発見したのであれば、それは総合的判断であることになり、当然のことながら、さらなる探究の結果、じつは正しくなかったことが判明することがありうる。まったくあたりまえのことではあるが、カントとの関係で付言しておくなら、経験的探究は必ず「感性」を使ってなされる。
　カントとはとくに関係はないがさらに付言しておくなら、分析的真理と総合的真理とは入れ替わることも可能ではある。たとえば鳥を鳥として識別する基準のうちに、当初は「空を飛ぶ」のようなものが含まれており、「すべての鳥は空を飛ぶ」は分析的判断であった（この場合「飛ばない鳥」が発見されることはありえない）が、後に鳥を鳥として識別するための別の基準が（たとえば他の生物を識別するためにも使える体系性があるといった理由で）新たに採用され、「飛ばない鳥」が存在可能になる、といったことが起こりうるのだ。鳥のごとき経験的概念にかんするかぎり、このようなことはつねに可能であると考えなければならない。われわれは通常、意味の側を固定させたうえでそれに基づいて事実について探究するしかないのだが、ときに発見された事実を意味の側に組み込ませることもまた可能ではあるのだ。

10　二の「質」のカテゴリーにかんしては、否定の存在という問題に尽きる。英文法を学ぶ際にも否定文の作り方は初期の最重要の課題だったではあろうが、文の作り方の問題以前に、そもそも世界のあり方を「……でない」という仕方で捉えることができるということ自体が画期的なことだといえるだろう。私の素朴な実感を語るなら、否定というものが登場したとたんに、世界把握の覇権が世界そのものの側から知性を持つ主体の側に移る。なぜなら、物やその属性の種類の複合も、同種のものの複数性も、もともとからわれわれのこの世界にたまたま存在していた事柄だといえるが、その世界そのものには否定など存在していなかったはずだからである。* それは、文字どおりこちらから持ち込まれた「世界把握の仕方」であり、おそらくはこれこそが言語的世界把握の核であるといえるだろう。**

* かりにもしそれが世界の側にあるのだとしても、それはたまたまあるのではなく必然的にあることになるだろう。すなわち、この世界以外のいかなる世界が与えられていたとしても、その世界は必ず「そうでない場合」がありうる世界でなければならない、というように。（しかし、そうでない場合が「ありうる」とはつまり他の可能性の存在という様相の問題であるから、否定の存在とは様相の存在のことだともいえるはずである。）

** これをウィトゲンシュタインの絵（像）の理論を使って語るならこうなる。複数の石が白い色をしているといったことは絵でも描けるが、それらが赤くないことは絵には描けず、言葉でそう言うほかはない、と。そこから翻って考えると、These stones are white. というポジティヴな言語表現の内にもすでに、それらの石が red や black や……ではないという否定性がすでに含まれていたことがわかる。そういう否定性の必然的な内在こそが言語的世界把握の一つの特徴であるといえるだろう。

11　否定と偽の関係はどうだろうか。This stone is not white. という文が可能であることとThis stone is white. という文が偽でありうることは同じことだろうか。世界の側には肯定性しか存在しないとすると、This stone is not white. という文はThis stone is white. という文が偽でありうる（例えば見間違いで）ということを先取りして表現した文であると見ることができる。これがカテゴリーとしての「否定」の意味であろう。しかし、別の考え方をすることもできる。これを色体系の存在を前提して（その内部で「白ではない」と否定性を働かせて指示を限定したうえでの）肯定的な表現と見ることもできるからである。その場合、この文は「…白以外の色である」という肯定的な事実を表現していると見ることもできることになる。* この場合には、前段落注＊＊で指摘されたような否定性が暗に働いていることになる。これが、カテゴリー表において「制限」とされているものであろう。

＊　ウィトゲンシュタインの着想とされる「真理表」では、否定が真偽を使っても定義されている。「「とは、Pが真のとき「Pは偽で、Pが偽のとき「Pは真、となるような真理関数である」のように。しかし、素朴に考えて、否定の意味を知らない人が真偽の意味を理解できるとは思えないので、これはじつは循環定義ではないか、と疑われて当然であろう。真偽概念よりも否定概念のほうがより基礎的でなければならないはずではないか、と。

とはいえ、真偽概念は否定性とは独立の特殊な起源をもち、文に適用された否定はその真偽概念に依拠した特殊なものなのだ、と見なすこともできるだろう。本文後半で紹介した「制限」の考え方に拠れば、否定性は本来必ずしも文にかんするものではなく、「……以外」という仕方で語の体系においてはたらくものであった。むしろこちらが否定性の本来の意味であるとみなしうる（それは真偽というよりはたんなる差異に基づくものである）。

ところでしかし、語られた文には必然的に偽の場合というものがありうるわけだが、それはその関係の場合にだけ存在するきわめて特殊な関係であり、そこでは語体系の場合のように互いに他を否定するという相対的な関係が成り立っているわけではない。あくまでも真が基準で（残念ながら！）そうではなかった場合が偽となる、という一方的な関係が、一回だけ存在するにすぎない。すなわち、真理の側が「突出」しており、そうでなければ（つまりそれの否定は）偽であって、それで終わり、それだけ、なのだ。否定性（否定というはたらき）という抽象的で相対的な反復的構造は成立していない。

その反復的構造はどこから持ち込まれたのか、と問われるならば、否定（というはたらき）を真理関数によって定義するために、可能性としての真偽という見地を導入し、真偽概念を相対化することによって、である（実際には否定というすでに相対的である関係を使って真偽を相対化したのではあるが）。

重要な点は、そうするとここには累進構造がはたらくことになる、という点である。真偽概念の相対化にもかかわらず、特権的な真理の存在はどこまで行っても否定しがたく残存し続けるからである。「その石は白い」が真ならば「その石は白くない」は偽であり、「その石は白くない」が真ならば「その石は白い」は偽である、のではあるが、そのような相対的な関係とは別に、その石は現実に白いか白くないかどちらかであり、そしてなんと、現実には白い！　といった種類の特別な真理が存在せざるをえないからである。否定性の根源にこの意味での端的な現実性が（端的でない現実性とともに！）持ち込まれたことの意義は大きい。真偽（A系列にあたる）と否定（B系列にあたる）とが結合することによって、そこに累進構造が生じるからである。

12　三の「関係」のカテゴリーにかんしては、1の「実体性と偶有性」についてはすでに論じたので、2の「原因性と依存性」について、要するに因果性について、簡単にその意義を解説しておくことにしよう。森羅万象、世界に起こることすべてには、何らかの原因があるのだろうか。原因なくただいきなり起こる、無原因の出来事というものはありえないのだろうか。もしありえないとしても、そうであることがなぜわれわれ人間にわかるのだろうか。また、原因と結果の関係には必ず法則性があるのだろうか。法則性なき因果性*や因果性なき法則性**はありえないのだろうか。もしありえないとしても、そうであることをなぜわれわれ人間が知りうるのであろうか。

*　その時にはたしかにAという原因がBという結果を引き起こしたのだが、しかしAタイプの出来事がBタイプの出来事をつねに引き起こすという法則性があるわけではない、ということ。

**　Aタイプの出来事の後にはいつもBタイプの出来事が引き続いて起こる（そういう法則性がたしかにある）のだが、Aという原因がBという結果を引き起こしているわけではない（ただ引き続いて起こるだけである）ということ。

13　D・ヒュームはこう考えた。「AがBを引き起こす」という判断が下される場合、実のところを言えば、Aという出来事、Bという出来事、そしてそれらが引き続いて起こるということは観察可能で、確かに観察されてもいるわけだが、AがBを引き起こしているという「引き起こし」の事実はそもそも観察不可能であって、だからもちろん観察されてはいない。Aタイプの出来事にBタイプの出来事がつねに引き続いて起こることを、彼は「恒常的連接」と呼び、われわれが「因果関係」と呼んでいることの実態はこれであり、じつはこれだけなのだ、と主張した。つまり、因果関係といわれているることの実態は、あるタイプの出来事の後には別のあるタイプの出来事がいつも引き続いて起こるという関係を、われわれが繰り返し観察しているうちに、心の習慣によって、観察者の心の中に「因果」の観念が成立するということなのであって、実のところは、前の出来事が後の出来事を必然的に引き起こすといった関係は実在しないのだ、というわけである。したがって、これまでのところいつも、Aタイプの事象の後にはBタイプの事象の生起が観察されていたとしても、そこに必然的な関係があるわけではないので、次回のAタイプの事象の後にはBタイプの事象の生起は観察されないかもしれない、ということになる。一般に自然法則といわれるものはすべて、これまではこういう継起関係があった、というものであるから、これから先もその通りになるかどうかは決してわからないということになる。[*] われわれがそうは考えないのは、たんに心の習慣がそうは考えさせないからにすぎない。つまり、因果関係はわれわれの心の習慣にすぎない、というわけだ。

＊　この点にかんしてくわしくは、成田正人『なぜこれまでからこれからがわかるのか』(青土社)を参照されたい。

14　これは私にはきわめてもっともな議論だと思われる。この議論の型を因果性以外の類型一般に広げ、ヒュームが主として時間的に考えた問題を空間的にも考えてみることができるだろう。これまでわれわれが地球上で出会ってきた物事はすべて、何らかの類型に属していたが、宇宙旅行をしてみたら、どこからか先は類型化を拒む独自成類的なものごとで成り立っていることがわかった、ということもありえないことではない、というように。あるいはもっと簡単に、ＡがＢを引き起こすという型が客観的には実在していないとも考えられるのであれば、そもそもＡという型、Ｂという型についても同じことが言えるのではないか、と。ＡがＢを引き起こさないこともありうるように、そもそもＡという型自体も成り立たなくなることもまたありうるのではないか、と。＊

＊　これは、Ａという型の成立自体にもじつは因果関係が内在しているのではないか、という問いに変形されてもよい。

15　しかし、カントによれば、このようなことはどれも、決してありえない。そもそも類型的に捉えることこそが、われわれが世界を捉える捉え方であり、われわれに世界が与えられる与えられ方であり、われわれが世界と出会う唯一の出会い方であるからだ。それゆえに世界というものはそのように出来ているのである。因果の例でいえば、われわれは因果的な連関を捉えるとき、すなわち世界が因果的な形で与えられるとき、すなわちわれわれが世界と因果連関を介して出会うとき、われわれは世界と出会うことができる。それ以外の出会い方は存在しないので、それこそが（われわれにとっての）世界の真の姿なのである。（世界がそれ自体として（an sich）どのような姿をしているのか、われわれは決して知ることができない。）それゆえに、つまりその意味において、世界が因果的でない（なくなる）可能性はないのだ。かくして、知りうる事象と在りうる事象とが（カントは言っていないがあえて付け加えるなら、さらに語りうる事象とが）、アプリオリに一致することになる。カント風の用語を使って表現するなら、経験一般の可能性の条件と自然一般の可能性の条件とが（カントは言っていないがあえて付け加えるなら、さらに言語一般の可能性の条件とが）、かくしてアプリオリに一致するのである。この洞察こそがカント超越論哲学の「いかなる風雪にも耐えうる」最高の達成である。*

* 超越論哲学の示す認識を、人間という動物に起こる心理的事実のようにしか理解できない人は多い（意外なことに専門家の中にさえ）。そう理解されると、これはヒュームの経験論哲学と本質的には変わらないものとなる。このことの内には非常に興味深い（パラドクシカルな）問題がふくまれているのだが、そこまで踏み込む余裕は今はないので、ここでは、その二つはまったく違うものなのだと断言して、その説明を試みたい。たとえば、人間という動物の「深層心理」には因果性という枠組みが備わっており、だから人間は森羅万象をその枠組みで捉えるようにできているのだ、というようなことを、カントの超越論哲学は主張しているのではない。超越論哲学は人間という動物に備わる事実問題から出発することはできない。人間という動物はすでにして一つの類型であり、それがある属性を持つことはすでにしてカテゴリーの適用だからである。当然にまた、深層心理なるものを探求するに

もすでにして因果性その他のカテゴリーを使わざるをえない。すなわちこれはもはや背後遡行不可能な事態なのである。超越論的な探究は、やめたいところでやめられないのではなく、どんなにやめたくなくてもやめざるをえない、いやむしろ、じつのところはもうやめていざるをえない、そういう地点がつねにすでに存在してしまっている、という種類のことがらなのである。

それゆえ、たとえばフロイトやラカンの精神分析的理論のようなものは少しも超越論的ではなく、ごくふつうに経験的な理論であり、哲学者でも、ヒュームやベルクソンの議論なども経験的である。それらは多くの場合、いわば人間という一動物のあり方についての、事実問題にかんする主張だからだ。それらは、この世界の内部で起こる（起きた、起きている、……）事実についての理論なのである。カントの超越論哲学は、事実問題についての理論ではなく、およそ事実の認識というものが、それゆえにおよそ事実というものそのものが、そもそも可能となるその仕組みにかんする理論であり、通常の事実問題についての諸学説とは、対象とする階層そのものがまったく異なっているわけである。

16　ところで、同じ「関係」というカテゴリーの内に位置づけられているとはいえ、1の「実体性と偶有性」と2の「原因性と依存性」ではずいぶん違う種類の「関係」ではないか、と思われるかもしれない。それはしごくもっともな疑問である。「実体性と偶有性」は一つの文（で表現されるような事態）をはじめて作り出す、きわめて基礎的な「関係」であるのに対して、「原因性と依存性」は二つの文（で表現されるような事態）を外から関係づける、それに比べれば二次的な「関係」であり、その二つの「関係」の意味はずいぶん違っているように思えるからである。それはまったくその通りなのだが、しかし、似ている面があることも否定できない。それは、どちらもわれわれの捉え方の側の特性というよりは与えられたこの世界の側の特性に由来しているように見える点である。もちろんこの世界がそれ自体として（an sich）どのようなあり方をしているかは知りようもないとはいえ、何らかの意味でそれ自体としてのこの世界（のもつ特殊事情）が根拠となってわれわれに現に与えられている世界のこのあり方が、どういうわけかそのような形をとっている、とはいえるからである。なぜならば、「実体性と偶有性」の関係も「原因性と依存性」の関係も、それらが現に与えられているのとは異なる、別のあり方をしている場合も、また考えられはするからである。たとえば、実体とそれが偶有的にもつ性質のどちらにも類型（種類）というものがなく（その意味では実体も性質もなく）、したがって「主–述」的な捉え方もできないようになっている、そういう世界のあり方も考えられることはすでに指摘したが、類型化可能な因果的な（あるいはそもそも継起的な）繋がりもまたない世界も十分に考えられるであろう。* 類型的な物があればその個数というものもまた必ずあり、類型的に因果的（継起的）繋がりがあればその回数というものも必ずあるだろう。それらが無ければ個数や回数もまたないことは言うまでもない。

* それは、われわれが何かを認識する・理解するということが不可能な世界になるではあろう。理解して認識するとは要するには類型化することだからだ。しかし、現存の世界から現存の類型化を排除していく思考実験によってそういう世界の可能性を色々と考えてみることは十分にできるだろう（ここでの論点はそれさえもできない場合との対比にある）。

17　これに対して、すでに論じた否定や、次に論じる様相は、それが存在しない世界はそもそも考えられない。なぜなら、それらはわれわれに与えられたこの世界の側がたまたま持っていた性質ではなく、それを捉える知性の側がそこに持ち込んだ（持ち込まなければそもそも捉えるというはたらき自体が成立しえない）枠組みだからである。「この石」という類型化的把握はすでにしてそれが石でない（物空間の内部で他の物である）可能性との対比によってなされており、「この石は白い」という偶有的性質の付与は白くはない（色空間の内部で他の色である）可能性との対比でなされている。否定と他である可能性の存在はものごとの理解の必然的な前提である。因果法則的連関の認識にかんしても同じことがいえる。それゆえ、その否定と様相そのものにかんしては、それがない可能性や他のあり方をしている可能性はそもそも考えられない。その問題をさらに論じるためにも、まずは第四のカテゴリーである「様相」について、多少の解説を加えておこう。

18　英語学習の場合でいえば、これは助動詞（can と must）および仮定法の学習と関係している。まず、必然的とは、いかなる場合もそうである（だからもちろん現実的にもそうである）ということであり、可能的とは、そうであることがありうる（現実的にそうであってもなくても）ということであり、現実的とは、実際にそうである（だからもちろん可能的でもあるが必然的であるとは限らない）ということである。* ついでに言えば、不可能的とは（現実的にそうでないことはもちろん）そもそもそうであることはありえない、ということであり、偶然的とは（必然的ではないが）たまたま現実にそうである、ということである。**

＊　カントはこれらにかんしても彼の認識論的な枠組みから規定したり（直観形式や概念のような経験の形式的条件とだけ合致することが可能的で、感覚のような経験の実質的条件と合致することが現実的、……のような）、時間との関連で規定したり（すべての時間的においてそうであれば必然的、ある時間点においてそうであれば可能的、……のように）することになるのだが、これらはいずれも様相概念そのものの説明としてはよけいな要素が付け加わっていて（否定を内包量の問題と繫げる議論と同様）不適切である。

＊＊余計な話ではあるが、現代の様相論理学では最後の偶然的をむしろ「（必然的ではないが）可能的ではある」のように捉えるのが普通である。それでも直観的に意味が通るのはそこに現実性にかんする累進構造がはたらくからにほかならない、と私は考える。各可能世界がそれぞれその世界にとっては「現実世界」であるという「現実」理解が一方では不可欠だからである。この点について興味のある方は、この章のこの後の議論を参照のうえ、もういちど返って考えてみていただきたい。

19　様相は否定と同様、われわれに現象している世界の側が持つ性質ではなく、それを捉える際にこちら側がそこに持ち込む性質[＊]なので、それがない世界（世界がそれを持たない場合）やそれが違っている世界は考えられず、それゆえそういう世界は存在しえない。世界が現実にどのようなあり方をしていようと、そのようではなく他のようである可能性というものは必ず存在し、逆にいえば、そのように別様である可能性の側がない世界はありえない。それゆえに、段落11の注＊で真偽をもつ文に適用された否定は累進構造を内蔵させることになると指摘したが、様相もまた累進構造を内蔵させていることにならざるをえないことになる。なぜなら、現実世界の現実的な事態から出発する別の可能性だけでなく、可能世界の可能的な事態をかりに現実と見なした場合の、（そこから見ての）別の可能性というものもまた考えられざるをえないことになるからである。この累進には終わりがない。その別の可能性もまたかりにそこを現実と見なした場合の（そこから見ての）別の可能性がまた考えられることになるからである。しかし、そちらの方向へは終わりがないとはいえ、起点そのものは厳然と存在するのでなければならない。可能世界の可能的な事態をかりに現実と見なした場合（のそこから見ての可能性）とは区別された、現実の現実世界（のそこから見ての可能性）というものは、厳然と存在せざるをえないからである。** これがすなわち無内包の現実性である。*** それが無内包であるのは、厳然と存在するこの最終的な現実性を他の想定上の諸現実性から概念的に区別する方法がついには存在しないからである。****

＊　こちら側が持ち込むとは、別の捉え方をするなら、言語という仕組みが本質的にそれを必要とする、という意味である。だから、それは仕組みの必要上の存在にすぎない、ともいえる。とはいえ、それで捉え、それで考える以外の方法はないのだから、それが最も根源的である、ともいえる。

＊＊　時間におけるA系列に相当するといえる。

＊＊＊　したがって、もちろん、それはまた「風間くんの質問＝批判」の提起した問題でもある。

＊＊＊＊　だからそれは、その点にかんしては「語りえぬもの」となる。その点にかんしては、というのは、他の点にかんしては、つまりその事象内容にかんしては、いくらでも語りうるからだ。

20　否定文は作れるが否定絵は描けない。「この石は白い」という文は「この石は白くない」によって否定ができるが、白い石の絵に×を描き加えてみても、×が絵の一部であるなら×型の何かがそこにあるといったことを意味してしまうし、もしそれで否定ができるなら×は絵ではなく（一つの言語的意味をもつ）記号であることになるが、その場合にも何を否定しているのかは一義的には決まらない。* 否定は、世界になぜか現にある諸類型とは違って世界の側がもつ実在的《リアル》な性質ではなく、それを把握する側が持ち込む把握の形式にすぎないので、それ自体を絵の側に描き込むことはできないのだ。否定絵が描けないのであるから、当然、それと対比される意味での肯定絵も描けない。** 様相についても同じことがいえる。可能絵も必然絵も描けない。様相もまた、世界の側がもつ実在的《リアル》な性質ではなく、それを把握する側が持ち込んだ形式にすぎないので、それ自体を絵の側に描き込むことはできないのである。可能絵も必然絵も描けないのだから、当然、それらと対比される意味での現実絵も描けない。*** 肯定絵も否定絵も、表象内容それ自体は同一なので、同じ絵であらざるをえないのと同様、可能絵も必然絵も現実絵も（もちろん不可能絵も偶然絵も）、みな表象内容自体は同一であるから、同じ絵にならざるをえない。それらの違いを描き出すことができるのは、ただ言語のみである。同じ絵（表象内容）をもとにして、このように異なった捉え方を表現できることが言語の本質であり、表立ってその枠組みがはたらいているように見えない場合にも、それは必ずはたらいている。その仕組みによって描き出される世界のあり方が言語的世界像である。

＊　この三番目の点についていえば、もともと文は、ある空間設定を前提としたうえで、その空間の内

部にすでにある他の諸可能性を否定することによって何かを肯定するというはたらきをするものなのだが、絵はそのような明確な空間設定を前提としない世界描写だからである。（このような説明において使われる「空間」という語は比喩的なものなので、その点誤解なきよう。）

＊＊　対比されない意味での肯定絵が描かれてしまうともいえる（これはフレーゲの「判断線」についてウィトゲンシュタインが言ったことでもある）。

＊＊＊　対比されない意味での現実絵が描かれてしまうともいえる（これは直前の注で肯定絵について言ったことと本質的に同じことである）。

21　しかし、否定の場合にも様相の場合にも、その言語のはたらきをもってしても描き出すことができない、言語的な対比では描出しえない、究極的な現実性が存在しており、繰り返すなら、それが無内包の現実性である。言語的な対比構造では描出しえないから無内包なのである。多重否定や多重様相の可能性に巻き込まれる以前の裸の肯定性・現実性が存在しているのでなければ、そもそもそのような重層化の運動が始まることもできない。重層化の運動は最初に在った裸の対比（肯定－否定、真－偽、現実－可能）の形式的な反復だからである。＊ だから、無内包の現実性の存在こそが、それと対立する言語的世界像を可能ならしめたのである。世界把握の仕方として根源的に対立するこの二つのあり方は、同じく根源的であるという意味においてではなく根源が同じであるという意味において、等根源的であるといえる。

＊『純粋理性批判』の「神の現存在についての存在論的証明の不可能性について」における「存在は実在的《レアール》な述語ではない」（A598／B626）という有名な言葉も、この意味での「存在」と解することもできる。これはもっと素朴に（むしろ前段落の意味で）「〜がない」ことの絵が描けないのであるから「〜がある」ことの絵も描けない、という意味に解することもできるが。その場合、存在は絵に描きうるような実在的《レアール》な性質ではないという意味になる。しかし、存在論的証明は言語で語られており、それが何を言っているのかは十分に理解できると考えれば、この存在論的証明批判はむしろ、そういう証明によって到達される「存在」は、結局のところ、無内包の現実性としての存在そのものには到達できない、と言っていると解することもでき、後者のほうが、神の存在の存在論的証明に対する批判としては本質的であろう。それは、神なるものの存在の仕方そのものに肉薄しているであろうからだ。

三　超越論的哲学のために不可欠なカテゴリーの追加

22　英語を学ぶ際の話にもどるなら、初期に習得が不可欠なのは人称（私、あなた、彼・彼女）と時制（過去、現在、未来）の仕組みであろう。ところで、同じ絵にならざるをえないという点については、過去絵と現在絵と未来絵、私絵とあなた絵と彼（女）絵にかんしても、それはいえるだろう。ある事態が、現在起こっていようと、過去に起こったのであろうと、未来に起ころうと、事象内容そのものは同じであるから、その事態を描いた絵は同じ絵であらざるをえない。その意味で、過去絵や未来絵もまた描くことができない。それが過去の事態なのか未来の事態なのかの違いは、世界の実在的《リアル》な事実を写像する絵によってではなく、それ以外のことを付け加える言語的な記号によって描かれるほかはないからである。* 自分が体験したことと他人が体験したことの違いも、事象内容の違いではないので、その違いは絵には描けず、それらはやはり同じ絵にならざるをえない。これは、あるいは奇妙なことのようにも思えるかもしれない。なぜなら、自他のあいだには記憶や予期のような繋がりさえもなく、他人の体験は間接的にさえも体験できないからである。それゆえ、それらは同じ絵にも描くことはできず、始めから言語的にしか表現されえないように思えるのである。これはじつはその通りであって、自他における「同じ絵」は言語的世界把握による同一化が為された後で、もともとあった事実として措定されるしかないのだ。この自他の架橋は、感覚による裏打ちさえも完全に欠いているので、** 実のところは完全なカテゴリー的構成にすぎない。だから、これは言ってみれば形而上学にすぎないのである。が、われわれのこの共通世界は、この形而上学を基礎的な前提として成り立っているといえる。時制にかんしても、過去にかんしては記憶という不思議なものが存在するので話は複雑にならざるをえないが、未来にかんしてはほぼ同じことがいえる。***

*　それと対比された意味での現在絵もまた描けないともいえるが、逆に、現在絵にだけ特権性があって、現在絵は描ける（むしろどうしても描けてしまう）とみなすこともできる。というのは、過去も現在もその時における現在であり、想起や予期も知覚の想起や知覚の予期だからであり、すべては現在の変様である、とも見なせるからである。これは肯定絵・現実絵の場合と同様である。

**　他人の感覚は自分にとっては感覚ではなく感覚という概念にすぎないからである。カントはこの意味での自他の断絶の問題をまったく無視し、それを架橋するために不可欠な人称カテゴリーがはたらき終わった場所から超越論哲学を開始しているので、その哲学は厳密な意味で超越論的な哲学の要件を満たしているとは言い難い（どころか、最も重要な要件を欠いているとさえいえると思う）。これは、第1章の二で論じた「置き移し」とはそもそも何であるのかという問題に関連している。

なおここで、他人の感覚はたしかに感じられないとはいえ、未来に対する予期が可能であるのと同様な意味で、ごくふつうに想像したり（それに基づいてあると信じたり）はできるではないか、と思う人がいるかもしれないが、そうではない。他人の頭痛は想像してみることもできない。想像しようとすると、それは他人の頭に自分の痛みが起こっていることの想像にならざるをえないからである。すでに述べたように、他人の感覚は感覚ではなく概念であり、次の段落で提示される人称カテゴリーを経由することではじめて可能になる、高度に抽象的な構成物なのである。その存在を「信じる」のもそれを経由してであり、その結果としてならば「信じる」だけでなく「知る」ことも問題なく可能となる。そのような構成物の存在を自明の前提として、そこから出発するのが、すなわち言語的世界像である。

＊＊＊　出来事というものがあってそれが予期されたり体験されたり思い出されたりするという、すなわち予期されても体験されても思い出されてもそれ自体は同じであるものが存在するという、ある意味ではとても不可思議な、しかしわれわれにとってはあたりまえともいえる世界像が、そこから作られる。これは時間にかんする言語的世界像の根幹をなしており、年表もカレンダーもこの世界像をもとに作られている。

23　だとするとやはり、時制も人称も、端的にいえば現在の存在も私の存在も、否定や様相と同様に、言語《ロゴス》の側から、すなわち世界を捉える仕組みの側から、世界の内に持ち込まれたものなのであろうか。もちろん、そうではないだろう。ここには、第三の種類のものが存在すると考えざるをえない。それはたしかに、事物の種類やそのもつ性質の類型やそれらのあいだの影響関係の型のような仕方で、与えられた世界にたまたまもともと平板に存在していたわけではないとはいえ、それらを捉えるための形式として外から持ち込まれたわけでもない。否定や可能性にかんしては、それらが持ち込まれる以前には、ただのっぺりした無媒介的な肯定性・現実性だけがあって、それらは外から持ち込まれたのだ、と考えることができたが、時制（《現在》という特殊な時点の存在を含むいわゆるA系列としての時間）や人称（世界がそこから開ける原点である《私》とそうではない人間たちとの対比を含む人間的主体の把握方式）にかんしては、そのように考えることはできない。一様な（のっぺりした）世界を捉えるために、わざわざそんな仕組みを持ち込む必要などないからだ。それらはたしかに、事物の種類やそのもつ属性の類型や…のような仕方で、世界内にのっぺりと内在していたとは考えられないとはいえ、にもかかわらず、ある仕方で、与えられた世界とともにあった、と考えざるをえない。ある仕方で、とは、世界がそこから開かれてあるという仕方で、ということである。*それ自体としての世界がどうあるかは知りようもないとはいえ、少なくとも突如として現に与えられてしまった世界は、現にそのような形をしていたのである。そして、なんと、そのことを言語表現するために、否定と様相においてまったく形式的に使用されていた言語の仕組みが、今度は実質内容をともなって、使えるのである。**

＊　なぜか世界はそこから開かれていた、ということの驚くべき事実から出発せざるをえないのでなければ、哲学を超越論的に開始しなければならない理由はないだろう。観点を変えて言いかえれば、そこから出発しない（そこはすでに解決ずみと見なした）哲学は、哲学としては、第二義的な価値しかないであろう。

＊＊　すなわち、現実性を（無内包の究極的なそれから出発しつつもそのこと自体を形式化して）累進的に使用できる、という累進構造を活用して、「今」や「私」もまた、まさにそのように累進的に使用できたからである。

24　私とは何か？　という問いに対する最も端的な答えは、世界が現にそこから開けている唯一の原点である、といったものだろう。しかし、①その原点は世界の中に存在する（他の人間たちと同じ種類の）一人の人間でも、ある、②そのことは誰についても、いえる、という二つの事実が後から判明することになる。今とは何か？　という問いについても、ほぼ同じ構造を見てとることができる。これは非常に不可思議なあり方であるといわざるをえないのだが、しかし、なぜか、与えられた世界はそのように出来ているのだ。様相における現実性の場合は、そんなふうになってはいない。端的に与えられた現実世界が、①それは他の諸世界と並び立つ一つの世界でもあった、②そのことはどの世界についてもいえる、という二つの事実が後から判明したりはしない。しかし、にもかかわらず、そのように考えることもまた可能な枠組みを、それは用意してはいたのだ。その枠組みが、私と今にかんしてもそのままあてはまるのである。* そのことをさらに最初の「否定」の問題まで遡って捉えるなら、真偽という絶対的な関係を可能的な否定性の関係として相対化して捉える仕組みが整ったとき、そのようにして究極的な現実性を相対化して捉えうる仕組みが成立したとき、その仕組みが、なぜか与えられている私と今の不可思議なあり方の把握においても有効にはたらくことになった、のである。**

*　この採用の成功にかんしては、『独在性の矛は超越論的構成の盾を貫きうるか――哲学探究3』で詳しく論じた、「私」の主体としての用法と対象としての用法の違いと、それの現実的な（日常的・実践的な）連続性に負うところが大きい。すなわち、主体としての用法で語られた「私」は、通常必ず、対象としてのその「私」（そう発語する口の付いた人物）でもある、という実践的な連動の事実に、である。この連動によって、一般的な意味での本人の特権性（いわゆる「一人称特権」正確には「主観性特権」）が認められることになる。それでも、それらのうち一つだけは現実に他とまったく違うあり方をしている、というどこまでも付き纏う究極的な無内包の現実性の存在を起点にするのであっても、この仕組みを前提とした「私」の「現実の使用」によって、例外なくその概念的な内容は伝達可能となる（なってしまう）。各私における「同じ絵」が、言語的世界像の側から割り当てられ、それが必ず使える（使えてしまう）からである。

**　もちろん、実際には逆に、私と今においてその仕組みがはたらくからこそ、それを抽象化して現実性全般にかんしてそのような把握が可能になったのであろう。（段落18の注＊＊で触れた様相論理学における偶然性の規定の直観的理解についても、このことが効いているように思われる。すなわち、各可能世界には必ず〈私〉が存在可能なのである。）

25　この結果、人称と時制にかんして、さらには様相にかんしてさえ、二種類の新しい絵が描けるようになる。* 第一の種類は、私がしばしば描いている、世界を表象する大きな四角い枠の中に人間あるいは意識的存在者を表象する●▲◆□▼……が存在していて、白抜きが〈私〉であることを表象する、というような図である。年表やカレンダーも、もしそこに現在点（すなわち〈今〉）を書き込めば（それを動かしても動かさなくても）、同じ趣旨の絵となる。可能世界にかんしてさえ、真ん中に現実世界を置いて、まわりに諸可能世界を配置し、近い世界ほど現実世界に似ている、などという絵が描けてしまう。** もう一つの絵は、各登場人物が、「私」を主体としての用法で使って、「吹き出し」の中で自分の思いを語る、漫画のような絵である。吹き出しの中は、実際には発言されない心の中の思いであるほうがなおよい。○△◇□▽…という絵でも、本質的に同じことを表現できる。年表の場合は、現在点を外すとC系列のように見えてしまうので、それをB系列にするためには、現在点の動きをどこにも端的な現在はなしに平板に動くというように表象させなければならないが、これは本質的に不可能である。文字盤と針をもった時計についても同様である。B系列はありふれたものだが、実は抽象度の高い概念なので、描くのは難しい。*** 世界の場合は、たくさんの世界（を表象するもの）を対等に描いて、それぞれに吹き出しを付け「現実は厳しい！」とでも言わせればよいだろう。

*　ただし、この二種類の把握の仕方は矛盾している。

＊＊　ただし、これらは厳密には、それぞれ人称、時制、様相の図式であって絵ではない。それらは端的に与えられたものであるにもかかわらず、絵には描けないのである。また図式もやはり図式にすぎず、本質的には成功していないという点については、『独在性の矛は超越論的構成の盾を貫きうるか――哲学探究3』の第8章の段落20（一六八頁）における図式化の不可避的な失敗の議論をぜひ参照されたい。

＊＊＊　とはいえ、楽譜は明らかにA系列でもC系列でもなくそのままでB系列であろうから、年表もそのままでB系列であるともいえる。

四　超越論哲学はどこから始まるべきか

26　ここで話を振り出しに戻すことになるが、たとえば段落15において因果性のカテゴリーを説明する際に、私は「因果の例でいえば、われわれは因果的な連関を捉えるとき、……われわれは世界と出会うことができる」と言っていた。「それ以外の出会い方は存在しないので、それこそが（われわれにとっての）世界の真の姿なのである」と。さらに、このことから「経験一般の可能性の条件と自然一般の可能性の条件と……が、かくしてアプリオリに一致する」とも。ところでしかし、この「われわれ」とはいったい誰であろうか。それはなぜ「因果的な連関を捉える」などということができ、またなぜいきなり「われわれ」と複数形でありうるか。段落24の①と②がその答えなのだが、なぜそれが答でありうるのかといえば、細部を省いて本質的な点だけ語るなら、少々驚くべきこととといわざるをえないとはいえ、否定や様相のカテゴリーを立てた際に導入されざるをえなかった〈現実性〉とその累進構造がここでも同じように適用できるからだ、といわざるをえないのである。*

* 「われわれ」というとき、すでにしてこの累進構造が使われており、カント哲学の「いかなる風雪にも耐える」超越論的認識構造も、この累進が前提されるからこそのものである。そして、その累進構造それ自体が明らかにカテゴリー的な構成態なのだ。この累進構造を自明の実在として前提しないかぎり、世界にはマクタガートが剔抉したような「矛盾」が内在し続けるといわざるをえない。「今」「私」という語がつねに有意味に使えるのは、累進構造がその矛盾を補塡し続けるからなのだ。

27　カントはもちろんそんなことは言っていないし、それどころかこの問題について何も言っていない（おそらくは問題が存在すると思ってさえいない）のだが、原初に与えられたままの世界のあり方から、それとはまったく異なる統一的な客観的世界像を構築していくには、そういう文字どおりに超越論的な作業を文字どおりに根源からおこなうには、この経路を通るしかないように思われるのだ。そうでなければ、諸主観が同型であるにもかかわらずなぜか「置き移し」が可能である（いやむしろ必要でさえある）理由さえも決してわからないであろう。そこから出発しない（その作業が終わったところから出発する）超越論的哲学には、基礎に手抜き工事があるといわざるをえない。最も埋めにくい〈自－他〉の根源的断絶が埋められていないため、〈主－客〉の断絶を埋める主要な議論が、土台を欠いたまま宙に浮いていることになるからである。

28　もしそこをあえて補うなら、少なくともこうはいえるはずである。〈主‐客〉の主体の側も、統一的で客観的な世界の構築に合わせて（すなわち相補的に）作られるほかはないはずだ。一主体の持続性においても諸主体の同型性においても。与えられた世界の側が「われわれ」の認識の形式に合わせて作られた現象であるなら、「われわれ」の側も作られる世界のあり方に合わせて作られた現象である。そうなっているのでなければ世界はわれわれに知られえないから世界は現にそうなっている、のであれば、そうなっているのでなければわれわれに客観的世界は構築できないからわれわれは現にそうなっている、のでもなければならない。しかし、問題はそこにいたる経路にあるのだ。

第2章の落穂拾いと全体の展望

今回は、前回の「落穂拾い」的な議論に終始するが、それに関連して、全体の展望のある部分をあらかじめ提示することになる。

一　なぜ超越論的な哲学が不可欠なのか

1　この問いは端的に答えられる問いであり、その答えは、独在論的事実がすべての出発点だから、である。これは、なぜか事実としてそうである、ともいえるし、そもそもそれ以外の可能性はない、ともいえるのだが、後者のように理解されると、それ自体が超越論的哲学に含まれてしまう可能性も生じるので、さしあたって前者のように理解して出発すべきだろう。

2　一般的に合意されているところとは異なり、世界は最初から、一枚の絵に収まるような、のっぺりとしたあり方をしてはいない。のっぺりとしたあり方をしているとは、まずは世界があって、その中に、色々な物たちと並んで人間という動物も存在しており、そのうちの一人が私である、というあり方をしているということである。そういうあり方をしていることも可能であったはずだが、なぜかそんなふうにはなっていない。* そういうあり方の場合と同様に「そのうちの一人が私である」とはいえるにもかかわらず、それは並列的に存在する「そのうちの一人」などではなく、まさにそこから全世界が（初めて）開けているというきわめて特殊なあり方をしているのだ。その事実こそがすべての出発点である。とすれば、にもかかわらずそこから、もう一つののっぺりしたほうの世界像が、どのようにして作り出されるのか、それを知ることがまずは喫緊の課題とならざるをえないはずだろう。それが、とりもなおさず、超越論哲学の課題である。** すなわち、超越論哲学は独在性をその前提としており、独在性の事実こそが超越論的哲学を要求している、ということである。

＊　これを、これを読んでいるすべての人にとってそうである、と言ってしまうこともできなくはないのだが、真の問題は、そのあり方には矛盾が内在することになるということと（じつはそれと同じことなのだが）そう言えるに至るにはプロセスを必要とするということ、にある。そのことを明らかにすることが、私の哲学的な課題そのものである。

＊＊　それゆえ、この作業は伊達や酔狂でなされるものではなく、必要不可欠な仕事なのである。

3　ここでまずは、その仕組みの大枠とポイントを指摘しておきたい。まず、すでに与えられてあるものだけから、それを超越する、のっぺりとした、客観的な共通世界を作り出すには、それを成し遂げるための「規則」のようなものの存在が不可欠である。それに従えば客観的世界が作り出せるような、「世界構成規則」のようなものである。これがポイントであり、おそらく、これ以外の方法はありえない。これを逆からいえば、実際にそうした世界もまた与えられてある以上、そうした規則が介在したに違いないと考えざるをえないのだ、ともいえる。* とはいえしかし、その構成作業の完成とともに、そのようにして作り出された世界の内には組み込めない、その作業の出発点であった事実の側は消滅させられるかといえば、じつはそんなにうまくはいかないのだ。消されたはずのもの、消されていなければならないはずのものが、作業の完成の暁にも残存してしまうからである。** しかし、そうであるからこそ、ぜひともこの方向（向き）の超越論的構成作業が必要なのだともいえる。かりにもし逆向きの構成作業をなんとかがんばってやってみたとしても、そちらからでは決して作り出せない（あるいは到達できない）、まったく合理性を欠く、規則に拠る構成が不可能な、不可解な存在者が、存在することになるからである。*** だから、出発点はこちらの側にならざるをえないのである。

＊　それゆえにまた、そういう世界を作り出すことは、文字どおり何かを作り出すことだともいえるとはいえ、逆に、すでに立派に存在している客観的な実在に、むしろ実在性を認められない、それらとは異質の地点から出発して、なんとか到達する作業なのだ、ともいえることになる。

＊＊　消されなければならなかったはずのものが、公式見解においては消えてなくなっているはずのものが、じつは消えておらず、消すことはできないという事実は、カントの議論でいえば「誤謬推理」の議論に対応している。くわしくは第7章をご覧いただきたい。

＊＊＊　『プロレゴーメナ』§46の注においてカントが、「私」とは「現に存在している感じ（das Gefühl eines Daseins)」以上の何物でもない、と言うとき、彼はじつはこれを指していると見なすことはもちろんできる。

4　時間についても本質的には同じことがいえるだろう。今日一般的に合意されているところとは異なり、時間の経過は最初から年表やカレンダー（や時計の文字盤）の上を今（現在）が移動して行く、というようには捉えられてはいなかっただろう。年表やカレンダー（や時計の文字盤）のようなものは、諸々の現在を本質的には同等のものとみなすという平板化（のっぺりさせること）の操作によって成立するのであって、それをするにはやはりある種の規則の介在が不可欠であったはずである。「私」の場合のその規則が人称であるのに対して、「今」の場合のその規則が時制である。カントは挙げていないが、これは不可欠な純粋悟性概念、すなわち超越論的なカテゴリーでなければならない。これは外的物体の客観的実在性の構成のようなタテ問題とは違って、同型の他者の構成をめぐるヨコ問題なので、これらのカテゴリーはともあれまずは平板化力（のっぺりさせる力）こそを発揮せねばならない。その源泉をたどれば、様相のカテゴリーにおける現実性と可能性の関係にたどりつく。

二　カテゴリーとしての人称と時制の作り方にかんする試論

5　カントは『純粋理性批判』の「神の現存在の存在論的証明の不可能性について」において、現実的な百ターレルと可能的な百ターレルとは事象内容的には（＝その事象内容それ自体を取り出せば）まったく同一であると主張した。もしそうでなければ、可能的な百ターレルがそのまま（ただ）実現（だけ）されて現実的百ターレルになるということが不可能になるからだ。それは確かにその通りなのだが、他方においてはしかし、現実的な百ターレルは文字どおり百ターレルの値打ちがあるが、可能的な百ターレルはまったく何の値打ちもない、そういう根源的な差異（存在と無の差異）がここにはある、ともいえるだろう。*それでもやはり、なぜカントのようなその差異を無化する主張が価値をもつのかといえば、根源的な差異の存在を主張するそのような主張自体もまた（その事象内容をまったく変えることなく）現実的にも可能的にも解釈可能だからである。すなわち、その主張自体がまた概念的な（＝可能的な）真理でもあるのであって、たとえ実際の百ターレルを所持してそう言ったとしても、逆に無一文で（たんに可能的な差異として）そう言ったとしても、その事実はこの主張の真理性に関与しないからである。つまり、現実的な「現実的な百ターレル」と可能的な「現実的な百ターレル」とは、ふたたび事象内容的にはまったく同一であるわけである。それゆえ、差異の存在を主張する側の主張においてもまた、その主張が一般的に成り立つことそれ自体において、じつは現実的な「現実的な百ターレル」と可能的な「現実的な百ターレル」が事象内容的には同一であることがそこにおいて示されていることになるわけである。すなわち、語られたそれは、たとえそれが「現実的」であっても、必然的に可能的な現実性でしかありえないわけである。にもかかわらず、カントが言わんとすることと同様、差異の厳存を主張する側の言わんとすることも、依然として問題なく伝わるであろう。**様相におけるこの仕組みこそが——そこには根源的な矛盾が内在しているのではあるが、おそらくはまさにそれゆえにこそ——人称と時制という世界構成的規則を可能ならしめる当のものなのである。

＊　この問題の立て方は典型的にヨコ問題的である。すなわちカントはここで、「神の現存在」という

問題には、もはや事象内容的な根拠をもたない、ヨコ問題における無根拠な突出が、いいかえれば無内包の現実性の介在が、不可避であることを洞察したともいえることになる。すなわちいわば「語りえぬものについては沈黙しなければならない」と。

＊＊　もしそうでなければ、そもそもこの問題について論じることができない。

6　さて、まずは時制を例にとって説明しよう。真の今（現在）は端的なこの今（現在）だけである。これは疑う余地がない。他の今は、過去における今か未来における今で、現実の今ではないからだ。これは疑う余地のない真実なのではあるが、これまたその現場において捉えられたその対比が保持されてそのままで他時点に伝わることはありえない。「今（現在）」の事象内容は、それが現実的であろうと可能的であろうと、どの今（現在）においてもまったく同一であって、言語表現によって伝わりうるのはその事象内容だけだからである。現実的な「現実的な百ターレル」と可能的な「現実的な百ターレル」とが事象内容的にはまったく同一であったのと同様に、現実的な「現実的な今（現在）」と可能的な「現実的な今（現在）」とは、事象内容的にはまったく同一であらざるをえないのだ。＊どの今も対等に「現実的な今」であらざるをえないことと、それでもやはり端的な現実の今が存在することとは矛盾するが、それは様相の場合にもそうであるのと同じことである。

＊　これは、神の現存在が存在論的証明によっては証明できないということと同じことを言っている。

7　人称の場合もほぼ同じことである。真の私はこの私だけである。これは疑う余地がない。他の人は、その人における私であって、端的な私ではないからだ。これは疑う余地のない事実なのではあるが、これまたやはり、この事実がそのままで他者に伝わることはありえない。「私」の事象内容は、それが端的なこの私であろうと他者における私であろうとまったく同一であって、たんなる一般的な自己指示機能であるか、またはその機能がはたらいて指示された特定の人物を指すか、どちらかであって、言語表現によって伝わりうるのはそれらでしかありえないからである。現実的な「現実的な百ターレル」と可能的な「現実的な百ターレル」とが事象内容的にはまったく同一であったのと同様に、現実的な「端的なこの私」と可能的な「端的なこの私」とは、事象内容的にはまったく同一であらざるをえない。* どの私も対等に「端的なこの私」であらざるをえないことと、それでもやはり、それらとは別に端的なこの私が存在していることとは矛盾しているが、それは様相の場合にもそうであったのと同じことなのである。

＊　これもまた、神の現存在が存在論的証明によっては証明できないということと同じことを言っている。

8　この二つのカテゴリーは、種類や属性をもつ物のあり方や類型的に繋がる出来事のあり方とはまったく違うとはいえ、やはり、もともとの世界にあった特定のあり方を取り出して、そこから世界把握のための枠組みを作り出したものだ、とはいえる。しかし、それらは、もともとは相互に共有されていなかった、それどころかバラバラに存在さえしていない、端的に独在的な（他を根底から排除している）あり方をしていたことがらの内に、通常は隠れていて決して見えない本質における類型性を掘り起こして、それを概念的に纏め、まったく新しい世界把握のための枠組みを作り出したものなのである。という意味で、それらは文字どおり超越論的に構成されたものである。その構成に際して、世界の特定のあり方から取り出されたものではない、様相のカテゴリーが利用されたことになるだろう。

9　なぜそんなことができるのだろうか。それはわれわれが世界を直接的にではなく、概念を介して、すなわちその可能性において、捉える存在だからである。たとえば百ターレルは、まずは概念であり、それが現実に存在すれば現実の百ターレルになる、というあり方をしている。この順番を逆にすることはできない。概念ぬきにいきなり百ターレルがあることはできない。それでは「百ターレル」があることにならないからだ。しかし、存在ぬきに概念があることはいくらでも可能であることは、だれでも知っている通りである。すなわち、本質は実存に先立つ、というわけである。ところが、これに反して、私（や今）の場合は事情が逆なのだ。私の場合でいえば、「私とは何か」を一般的・可能的・概念的に理解する以前に、その実例がいきなり現実的に与えられ、しかもその一例以外は決して与えられない。このとき、まさにそのことを概念化し、可能化し、一般化するということこそが、「私」という純粋悟性概念の「演繹」となるわけである。* 「今」にかんしても、事情はより複雑になるが、本質的な点は同じである。

＊　これは、通常の演繹とは逆向きの方向なので、逆演繹であるともいえるが、このプロセスを描写するには、可能世界の理論に関連してすでに存在している実在論と反実在論との対立枠組みがそのまま適用できる。この「演繹」を「可能世界」と「現実世界」という概念を比喩的に使って描くなら、それはこうなる。「現実世界はこの一つだけある」という現実に与えられている（諸可能世界に対する）反実在論的な原事実から出発して、「どの世界もその世界にとっては現実世界である」という（諸可能世界に対する）実在論という新たな世界像を、だれもが認めざるをえない客観的な「事実」として構成していく、と。これはたしかに一面では超越論的な（＝実在を構成する）プロセスなのではあるが、他面から見ると、一種の道徳規範の確立であるともいえる。すなわち、それが初めて客観的世界を作り出すともいえると同時に、他面から見れば一種の定言命法を受け入れることでもあるのだ。定言命法であるから、「常に同時にこの普遍的に成り立つ規範にも、従っているかのように行為せよ」という命令がいつも発せられており、われわれは「私」と発するたびごとにそれに従っていることになる（この仕組みについては次の段落10で詳述される）。

10　これはつまり、並び立つ者のない世界の唯一の開けの場が端的に与えられている（すべてはそこから始まっており、そこから開けている、いいかえればその内部にある）！　という驚嘆すべき事実から出発するにもかかわらず、なんと、そういう独在的特性を他者もまた持つ！　という、それとは矛盾する、別の意味で驚嘆すべき事実をも同時に受け入れることによって、世界のあり方を二重化することだ、といえる。独在的特性を他者たちにも付与して世界を二重化するには、その本質構造は維持したままでそれを平板化する（平板化しつつもその本質構造を維持しつづける）という特殊なあり方を必要とする。* それがこの場合においてどう為されるのかといえば、まず第一に、①a「私」とは、その端的に与えられている世界の唯一の開けそのものを指す、という規則と、①b「私」とは、その語を口から発する口の付いた人間（差し当たっては人体、しかし後には人体に属するものとしての心をも含むことになる）を指す、という規則とを、（その二つが矛盾することがありうることは無視して）ともあれともに受け入れ、そして第二に、その変容態として、②a「私」とは、ある一つの記憶系列がそこから開けている（逆に見ればそこで終わっている）原点そのものを指す、という規則と、②b「私」とは、与えられたその記憶の内容が提示している記憶連続体そのものを指す、という規則とを、（その二つも矛盾することが考えられはすることは無視して）ともあれ受け入れ、そのうえさらに、aを、端的に与えられたその唯一の実例以外の者にも、それが当てはまると自認する（あるいは見なされる）他者たちにも認めて、** ab複合規則として一般化することによってなされる、ということになる。***

＊　その一般的な仕組みそのものをここで細かく論じている余裕はないので、手っ取り早く思い出してイメージ化したい方は、『独在性の矛は超越論的構成の盾を貫きうるか――哲学探究3』の第8章の第20段落にある図の描き方の説明をぜひともお読みいただきたい。その図はどこまでも完成に至ることがないという仕方でこの矛盾の存在が示されている。

＊＊　これは、時間の場合でいえば、A系列として一括されているものを端的なA事実と一般的なA変化・A関係とに分類することに当たる。

＊＊＊　これは、もともと世界に実在していたａ的存在者とｂ的存在者との区別を廃棄して、そのどちらにもａ的特性とｂ的特性を割り振ることによって一種類の存在者に仕立て上げる、ということである。この世界構成は累進的にしか成功しない（本段落の注＊参照）が、累進的には成功し、われわれはそれが成功した世界に住んでいるので、このような記述さえも完成したその世界像の下で読まれてしまう危険性につきまとわれている。ここでは、このような一般的な記述を、それでも累進的な一般論としては受け取らない方向から理解すべく努力されたい。

11　①にかんして補足的な注意点を記しておくなら、ａを他者たちにも認めるということと、ａとｂが併存するということとは、互いに支え合う関係に立つ、という点に注意していただきたい。もしａを、端的に与えられたその唯一の実例以外には認めないとしたら、そこに併せてｂもまた認めたとしても、さしたる意味はないであろう。これは、自分を客観化してはいるが他者を主観化してはいないケースであるといえる。しかしまた、ａを他者たちにも認めたとしても、もしｂが存在しなければ、やはりさしたる意味はないであろう。これは、他者たちを主観化してはいるが自分を客観化してはいないケースであるといえる。②の場合にも同型のことはいえるが、そこには「今」についての同じ問題が絡んで、多少複雑な話になるので、ここでは触れないでおく。

12　②によって、統一的な客観的世界とそれを経験する持続的自我がともに成立する道筋が開けることになるのだが、そうであるためには、記憶が過去の事実に届いている（いいかえれば過去の事実を再現している）ということがなぜいえるのか＊、が理解されなければならないはずである。次にこの点について、見過ごされがちだが不可欠な一点について、カントの議論に深く関連するはずなので、その一端に触れておくことにする。

＊　もちろん、それが「記憶」の意味であるのだから、それは分析的真理である、ともいえるのだが、そう理解された場合には、同じ問いは、なぜそもそも記憶などというものが可能だといえるのか、と言い換えられることになる。

三　いかにして記憶は可能か

13　ヒュームは、あるタイプの出来事に別のあるタイプの出来事がつねに引き続いて起こる「恒常的連接」こそが「因果関係」の実態である、と考えた。しかし、そうだとしても、いや、そうだとすればなおさら、因果であろうとたんなる恒常的な連接であろうと、ともあれまずは類型の把握という問題があるはずではないか。そして、類型を把握できるためには、ともあれまずは、過去に起こったことを記憶していることができなければならないはずであろう。これはつまり、過去を過去として把握するということそのものでもある。そもそもそれはいかにして可能なのか。＊

＊　こう問われれば即座に、カントのように因果性を超越論的なカテゴリーと見なす場合には、その問いはそもそもありえず、まさにそのカテゴリーの存在によってこそ各主体の「記憶」は初めて可能な

らしめられるのだと理解されねばならない、との応答が返ってくるかもしれない。これは非常に優れた応答であり、まさにこの問題にそのような応答が可能である（あるいはむしろそのようなあるいは本質的な点でそれに似た応答しか実はありえない）ことこそが、経験的事実把握に先行してこの超越論的カテゴリーが存在すると考えざるをえない理由なのだ、といえるのではあるが、それがまさにこれから論じられるべき問題そのものなのである。

14　私にとっては非常に意外なことなのだが、このきわめて単純な問いの意味が、そもそもどうしても理解できない人が多数存在するようなのだ。科学的な人は「過去の知覚等を原因とする何かが脳に蓄えられていることによって」と（かそれに類することを）言い、より素朴な人は「なんとなく記憶っぽい感じがすることでわかる」と（かそれに類することを）言うことが多い。ともあれ、何かその種のことが答えになりうると信じているようだ。科学的な人と素朴な人は本質的には同じことを言っている。その「記憶っぽい感じ」や「過去の知覚等を原因とする何か」が過去を表象・再現しているとなぜいえる（わかる）のか、それを知る方法は原理的にないではないか、というのがここでの問題なのだが、その意味がどうしても理解できない人がいるようなのだ。本当に過去そのものを表象・再現しているかどうかを調べるには、原物と対比して確認してみるしかないのだが、それはもう過ぎ去っているのだから、対比して確認するすべはありようがないのだ。まずはこのことに根源的に納得して心底から驚いてからでないと、哲学の議論にはよくあることだが、そもそもここで何が論じられているか、理解できないだろう。

15　外界の事物の知覚だって、原物そのものと対比して、本当にそれがあるのかどうかを、したがって本当に（幻覚や錯覚ではなく）知覚が成立しているのかどうかを、確認するすべはないではないか、と思われるかもしれない。たしかに原物を直接捉える方法は、この場合にもないが、しかし、知覚の場合には、別のルートから近づく方法が存在する。それは例えば、見えたものがそこにあることを確かめるために、それが見えたその場所まで歩いて行って見ながら手で触って（視覚に加えて触覚によって）確かめる、といった方法である。すなわち、一つの超越的対象に達するための複数のルートというものがありうるわけである。だが、過去にかんしてはそうしたルートが見出せない。そして、ある事象に行きつくためのルートが本質的に一種類しかない事象は、そのルートと独立にその事象そのものが実在するとはいいがたいのだ。事象そのものとルートが癒着していて区別がつかないからである。

16　じつをいえば、他者の心理的事実についてもほぼ同型の問題が存在してはいる。こちらはむしろ、記憶に類する直接的な繋がりがもともとないので、そもそもルートが存在しない（あるいはルートしか存在しない）ともいえる。とはいえ、子どもが転んで身体のある箇所から血を出して泣いていたら、その子はそこが「痛い」のだというような、いわゆる「基準」は存在しており、これはむしろ最初から複数ルートの同時成立（外的文脈と身体状態と表出行動と）を主張していると解釈することもできる。痛みのような身体感覚のみならず、酸っぱさのような味覚や雷鳴のような聴覚にかんしても、さらには感情や気分にかんしても、その直接感覚を把握して概念化するためには外的基準の介在が必要となる（当人にとっても）のだが、この事実の指摘はウィトゲンシュタインが開発した一種の観念論論駁であったといえるだろう。*

＊　そう見れば、言語ゲームという発想そのものが一種の超越論的観念論の提唱であるともいえるはずである。しかし、翻ってこのことが記憶についてもいえるという点は、言語ゲーム学説をあらかじめ超えているともいえる、カントの画期的な洞察である。

17　記憶にかんして、別ルートが存在するとすれば、段落13で言及した因果性（でなくとも少なくとも何らかの規則性・法則性）の存在が考えられる。おそらくは、それしか考えられないだろう。見方を逆にして、そもそも超越的なものへと至るルートはそうした超越論的なカテゴリー（を介する方法）しかありえないのだとすれば、前段落でその一例に言及した「基準」は、その意味で（他者の心的状態という超越者を構成するための）超越論的なカテゴリーであるといえる。ともあれ、洗濯物を干した記憶があり、いま触ると乾いている場合、干したという記憶の正しさは、洗濯物は陽に干すと乾くという法則性の存在によってかなりの程度に正当化されることは確かだろう。というより、これに類する支えなしには、すなわち、記憶印象をその外から正当化してくれる何かがもし何もなければ、そもそも「記憶」という概念*が成立する余地そのものがなかったであろう。

＊　わざわざ「記憶」という概念というのは、たとえ記憶そのものは存在していたとしても……、という含意があるからである。事実として過去を再現する表象が生起していたとしても、それを過去を再

現している（すなわち記憶である）と捉《ベグライフェン》えることができていなければ、「記憶」が存在することにはならない。

18　しかしこれは要するに類型的連接関係の存在という問題にすぎず、それだけのことならヒュームの議論でも十分であって、とくにカントのように論じる必要もなかろう、と思われるかもしれない。しかし、そうではないのだ。たしかに、この類型的連接関係をそれとして把握するためには、やはり記憶（の正しさ）が前提される。とすれば記憶の正しさをこの関係の存在によって正当化することはできないことになる。この循環を断ち切るには、特定の類型的連接関係ではなくとも、ともあれ類型的連接関係というものが客観的に存在しているということが、アプリオリに前提されざるをえない。すなわち、「……の記憶である」、「……の記憶がある」という捉え方《コンセプション》そのものが、何らかの客観的な規則性・法則性（自分にそう思われるということからは独立した客観的にそうであるというあり方）の存在を前提にしないかぎり成立しがたい、ということなのだ。これがヒューム的洞察を超えるカント的洞察である。世界の側にいかなる客観的な法則性（類型的な継起）もなければ、そもそも記憶は（「記憶」としては）成立しがたい。* それゆえ、そのことが「経験の可能性の条件」（あるいは「基準」）とならざるをえないのだ。それなしには、いっけん最も基礎的に見える「覚えている」ということ自体が、そもそも成り立ちがたいからである。そして、この意味での「覚えている」こと、「思い出せる」ことの確立こそが、客観的な世界と持続的な自己とを、その独特の相補的なあり方において、一挙に同時に成立させることになるだろう。これが、カント的超越論哲学の秘義であり、驚くべき真理であるといえる。

＊　これは前段落で「記憶という概念」について語ったのと同じ意味である。たとえ過去を再現する表象が起こったとしても、それが記憶である（＝過去を再現している）と概念的に把握できるためには、それを保証する別の何かが必要とされるのである。しかしまた逆に、その関係が確立されてさえいるなら、「私自身の存在についてのたんなる、とはいえ経験的に規定された意識は、私の外の空間における諸対象の存在を証明する」（B２７５）というテーゼまでは遠くない。「経験的に規定された」とは、このようにして過去と繋がった記憶を持つことを意味するからである。ヒュームの議論でさえ、暗にこの「記憶」概念を先回りして使ってしまっている疑いは濃いのだ。

19　とはいえもちろん、ここでもやはり、ちょうど客観的・公共的な「基準」に依拠して導入された第一次内包としての「痛み」が主観的・私秘的な第０次内包としての「痛み」の存在によって「逆襲」されねばならなかったように、類型的連接関係に支えられた記憶もまた裸の記憶印象による端的な記憶によって「逆襲」されうるのでなければならないことになる。どんな外的状況とも関係なく、たとえば左手の薬指に痛みを感じれば、すぐに（いかなる外的基準も介さずに）そうだとわかり、かつそうであると表明できるのと同じように、どんな外的類型性による支えもなしに過去の出来事が端的に記憶可能とならねばならないのだ。持続的な自己の自己同一性が成立するためには、外的な類型的連接関係による支えから記憶が自立し、「通常ならそうであるはずであるにもかかわらず、しかし現実には間違いなくこうであった」と思え、かつ主張できる、ということの成立こそが不可欠の条件となるからである。* ここでは、類型的連接関係の側がいちいち記憶によって確かめられる必要がないのと同様に、記憶の側もいちいち類型的連接関係によって支えられている必要はない。しかし、それにもかかわらず、ちょうど「痛み」の主観的・私秘的な第0次内包が客観的・公共的な第一次内包を経由することによってしか（客観的に位置づけられたものとしては）成立しえなかったように、「記憶」の主観的確実性も客観的な類型的連接関係の存在に一度《ひとたび》は支えられることによってしか（客観的に位置づけられうるものとしては）成立しえないのである。**

* 記憶に拠る自己同一性はこのようにして成立する。これは身体の同一性には依存しない。もしこの意味で同一的な自己が異なる諸身体を渡り歩くとすれば、「私は異なる諸身体を渡り歩いているな」と思うことができ、むしろそう思うことしかできない。これに対して、世界の開けの原点であるはずの〈私〉は、異なる諸記憶を渡り歩くことができない！（なぜ渡り歩けないのかといえば、そもそも成立水準が異なるからであり、〈私〉は記憶なる現象が成立可能な水準には存在しえないからである。）それゆえ、持続を前提とするかぎり、世界の開けの原点はこの記憶連続体のほうへ移るしかない。これが、独在論がカント的な超越論哲学から学ぶべき最大の洞察である。そこが最終的・究極的な地点であるといえる記憶が存在し、その際の「記憶」は、諸身体を渡り歩いてもよいだけでなく、それだから当然、客観的世界との対照においては偽なる記憶であってもよいことになる。もし私が——すなわち世界の開けの原点が——火星で育った生々しい記憶や最近地球にやってきた際の記憶な

どを鮮明に持って（開けて）いるなら、私はそういう人として生きるほかはない。その場合、身体的連続体や客観的世界との関係はその上に立って、そこにおいて理解されるほかはないことになる。

＊＊　この「逆襲」の問題は、第二版の「演繹論」における「客観的統一」と「主観的統一」の区別や『プロレゴーメナ』における「経験判断」と「知覚判断」の区別にも関係しているので、それを論じる際に（もし覚えていれば）また論じたい。また、当然のことながら、前注にもかかわらず、特定の身体との固定的な結合を前提した記憶の正しさという観点から見れば、私の記憶が間違っており他者から訂正されることは大いにありうることである。しかし、この訂正といえども、私自身の側から見れば、私の記憶の纏まりの側を前提したうえで、その時点において持っている身体が経てきたはずの客観的経験とが対比されているにすぎないだろう。もしそうでなければ私自身にとっては何の意味もないだろう。それが私自身であるという骨格をなしているような持続性を根底から覆すような「訂正」は客観的には正しくても、私自身にとっては何の意味もなく、そもそも「訂正」とはいえない。「火星育ち」の〈私〉が、その履歴を完全に否定されたなら、「この身体からいま開かれている世界は私のその履歴を正当に位置づけることができないあり方をしているのだな」と思うほかはないであろう。出発点はこちらにあるのだ。身体の事実（世界においてどの身体が私であり続けているとされるか）に対しても、〈私〉の事実（かつてどの人が現実に〈私〉であったか）に対しても、こちらの連続性が優位に立つし、立たざるをえない。この議論をすると、身体との関係における優位性の問題に興味を持つ人が多いが、それはむしろ通俗的な興味であって、哲学的に遥かに重要なのは、〈私〉との関係における優位性のほうである。これこそがカントの超越論哲学の根源的で画期的な洞察なのだ。

これを、段落10における①と②の対比をつかって表現するなら、これは、②bの②aに対する優位性の主張であるといえる。ここで最重要の点は、カントに反して、これは①bの①aに対する優位性を含意しない、という点なのだ。カントは混同している（おそらくは意図的に）と思うが、この二つは別の問題であり、それらを区別することが重要である。それはまた「誤謬推理」と「観念論論駁」の断絶の問題でもある。「誤謬推理」は問題の本質に深く食い込んでいるが「観念論論駁」はそうはいえない。先ほどの言い方をもういちど使うなら、そもそも観念論論駁なんて通俗的興味にすぎない（カントが他の通俗的哲学者たちのためにやって見せた）のであって、真に重要なのは誤謬推理のほうであることは疑う余地がない。

20　ところでしかし、これらは要するに、ある種の規則・規約・基準の介在によって、当初に与えられてあったものから、それの外部にある、それを超越した、客観性が構成・樹立される、という議論である。その議論は本質的に正しい（独在性を出発点とするなら正しくしかありえない、逆に出発点が違えばそもそもその意味を理解することさえできないであろう）議論なのではあるが、それでもやはり、これだけではまだ足りないのだ。外界の物体や、そのもつ属性やその動きやその数や相互関係といったことなら、このような議論だけでも十分であろう。が、たとえば他者の存在は、このやり方では構成・樹立されえない。なぜなら他者とは、もともと私から開かれる世界の内部に存在する対象ではなく、少なくともそれに尽きるものではなく、それゆえ、そこに何らかの規則や規約や基準を設定することによって構成・樹立できるようなものではないからである。*

＊　じつは痛みや味や音や感情や気分のようなものについても同じことがいえる。それらは物体やその属性や数や相互関係のようなものとは違って、このやり方では構成・樹立できない。そこに第0次内包による「逆襲」の可能性があらざるをえないのは、その背後に無内包の現実性の存在とそれの概念化されたあり方（すなわち〈私〉と《私》の存在）が前提されているからである。ウィトゲンシュタインの比喩を使って表現するなら、「箱の中のカブトムシ」を可能ならしめるのは「駒に被せられた冠」なのであり、その意味において、それらにあたるものはどちらも現実に存在するといえるのである。

21　それゆえにまた、（これはまだ先になってから詳述すべき事柄ではあるが）私に現に与えられている世界から（「実は……に与えられている」という意味での）〈私〉を差し抜いて、それをもその世界の内部に埋め込んで作る客観的世界の作り方でもまた、他者たちを作り出すことだけはできない。他者を作り出すにはむしろ逆に、（「実は……に与えられている」という意味での）〈私〉を含んだ形での、その例外的な（客観的世界の構築においては無かったことにされねばならないはずの）存在者からのみ開けている世界のあり方を、まったくそのままに、そのことの形式的な（たまたま現実ではなかっただけの）可能性において保持し、それを再構築する（というヨコ問題に固有の様相的な）方法をとらなければならないからだ。これもまた、ある意味ではやはり客観的世界の構成・樹立なのではあるが、物体やその属性や数や相互関係といったことの客観性とはその客観性の成立水準に断絶があるのだ。＊

＊　この違いについてもまた、『独在性の矛は超越論的構成の盾を貫きうるか――哲学探究３』の第８章の第20段落にある図の描き方の説明から、どちらがどの段階の「客観性」に属するかを理解していただきたい。そのついでに、それぞれのカテゴリーがどの段階の客観性の成立に寄与するものなのか――第一ステップか、それとも第二ステップか――も考えておいていただけるとありがたい。カテゴリーとされるものも截然と二分されることがそこからも理解されると思う。

22　しかし、いま問題なのは他者ではなく過去（や未来）である。通常、この点があまり理解されていないように思えるのだが、過去（や未来）は、外界の物体に類するものではなく、他者に類するものなのである。それらは、可能な現在であり、世界の開けの（現実に現実的ではない）原点であるからだ。複数の原点を繋げるには、端的な現実のＡ事実とは別に、現実の現在ではないとはいえ概念的にそれとまったく同様に現在性を（可能的に）持つものを考案し、それらを連接させてＡ変化なるものを作り出さねばならない。Ａ変化なんてあるはずがないだろう。そこからすべてが始まっている、すべての原点であるものが、いやもっといえば端的にすべてである（すべてがその内部にある）はずのものが、じつはなんと複数（無限に）あって、それらが互いに繋がっているなんて！　しかし、時間とは構造上はそういう矛盾したあり方を、その内容によって（だからつまりＢ系列化して）繋げた、極めて異様な存在者なのである。＊そして記憶とは、その水準をあたかも自明の前提のように見なすことによって初めて成立する、極めて不可思議な現象なのだ。

＊　時間の場合も、現実の現在は現に一つここにしかないので、それを形式化して反復することによってしか（このA事実を超えた）A変化、A関係、A系列は構成できない。もともと人間というものが個体化されている人称の場合と異なり、時制の場合には、そのことと単位化（unify＝一つにすること）が連動しておこなわれるはずである。「一」の把握は「物」の場合から借りて来られねばならないとはいえ、通常の場合、出来事にも自然の切れ目はあるだろう（次章で論じられる「直観における把捉の総合」もそれゆえ可能になるだろう）。＊現在の形式化された反復可能性が単位化と合体することが、A系列系の考え方の可能性の条件を創り出す（これはもちろんまた同時にB系列でもあるが、決してC系列ではない点に注意せよ）。これが年表やカレンダーや時計の文字盤の可能性の条件を創り出す。しかし、物の個数と同じ仕方で、私や今が客観的に単位化されて平板化されることで、世界は独在性とその累進化を組み込んだ矛盾した存在となり、根源的に歪んだものとなるだろう。
（注内の注＊　単位の内部に含まれている変化は、後にこの変化と概念的に同一化されうることになるが、原初においては、空間的な一事物の内部に多様性があるのと同種の現象にすぎない。「ドレミ」という一単位の内にも「ド」「レ」「ミ」という三つの単位が区別でき、レが聞こえているときにはドは過去でミは未来であるという構造は、後から解析可能となるだろう。）

第3章

渡り台詞の不可能性と必然性

——第一版の演繹論について

一　超越論的哲学の課題——ゾンビにならずに自己は持続可能か

1　ここからしばらくは、演繹論、図式論、原則論という、カントの記述の順番に従って、『ウィトゲンシュタインの誤診——青色本を掘り崩す』の場合と同様に、引用文についてコメントするという形式で議論を進めていきたい。とはいえ『青色本』の場合と違って、『純粋理性批判』では全文を引用することは無理なので、ところどころを選び出すという形にならざるをえない。

2　もし個々の表象がそれぞれ他の表象とまったく無縁で、いわば孤立しており、他の表象から切り離されていたなら、およそ認識なるものは生じようもないだろう。認識とは比較され結びつけられた諸表象の全体だからだ。したがって、感官はその直観のうちに多様性を含んでいるからというので、感官（＝感覚能力）に見渡す（＝繋げて見る）働きを与えるとすれば、それにはつねに総合が対応することになり、受容性は自発性と結びつくことによってのみ認識を可能ならしめる、ということになる。この自発性があらゆる認識において必然的に現れる三重の総合の根拠である。（A97）

3　ここでは、ひとことで言えば、認識とは結びつける働きのことだ、ということが言われている。受動的に受け取られた感覚的なものは、こちらから自発的に結びつけられることによって認識となる、というわけである。とはいえ、自発的に結びつけられれば必ず認識が成立するというわけでもあるまい。何らかの型に則って結びつけられたときにのみ認識が成立するはずであろう。認識が成立するとは、すなわち客観的な事実が知られるということである。なぜ、ある種の型に則って結びつけられると、そのことで客観的な事実が知られるのであろうか。型に則って結びつけられただけでは、客観的事実にはまだ届いていないではないか。これは、ある意味ではその通りで、それがつまりは物それ自体は知りえないということである。しかし別の意味では、ある種の型に則って結びつけられると、そのことで客観的な事実が知られる、と考えられるのである。なぜなら、われわれに知りうるのは所詮それだけであるから、である。それでも、それが客観的だといわれるのはなぜか、と問われるなら、通常われわれが客観的だと思っているのはそうしたことにすぎないから、ということであろう。しかし、なぜ、われわれは通常、そうしたことだけで客観的であると思うのか。それはおそらく、そこにおいてすべての人が一致するから、であろう。ということはつまり、客観性とは、皆に共通の知がもたらされる皆に共通の型（に則った捉え方）のことだ、ということになるだろう。これはもちろん、カントがそう言っているわけではないが、このような道筋で考えれば、このようなことにならざるをえないであろう、という思考の提示にすぎない。

4　それでは次に、型に則っていようといまいと、その論点とはまた別に、そもそもなぜ結びつけられないと認識にならないのであろうか、そちらを考えてみよう。なぜバラバラな表象では駄目で、それらは結合されねばならないのか。ここまでの議論の筋に沿ってこの問いに答えるなら、それはおそらく、他の表象と結びつけられないかぎり、すなわち孤立した諸表象のままでは、それが他の人に現象している表象と同じか違うかを確認するすべがない、そもそも同じか違うかを問題にすることさえできないから、ということになるであろう。結びつけ方にも色々あるだろうが一つの原初的な結びつけ方は捉えられた表象の類型化（いいかえれば一般概念への包摂）であろう。たとえば「これは石だ」のような（「これ」は空間的位置をたとえば指さすとして）。このように結びつけられて、文–化されると、他者が「いや、これは石ではない」と語ることも可能となる。このように型に則るということがすなわち認識するということであり、いいかえれば、間違った認識――誤認――もまた可能な空間に開かれる、ということである。型に則って結びつけることが、一つの意識の外に出ることになるからである。しかし、外とはどこか。と問われるなら、カント的には外的世界、客観的世界ということになるだろうが、私の感覚では、これはやはり言語、言語的な客観性といわざるをえないように思われる。言語において――とりわけ文において――はじめて、孤立した諸表象が結びつけられ、認識の可能性が開かれる。個々の表象の一致や不一致も、ここではじめて成り立つ文における一致不一致の側から割り当てられるほかはないことになるだろう。
5　結びつける働きをもっぱら担うのは、カント哲学の枠組みにおいては悟性（Verstand）である。しかし、この引用文を見るかぎり、カントは前悟性的な、感性のレベルでの結合の可能性を語っているようにも読める。たしかに、感性の段階においてバラバラに与えられた感覚的諸表象の類型化（の少なくとも端緒）が存在していなかったなら、それらを悟性的な連結へと媒介するすべはない、とも考えられるであろう。例えば、ある時に生じた表象Aと別の時に生じた表象Bがともあれ似ている（似て感じられる）、それゆえある観点からは「同じである」とさえいえる、といった把握の可能性が、ただたんにそれらを捉えるという段階ですでに成立しているのでなければ、そもそも捉えるということ自体が成り立ちえない、とも考えられるからだ。おそらく、このような考え方が、これから始まる第一版の「三重の総合」の議論の開始点であったと思われる。*

＊　しかし、もちろん、その出発点はすでにして疑わしい、ともいえる。このプロセスに含まれている飛躍は、原理的にその着地点の側からしか見渡すことができないはずだ、ともいえるからである。この問題は、今後ずっと、陰に陽に、論じ続けられることになる。

6　結びつけられて客観的認識の可能性が開かれるのは、その結びつけられ方の側によってであるから、結びつけられたもとの諸表象の側は、ここで成立した事態にはもはや無関与的（irrelevant）なものとなるはずである。これはしばしば「クオリアの逆転」といった想定において問題にされる事態であり、カントの議論にはその種の問題を発生させるメカニズムが先取りされているといえる。結びつけられた諸表象の側は、その結びつき方さえ何らかの形で存在できれば、存在しなくてもよいとまではいわずとも、何かでありさえすれば何であってもよい、とはいえることになるからである。それが何であっても他人には決してわからず、それの意味するところはそれがじつは何であっても（だからそもそも無くても）結果的には同じことになるはずだからである。

7　「他人には決してわからず」と言ったが、かりにもしわかったとしても、何の使い道もない、という点がまずは重要である。「へえ、君の白さのクオリアってこんなのなのか。これは僕なら黄色と呼ぶかなあ」と言えるのが関の山であり、そうであったとしても、それは依然としてやはり「白」なのである。まずはここが重要である。しかし、真の問題は、その種の内観知の表明さえもじつはできないという点にこそある。「僕なら黄色」の「黄色」に客観的な（言われた相手にもわかるような）意味を与える方法がじつは存在しないからである。それゆえ、クオリアの逆転といった想定もまた不可能なのだ。哲学的なポイントは、むしろこちらにあるだろう。クオリアという皆に共通の要素的な何かがまずはあって、それらがじつは逆転していたりしていなかったりできる、というような、そこから出発したはずの想定そのものが――それを可能ならしめている平板な世界解釈そのものが――、じつは結果として構成された世界像の側からしか成り立ちえない、ということこそが洞察されるべきことだからである。それゆえ、こちらの問題は、クオリアの逆転の想定のように通常の平板な世界像の内部に組み入れて理解するということがそもそもできない。そして、まさにここにこそカントの「結びつけ」（総合、統一、等々）の哲学の、それが本当に超越論的にはたらくことの、真の意味がある。

ここで、たんなる結びつけに見えたことが、たんなる結びつけではありながら、もはや結びつけられる以前の段階に遡ってアクセスすることができないような、とてつもない飛躍と断絶を創り出すことになるからである。

8　ところで、前々段落（段落6）の「存在しなくてもよい」や「そもそも無くても」に示されているように、クオリアの逆転の可能性はさらにクオリアの欠如の可能性を示唆する。いわゆる哲学的ゾンビの問題である。この文脈において哲学的ゾンビとは、実際には感覚的諸表象が存在していないにもかかわらず、一定の型に従ってそれらを悟性的に結合したときに成立する結果だけがなぜか存在している（がゆえに結果的に普通の人間と同じように見える）人のことであるといえる。しかし、そもそもなぜそのようなことが考えられる――そして考えることに何か意味があると思える――のだろうか。それは、そんなことを考えてみる以前の、与えられた現実の世界に、結合以前のバラバラな諸表象もまた現に直接的に生起している（ように直接的に感じられる）人と、結合以前のバラバラな諸表象は飛ばしてそれらの結合の結果だけがいきなり提示される人とが、すなわち現実になぜかゾンビでない人となぜかゾンビの人とが存在しているからである。前者が私で後者が他者である。それだからこそ、直接的にはどう見えていようと後者のような人の背後にもじつはバラバラな諸表象は存在してはいるのだ、という世界像が置き移しによって成立した後でも、「でも、本当は存在していないかもしれないではないか」という懐疑可能性が、排除不可能な形で燻ぶり続けることになる。このことからもわかるように、本当の問題は感性に与えられているはずのバラバラな諸表象がじつは与えられていない人が存在しうるか否か、にあるのではなく、少なくともそれ以前に、そもそも前述のような二種類の人が存在している——というように世界は現に与えられている——という事実そのものにある。この事実がなければゾンビ問題などが意味をもちうるはずもないだろう。こちらの問題の存在を見逃しておいて、いきなりこの懐疑論を主張してみたり、逆にそれを論駁しようとしたりする人が多いのは、私にはまったくもって不可思議な現象である。問題はゾンビが存在しうるか否かなんぞにあるのではなく（もしそれが問題であれば、しうるともしえないともいえるように世界は出来ているということだけが問題なのであり）、世界にはなぜかまったく異なるこの二種類の「主体」が存在しているということにこそあるのだ。

9　「直接的にはどう見えていようと後者のような人の背後にもじつはバラバラな諸表象は存在してはいるのだ」という世界像を置き移しによって成立させるという仕事は、ヨコ問題における構成作業なので、型に従って諸表象を結びつけるというようなやり方によってはもちろん、いかなるタテ問題的な方策によっても[*]、決して成し遂げられない。このような場合に何が為されねばならないかについて、その概要は「第2章の落穂拾いと全体の展望」の「二」の「カテゴリーとしての人称と時制の作り方にかんする試論」という箇所（段落5〜段落12）で論じた通りである。この作業の成功によって最初の根源的な違いがなくなるわけではない（なくなったらたいへんだ！）が、現実になくなるわけではないにもかかわらず、あたかもなくなったかのように見なすのっぺりした世界像もまた実効性のあるものとして成立することに（すなわち世界は矛盾を内包することに）なる。[**]　しかし、出発点を最初からそこに置いてしまうと、あたかも最初から誰にとっても、同じように多様な諸表象が与えられており、そこからそれぞれそれらの結合（総合）作業が開始される、それがすなわち超越論的な世界構成の作業である、といったような、まるで問題の答えを出発点にして問題を解くような、ひどく平板な超越論哲学像が生じることになる。

＊　たとえば、私と私でない人（他者）との違いのようなヨコ問題的な差異を自己触発の有無などによって説明するというような方策がその例である。そういう種類の何を付け加えても、それによってヨコ問題を捉えることはできない（『世界の独在論的存在構造――哲学探究2』における「唯物論的独我論者」の教訓と同様である）。自己触発のような働きは、他者にも、それが他者である以上必ず、本質的に同様に存在するのでなければならないからである。差異は現にあるそれと本質上あるのでなければならないそれとのあいだの差異として理解されねばならないことになる。なぜか私であるということは、何か他にはない実在的《リアル》な特質がそこに付け加わっているということではなく、そういう何かではない――すなわち無内包の――現実性だけが、そこに付け加わるということでなければならないのだ（だからこそ逆に、すべて同様であるのに、なぜ彼らは私ではなく他人などという奇妙なものでありうるのか、という問題もまた立てられうることになるわけである）。そしてその後で、そのことのほうが一般化される（ことによって問題の成立水準が一段上がる）という筋道が不可欠なのだ。

＊＊　しつこいようだが、最初の根源的な違いの平板化について二点の注意を。第一は、この平板化（のっぺり化）はあくまでも最初の根源的な差異そのものの平板化（汎化）であって、その消去や抹消ではない、という点。独在的世界は汎化された形でそのまま維持されるのである。すなわち、これはあくまでも突出の汎化なのである。第二は、最初の根源的な違いとは、最初は一人だけ違うあり方をした人間がこの共通世界の中に実在しているということではない、という点。それは不可能なのだ。

（一人だけこのように違うあり方をした人間をこの共通世界の中にこの共通世界内で認められうる何らかの根拠に従って実在させることが不可能であることについては、唯物論的独我論者の事例や本章の段落34注＊で触れる夢についての論文などで論じてきたが、それは最重要の論点である。）むしろ逆に、何故かはわからないが、独在的世界しか与えられておらず、その後もずっとそうでしかありえない、と理解すべきだ。それは一つしかなく、それしか存在しない。課題は、そのこと自体がだれもに成り立つ（皆にいえる）ようにすること、そういう世界をそこから作り出すこと、である。しかし、言語はこの共通世界で使われるためのものなので、この課題を言語で語ることはできない。これは、むしろその言語を創り出すという仕事だからである。だが、現状においてはこの課題はすでに達成されてしまっているため、このような話を始めると、この話自体がすでに達成された視点から理解されてしまう（すでに汎化された独在性から話が出発してしまう）ことにならざるをえない。すなわち、最初の「課題」そのものが、だれもがその課題を持つかのように読み換えられてしまうわけである。それはすでに課題が達成されているからであって、それだからこそこの話が通じるのではあるが、やはり誤解ではある（という点こそがこの議論のキモである）。時間論用語で言い換えれば、これはA事実を出発点としてそこからA関係を作り出すという問題なのだが、それがA関係を出発点としてそこからB系列やC系列を作り出すという問題として理解されてしまう、ということである。逆にいえば、A関係を出発点としてそこからB系列やC系列を作り出すという問題にも、A事実を出発点としてそこからA関係を作り出すという問題の残響が必ず響き渡っている、ということである。もちろん私はカントにもその残響を聴き取っている。

10　平板化的構成作業がすでに完了したのっぺりした世界ではゾンビ（クオリアの実在的な欠如）のような形で現れるような、しかしそれとはまったく別種の、とはいえじつはそれの原初形態ではあるような、根源的な存在論的な欠如が、与えられた原初の世界では、まったくふつうに存在している、ということが問題の核である。すでに構築された平板な世界像の内ではゾンビのようなとんでもないものとして現れるそのことが、その世界像をまさに構築していく際にはまったく正常なこととして認められるわけである。当然のことながら、そのこと――すなわち自分である人とそうでない人との二種類の人々が現実に存在しているということ――をもはやだれも不思議には思わない。不思議に思わないような世界像を、すなわちこの現実的で存在論的なこの二種の巨大な差異を一般的な自他の差異の一例と見なしうるような驚くべき世界像を、成功裡に作り上げたからである。* ゾンビの場合には、その欠如はあからさまに外から（つまり見かけ上だけ）埋められて、ふつうの人のように見えているという変則的《アブノーマル》なことが起こっているとされるわけだが、こちらでゾンビに対応するもの――すなわちいわゆる他人――の場合には、じつはそれと同じことが起こっているとみなしうるにもかかわらず、その（本質的には同じ）埋め方でなんと本当に埋められてしまい、それが正常《ノーマル》なこととされるわけである。なぜそんなことができるのかといえば、それはもちろん、そこに超越論的なカテゴリーが適用されているからである。

＊　そういう世界像を作り上げる（見方を変えればその作り上げられ方の仕組みを解明する）ことこそが超越論哲学の課題であり、作り上げられた世界の内部にいるわれわれはもはやその必要性に気づく

ことがないとはいえ、この世界の成り立ちを根源から理解したいならば、それは不可欠の仕事であらざるをえない。それどころか、この課題を飛び越して哲学することなどおよそ不可能だとさえいえるだろう。

11　この場合の超越論的なカテゴリーとは、もちろん人称である。とりわけまずは、第一人称という特殊な型を発見（あるいは発明）して、そこに現実的なそれと可能的な（いいかえれば規約上の）それとを、すなわち自分の第一人称と他者の第一人称とを、ともに含めることである。* これ自体はまったくあたりまえのことにすぎないともいえる。たんに「百ターレル」といえば、そこに現実的な百ターレルも可能的な百ターレルも含まれるのは自明のことだからだ。第一の人称（the first person）とはもちろん、世界の端的な開闢から見て最初の人という意味なのだが、われわれはこのこと自体を具体的（現実的）にも抽象的（可能的）にも理解するわけである。しかし、「私」の場合は（「今」の場合とともに）、「現実的－可能的」の対比の意味が通常の（「百ターレル」のような）場合とは微妙に、しかし決定的に異なる。この場合には可能的なものがそのまま現実的でもあるという矛盾したあり方を、この世界はしているからである。であるから、一面においては、誰もがそれぞれ自分こそが「現実的な私」であると考えるという形で「現実的－可能的」の相対化が起きるのだが、しかし他面においては、それにもかかわらずその相対化を突き抜けて「現実的に「現実的な私」」が一つだけ存在するのでなければならない、ということになるのだ。この現実性の突出構造がどこまでも不可避的に伴い、それゆえこの二面の対立もどこまでも無限進行して、その意味においては、どちらに優位性があるのかはけっして決まらない（「今」の場合も、この本質構造だけ取り出せば、驚くべきことに、まったく同じ構造をとる）。

＊ 現実的なそれと可能的なそれとは、すなわち自我と他我とは、一見したところ、少しも似ていない。それどころか、そもそも「他我」は矛盾表現である（がゆえにありえない）とさえいえるだろう。にもかかわらず、われわれは他人の発する「私」という語の意味を難なく理解する。それはまた、自分の発する「私」という語もまた、他人たちからは「他人の発する「私」という語の意味」として理解されている、ということを知っているということでもある。これが本文で述べている相対化であり、現にそこから世界が開かれている・世界の開けの唯一の原点そのものを、開かれた世界の内部に置き入れて、その世界内に現れる同種の（と見なされた）ものたちの仲間とする、という驚くべき一歩である。すべては、このような世界の二重化から始まっている。

12 かくして、世界は最初の出発点とは異質の見地から見られることになるわけだが、この特殊な種類の結びつけ（総合）を実現してから（あるいはしつつ）でなければ、（因果性等々の）通常の諸表象の結びつけ（総合）も期待通りには功を奏さないであろう。ここにはとてつもない飛躍が含まれているのだが、それは、簡単に結合可能なたんなる事象的な断絶に（今のわれわれには）見えてしまうものがじつは様相的な（現実性と可能性との）、あるいはむしろ存在論的な（実存と本質との）断絶を含んでおり、ここでその断絶が一挙に架橋されるからである。与えられた多様な諸表象を結びつけるという場合、そもそも何が与えられるかはたまたまのこと、他でありえたはずのことであるのはその前提であるだろうが、ここでは、そのような偶然性が、多様な諸表象がそこに与えられるその場のものにもあてはまることが同時に洞察されねばならないのだ。なぜか現実にはこの開けの場が与えられてあり、現実には与えられていない別のそれが他者や他時に与えられてある（とされる）、という捉え方が作り出されねばならないのである。

13　そうではあっても、なお残るこの自他のこの差異はいったい何であるのか。ここで想定されうる他者とは（そしてそれと対比される自己とは）いったい何であるのか。それらは依然として手つかずの謎のまま残されている。ともあれ、他者に与えられるとはすなわち、その多様な諸表象は現には与えられておらず、そのように想定されているだけであるという意味なのであるから、それが多様な諸表象という名の（すでにして）概念的な総合にすぎないことは疑う余地がない。（そして、そうであると知っている以上、自分自身もまた他者から見られればそういう者であらざるをえないことも知っているのでなければならない。）すべての開闢である、原初の諸表象が与えられる場そのものを、そのような二次的に措定される諸主体と同格のものへと格下げ＝格上げすることが、すなわち人称カテゴリーが為すべき最大の仕事である。* このような視点を介入させて、そこに存在の意味そのものの転換を読み込まないことには、カントの議論もまた平板な世界造りの寄木細工物語にすぎないものとなってしまうであろう。

＊　とはいえ、このような説明自体が、任意の自己から出発する、すでにして概念的な段階の説明とし

て理解されてしまうことは、避けがたいことではある。そうではあっても、ここではその前段階の問題が提起されている——すなわちいわば語りえぬことが語られている——ということを決して取り逃がさないようにしていただかないと、この議論はまったく何の意味もないものになる。伝統的存在論から実存と本質という対比を借りてこれをさらに言い換えて表現するなら、ここでは、(実存という名の本質になる以前の) 実存そのものが本質へと転換する、という一回性の奇跡的な事実が問題にされているのであって、それだからこそ、それと本質的に同じことがそこかしこで繰り返されるという理解も固有の意義をもつわけである。

14　人称(およびそれと同型の時制)という新奇な世界把握方式の成立によって、他者たち(および他時たち)との同型性・共通性という意味での客観性が初めて作り出されることになり、このことが言語(的意味)というものを初めて可能ならしめることになる。その結果、自己自身に対しても、前の段落(段落13)で提示した「自分自身もまた他者から見られればそういう者であらざるをえないことも知っているのでなければならない」の条件文部分から「……見られれば」という条件節は外され、それが大前提的な地位に就くこととなる。しかも(ここでその仕組みを詳述している余裕はないので圧縮された記述にならざるをえないが)、人称の場合と同様に時制にかんしても、まずは第一時制(現在)という特殊な型を発見(あるいは発明)して、そこに現実的なそれと可能的な(いいかえれば規約上の)それとをともに含める、というあのプロセスが同様に繰り返されることによって、現在ではない異時点における経過をその時の現在としてそのまま保存して記憶するという驚くべきことが可能となる。その結果、確かに私だけはゾンビでないといえるはずである（そのことこそがゾンビ概念の本質なのだから）にもかかわらず、まずは、他者にもその地位を分け与えたことによってその究極的な意味を喪失し、次には、そうだとしてもそれは今だけのことであって、＊繋がった私についていえば、私自身もまたゾンビ可能な存在、というよりもすでにしてゾンビである存在にすぎない、ともいえることになるのだ。＊＊

＊　すべてはその場に与えられる素材に様々な加工を施すことで成立しているともいえ、それはそれですこぶる重要な事実ではあるのだが、その唯一の開けの場それ自体におのれと同型の他者や他時が存在しているという思考は、その場それ自体にかんする思考であるから、そこに与えられる素材の問題とは独立であり、そういう意味での感性的条件を飛び越えて成り立つものであるから、最初から形而上学であるといえる。統一的な客観的世界の成立はこの形而上学の介在に拠るところが大きい。

＊＊　今までずっとゾンビであって、今はじめてゾンビでなくなったとしても、そうであるとわかることはありえない。すなわち、本当はゾンビだったということにも、本当はゾンビではなかったということにも、意味を与える方法が存在しない。それゆえにその区別はない（ともいえる）。ゾンビでなかったかのようにさせるのは、「三　なんちゃってビリティによって成立する自己」で論じるような、意味による繋がりである。

15

カントはたとえば、第二版の「誤謬推理」において、次のようなことを言っている。

私が意識するすべての多様において私自身は同一である、というこの命題は、すでにして概念そのものに含まれているので、これは分析的命題である。とはいえ、私が私のあらゆる表象において意識しうるこの主観のこの同一性は、それを通じて主観が客観として与えられるような直観にかかわるものではない。それゆえ、この主観の同一性は人格の同一性を意味することもできない。

（B408）

ここでは、「あらゆる表象において意識しうる」主観の同一性と「それを通じて主観が客観として与えられるような直観」によって成立する「人格の同一性」とが峻別されているが、それでも「あらゆる表象において意識しうる」主観の同一性のほうも「分析的」な真理として認められてはいる。これを「分析的」と見ることそれ自体にも疑問はあるが、その点は第7章（段落32）に委ねるとして、ここではカント哲学に内在的な疑問点だけを指摘しておこう。ある時点で意識される「私」と別の時点で意識される「私」はいかなる理由で同一の「私」であると見なされうるのか。*この同一性が「それを通じて主観が客観として与えられるような直観にかかわるものではない」ことを、すなわち「人格の同一性を意味する」ものではないことを認めるとしても、カント自身の強調する総合と統一がすでにそこにはたらいていなければならないことは疑う余地がない。その媒介なしに「私」の同一性がいきなり成り立ちうると考えるのは「誤謬推理」であるといわざるをえない。ここでカントはまさにカント哲学的にはその存在が認められてはならないものの存在を認めてしまっているように思われる。**前段落との繋がりでいえば、カントもまたここで、いわばゾンビにならなくても持続できてしまう自己の存在を素朴に信じていることがはしなくも露呈しているといえるだろう。

＊　この点については段落28の「渡り台詞」をめぐる議論も参照されたい。
＊＊　この誤りの由来については、本章の内部では次段落と並んで段落36の人格の同一性の「直証説」をめぐる議論も参照されたい。本章以降も執拗に論じられることになる。

16　きわめて素朴に考えるなら、ともあれ与えられる諸表象は、それがバラバラであろうと繋がっていようと、そんなことには関係なく、必ず私に与えられる、とはいえるように思える。なぜなら、現に諸表象が与えられるその場のことを「私」と呼んで、そうではない諸意識主体（いわゆる他者）から区別しているのだから。「およそ何かが感じられているなら、それを感じているのはつねに私である」というウィトゲンシュタイン的見地が＊、ここで効力を発揮するように見えるのである。たしかに、それらの諸表象がいっきに（すなわち今）与えられるなら、そういえもしよう。しかし、時を隔てて生じる諸表象は記憶される以外に保持されるすべはない。するといっきに（すなわち今）与えられている諸表象のうちのかなり多くは記憶的表象であることになる。それはたしかに今私に与えられているとはいえ、記憶されているもとの体験そのものはもちろん今の私には与えられておらず、それがその時の私に与えられていたということは、今与えられている記憶が言っていること（すなわちその内容）であるにすぎない。だから、私自身が「私が意識するすべての多様において」同一であるかどうかは（「多様において」は）じつはわからず、後からそれらの「結びつけ」の段階においてその同一性は作り出されるにすぎない（だからこそゾンビも可能なのである）というべきであろう。それゆえ、結びつけ以前の多様の生起について「分析的」な同一性を主張するのは不当である。なぜなら、このとき結びつけている私はその記憶内容を必ず（過去の）私が体験したこととして表象する（という意味でそれを「分析的」と呼ぶこともできはする）が、それはその時にそう作られざるをえないからであるにすぎないからである。とはいえ、私自身はそのとき為された結合を自明の前提として生きる以外にはない、という意味での自己同一性は成り立つことになる。が、しかし、それは多様の生起にかんする分析的真理でもなければ、直観を経由した客観的な人格同一性でもないのだ。**

＊　拙著『ウィトゲンシュタインの誤診――青色本を掘り崩す』の24を参照されたい。「いかなる有意味な仕方でも繋がっていなくても、ともあれそれらがそこで生起するなら、それらが生起する場は必ず私である、なぜなら、それらが現実に生起する場のことを（他者と区別して）「私」と呼ぶのだから」というのが、ヨコ問題における「私」の意味である。このヨコ問題における「私」は決定的な役割を果たすにもかかわらず、そのままで持続するということができない。

＊＊　この点についても、今後も執拗に論じられるだろう。

17　そのように結びつけることを「心の変容」と呼ぶのは適切なことではあるだろう。

われわれの表象は、それがどこから発現するのであろうと――外的な事物の影響によって引き起こされようと内的原因によって引き起こされようと——、アプリオリに成立していようと現象として経験的に成立していようと、いずれにせよ心の変容ではあるのだから内官（内的感覚）に属している。われわれの認識は、心の変容として結局のところはやはり内官の形式的条件に、すなわち時間に従っており、時間において、それらの諸表象はすべて秩序づけられ、結合され、関係づけられねばならないのである。（A98-9）

前半は、すべては「心の変容」であり内官（内的感覚）の内にある、と言っており、後半は、その内官の形式的条件は時間なのだから、すべては時間において結びつけられている、と言っている。すべては心の変容であるというこの主張は露骨に観念論的である。もっと議論が進んだ段階では、とりわけ第二版においては、このように「秩序づけられ、結合され、関係づけられ」ることによって外的な客観性が成立し、かくして成立した客観性を前提してはじめて、その内で内的・主観的なものが正当に位置づけられて成立する、といった議論が展開されることになるが、ここの議論は遥かに素朴であるように見える。しかし、そのような複雑化においてもなお、この素朴な事実はなお生き続けている（とカントはじつは感じている）に違いない。* いかなる変容をも貫いてそのように生き続けてもいるということこそが超越論的観念論ということの意味であろうから。

* 簡潔にいえば、これは主観的なものの存在に二重の位置づけがなされている、ということであり、それこそがカント哲学の画期的な達成であるといえる。なぜなら、それは世界の構造を見事に写し取

っているからだ。つまり、ここでカントだけが真理を捉えたのである。

18　にもかかわらず、カントのこの記述には致命的な難点がある。なぜこの議論が最初から「われわれの表象は……」と第一人称の複数形で始まるのか。これは事実に反する、というより、これから構築していかなければならない最も重要な「事実」が先取りされてしまっている。人称カテゴリーの「演繹」の問題が論じられないために、この構成態がいきなり出発点に据えられてしまっているのだ。それでよいなら、すべては「心の変容」であり内官（内的感覚）の内にあるとしても、心の働きはみんな同型なので、客観的世界というものはそれが外化されて作れるのだ、という話ですべては決着がつくだろう。しかし、真の問題は一に係ってその同型性そのものがどうやって作り出されるのか、にある。まったく同じであるとされることになる心たちのあいだに、始めから端的に存在している、と、それと本質的には同じものであるとされるにいたるとはいえ始めは端的に存在していない心たち、という（存在と無のごとき）完璧な断絶がある、* という事実が議論の出発点でなければならない。そこを架橋して、ただ本質のみにおける同一性を作り出すという作業から、すべては始まるのでなければならない。** そうでなければ超越論的世界構成の仕事は果たされるはずもないが、それ以前にそもそも取り掛かる意味もないだろう。最も肝心なその点が飛び越され、そこは読者それぞれが我が事として勝手に読み込むことで補完されるというのでは、仏を作って魂を入れない（魂はそれを拝む人がそのつど外から持ち込むことによってやっと入る）ようなものではないか。

＊　存在と無のごときというのは比喩でも誇張でもなく、何かが付け加わっていたり欠如していたりする実在的な違い方で違うのではなく、文字どおり端的に存在することと端的に存在しないことの違いのような存在論的な仕方で（のみ）違う、という意味である。（この注＊は段落9の注＊＊の続きとして読んでほしい。）

＊＊　ただ本質のみにおける同一性とは、その実存においてはまったく異なる現実的な百ターレルと可能的な百ターレルが、その本質においてはまったく同じでなければならない、という意味での同一性のことである。

19　この構成作業は、現にそこから世界が開けている唯一の原点が存在しているという、もっぱら実存的な、驚くべき事実を、そのまま本質化して（そういう型として捉えて）、本質化されたその事実を他人たちに分配する（その結果として「他人たち」になるのだが）ことによってなされ、そのことによってしかなされえない。驚くべき事実と言ったが、この分配もまた驚くべき作業だと言わねばならない。驚くべきことが二つ重なって、やっとのことでこの平板な普通の世界が作られるのである。やっとのことで事物の織り成す平板な普通の世界の上に重ねられる、と言ったほうがよいかもしれない。重ねられた後でも、作り出されたこちらの世界は、物が色々な性質を持ったり相互に関係したりするだけの文字どおりの平板な世界とはまったく異なる内実を持ち続けるからである。するとそこには、その成立の経緯から明らかなように、本質的な矛盾が内在し続けることになる。

20　このプロセスについての議論があまりピンとこない人は、その全行程が終わった見地に立ってその内側からこのプロセスについての議論を理解しようとしているのである。それはある意味では避けがたいことでもあるのだが、完全にそうなってしまうと、この議論の本来のポイントはすっかり失われ、人間に起こる他者承認の心理的な出来事についてのお話か何かのように理解されてしまうことになる。その際、物体としての人間身体の複数性の視点に最初から立ってしまっているというようなことも影響もしているだろうが、実はもっと本質的な問題がある。ここでの私の議論は読者諸賢に向かって語られている（だからある一人の人間が他の人間たちに語りかけているといえる）のだが、その事実と語られている内容とはもちろん矛盾している（その矛盾こそが語られている内容であるという意味では示されうる一致が存在するともいえはするが、それは平板な世界了解とは矛盾するので、語られうるような一致は存在しない）。通常の言語使用は、このことを語りうるようにはできていない（むしろ、語らせないようにできている）。言語は、この平板な世界の内部における伝達用に作られており、のっぺりしていない世界構造ものっぺりさせて語りうるように変形する強力な装備を備えているからである。だから、ここではその言語のその仕組みの解明と世界構成の仕組みの解明とは大幅に重なることになるのだ。

21　そうしたことが承認された上であれば、すべては独在する心の「変容」にすぎず、その内官（内的感覚）の内にあるのだ、という主張にも（それゆえすべての認識は時間という条件に従うという点さえも含めて）十分な根拠があるといえる。問題はただ、そこが出発点であらざるをえないその独在する心は、この共通世界の内部で使われるために作られたわれわれのこの言語では指す方法がなく、それがどれであるかをこの世界の側からは確定することはできない、という点にあるわけである。このような問題意識を背景にして、次に第一版のいわゆる「三重の総合」を検討していこう。

二　三重の総合

22　最初は「直観における把捉の総合」である。

すべての直観は多様なものをその内に含んでいる。が、もし心が次々と起こる印象の継起を時間的に識別するということをしなければ、多様なものは多様なものとして表象されることもないだろう。というのは、一瞬に含まれるものとしては、あらゆる表象は絶対的な統一以外ではありえないからだ。そうすると、このような多様なものから直観の統一が生じる（たとえば空間の表象における場合のように）ためには、まずはそれらを見渡し、見渡したものを一つにまとめる必要がある。この働きを私は把捉の総合と呼ぶ。（Ａ９９）

「絶対的統一」とは、あたりまえだが、相対的ではない統一という意味である。相対的な統一とは、他と対比してそれらとの区別と連関によって一つのものとしてまとまる、ということである。すると、絶対的統一とはそのような他との対比（による差異化）を介さない、何らかの意味でただそれしかないということによる統一、そういう種類の一性を意味するということになる。それらは後から相対化されて他と関連づけられることになるのだが、しかし、それらを見渡し（て相対化し）、見渡された複数の表象を関連づける（まとめる）作業は、それ自体としてはふたたび絶対的な統一（一性）であらざるをえないだろう。それらもまた見渡しまとめる（相対化し関連づける）ことができはするだろうが、その背進は必ずどこかで終わる（というか現にここで終わっている！）。すると、われわれはつねに（その内部には相対性を含んだ）ある絶対性のうちに在ることになるだろう。当然のことながら諸々の絶対的統一に相互関係は存在せず（それはその内部に存在するしかなく）、かりに別の観点からはその相互関係が見出せたとしても、それは別の話の始まりであって、何らかの絶対的な一性の内で終わることになる。

23 次は、「構想力における再生の総合」である。

それゆえ、諸現象の必然的な総合的統一のアプリオリな根拠となることによって、このような現象の再生さえをも可能ならしめるような、何かがあるのでなければならない。現象は物自体ではなく、われわれの諸表象のたんなる戯れであって、そうした諸表象は結局のところは内官（内的感覚）に規定されていることを考えてみれば、それが何であるかはすぐにわかる。われわれの直観が多様なものの結びつきを含んでおり、この結びつきが一貫した再生の総合を可能ならしめるのでなければ、われわれの最も純粋なアプリオリな直観［空間と時間のこと］といえども、いかなる認識ももたらしはしない。このことが証明できるなら、このような構想力の総合もまたいっさいの経験に先立ってアプリオリな原理に基づいていることになり、いっさいの経験の可能性（それは現象の再生可能性を必然的に前提する）に対してさえその根底に存しているような、構想

力の純粋な超越論的総合が想定されなければならないことになるのである。（A101−2）

あまりに自明すぎて通常はあまり自覚する機会もないことではあるが、直観における把捉の総合が可能であるためには過ぎ去ったことが再生されて保持されうるのでなければならない。この役割を担うのが構想力の働きである。この場合、それが再生であり保持であることはその結果の側から（いわば）推定されているだけなのだが、通常（というか常に必ず）何かもとにあったことが再生され保持されているということが（決して疑われることなく）前提されることになる。ここを疑えばすべては最初から瓦解するだろう。この文章を読んでいる際にも、直前に読んだ語を再生し保持し続けているわけだが、再生・保持された結果の側からそれが本当に過去の（といっても直前だが）読み経験の再生・保持であるかどうかを疑おうとしても、そこには介入する隙間そのものがそもそもないであろう。構想力における再生の総合はこのようにつねにすでに働いており（よほどの修行でもしない限り？）そこに楔を打ち込むことはできまい。とはいえ、それが再生・保持であるかぎり、すべての記憶は記憶違いでありうるという意味においては、もとの体験がじつは存在しない可能性はつねにありうるはずではないのか。

24　いや、その可能性はありえないのだ、と考えられねばならない。構想力の総合がアプリオリな原理に基づいた超越論的な働きであり、それこそが「経験の可能性（それは現象の再生可能性を必然的に前提する）」を初めて成り立たせるのだとすれば、その途中経過に楔を打ち込むことなどできるはずがない。そこには途中経過などそもそもあってはならないのだ。それが終わったところからすべては始まるのだから。* ここでもう一つのキモは、それはじつは起きていなかったかもしれないという可能性が封じられると同時にそれを経験したのは私ではなかったかもしれない可能性もまた封じられるということである。すなわち、その二つは一つのことであり、一つになってそこから世界を創生することになるわけである。

* 終わる世界と始まる世界とは別の世界で、その二つを並列することはできない。しかし超越論的哲学は、並べることができないはずのその二つをあえて並べて見せる仕事であり、一方から他方への、生成を語ることができないはずのその生成を、あえて語ろうとする営みであり、それが終わったところから語りうるすべてが始まるはずのその経過を、あえて実況中継のように語ろうとする営みである。しかし、そうだとすると、まさにそのことによって、この構想力における再生の総合は概念における再認の総合に同化してしまわないだろうか。

25

三重の総合の最後は「概念における再認の総合」である。

いま考えているものが一瞬前に考えていたものとまったく同一であるという意識なしには、諸表象の系列における一切の再生は何の役にも立たない。なぜなら、考えているものはいまの状態における一つの新たな表象となってしまい、それは表象を次々と産出してきたはずの作用には属さないものとなって、表象の多様なものが一つの全体を作り出すことはなくなるからである。この

多様なものには統一が欠けているのだが、それを与えうるのはそのような意識だけなのである。（A１０３）

ポイントは「まったく同一である」にある。ここで、「そっくりである」とか「ほとんど変わらない」とは違う種類の話が始まっている。ここから、話の種類そのものが変わるのだ。三種の総合のうち、第一と第二はいわば意識のあり方にかんする事実問題を論じているにすぎないが、ここからはそういう事実における繋がりの話ではなく、意味における繋がりの問題に、話の種類そのものが移るのである。それゆえ、ここで「まったく同一である」といっても、これまでのような事実問題の見地から見れば、少し違っていてよいし、当然、少しは違っているであろう。それでもまったく同じと見なしうること、これが新たな出発点である。

26　そして、この段階に至らなければ、「諸表象の系列における一切の再生は何の役にも立たない」のだ。どんなに似ていても、それだけでは一つの意味を形成せずに「いまの状態における一つの新たな表象となってしまう」からである。「表象の多様なものが一つの全体を作り出す」と言われる際の「全体」とは意味的な全体であり、新たな意味的な「一」がここから始まるのである。多様なものに対して、この「一」を与えることができるのは意識だけだとカントは言うが、そしてそれは確かにそう言えないことはないのではあるが、逆に意識ならばそれを与えることができるというわけではまったくない。この意識はある特殊な意識でなければならず、それはすなわち意味を担う意識、はっきりいえば言語的意識でなければならないからである。「概念における総合」といわれる際の「概念」とは、つまりは言語である。すなわち、ここから話は言語によって形式化された意識の問題に移り、そのことによって様相を一変させることになる。*

* もちろん、直観における把捉の総合も構想力における再生の総合も、直観、把捉、構想力、再生といった概念を用いなければ指せない事柄について論じているのであるから、そのことだけからも、実のところは概念における再認の総合をすでに前提している、とはいえる。だから、これらを並列的に三段階とか三種類と見るのはミスリーディングというべきであろう。

三　なんちゃってビリティによって成立する自己

27　同一性とは語の指示対象の同一性のことであり、そうでしかありえない。だから当然、直観における把捉の総合においても構想力における再生の総合においても、実のところは概念における再認の総合が先回りして暗に使われていた。ここで、それでは言語とはそもそも何かという問題を（もちろんカントは考えていないし）新たに考察することもできないが、ただ一点、言語の可能性と意識の統一の可能性との表裏一体性については簡単にではあれ指摘しておかねばならない。意識は言語が介入して意味によって前後を繋げることによって初めて一個の（繋がった）自己意識となり、言語は意識が言語的意味によって一個の自己意識として纏まることによって初めて言語として現実に機能しうるものとなる。これは重要な事実なのだが、通常はあまりにも自明なことであるためか閑却されていることが多いようだ。

28　この問題を考える際には、「渡り台詞」の不可能性という問題を考えてみると役立つ。何か一つの文を思い浮かべていただきたい。「すべての石は冷たい」のような短いものでも、何か条件節などを含んだもっと長い文でも、かまわない。その文を「渡り台詞」のように、すなわち一語ずつ細切れに別の発話主体が発しても、それを聴く側からは文としての意味は十分に理解しうる（その意味で文の意味がちゃんと成立しているといえる）。しかし言う側は、あらかじめ打ち合わせした台詞を「言う」のでもなければ、そのようにものを言うことはできない（その意味で、たまたま文が成立したとしても、文の意味は成立しないといえる）。「すべての石は冷たい」の場合、「す…」と言い始めた時から言うべき文の全体はすでに出来て（長大な文の場合は文全体は出来ていなくても言うべき全体はすでに意図されて）いなければならず、途中の「…は…」と言っている時点でもそれは維持され、さらにまたすでに「すべての石」と言ったことが記憶されてもいなければならない（再生の総合）。それゆえ、渡り台詞は本質的に不可能なのだ。

29　ここに、言語の成立における言う側と聴く側の非対称性がある。聴く側にとってはたんに想定されるだけで十分である持続的な発話主体が、言う側には現実に存在していなければならず、その現実存在こそが持続する自己意識を初めて作り出すのである。*とはいえここには相補性があって、言う側は、聴く側はそんなものの現実存在を必要とせずに作り出せる意味的なまとまりに依拠することによって、初めて纏まった持続的自己の現実存在を作り出すのではあるが、聴く側は、言う側に現実存在するとされる持続的な自己意識を（現実には現実に存在しなくても）ともあれ想定することによって、初めて意味の纏まりを構築することができるのである。どちらが先行するともいえない。想定されているものが現実には存在しない場合もあり、あらねばならないとはいえ、当然、現実にも存在している場合もあり、あらねばならない。** 謎はむしろ後者にある。そこで何が付け足されるのか。その、あってもなくても同じ（なのにそれがすべてでもある）ものは何か。それは、究極的には独在性に由来する何かでしかありえない。台詞が渡ることを最終的に拒み、そもそも台詞にすぎない（すなわち、演技、冗談、嘘、……である）ことを最終的に拒むものがそこにある。少々驚くべきことだが、言語的意味は存在論的なしかなさとの繋がりにおいてのみその意味を初めて可能ならしめられるのである。***

＊　これは、「私」の対象としての（＝聴く側にとっての）用法と主体としての（＝言う側にとっての）用法の違いの問題と、関連は付けられはするが（そして関連を考えるのは楽しいが）また別の問題である。例文だけ提示しておくなら、「すべての石は冷たい」の代わりに、五人（身体的基準で）の人間が渡り台詞で「私は／手は／冷たいが／足は／暖かい」といったようなことを発話するような場合を考えることである。

＊＊　それは、どこまでも想定上の存在とされうるにもかかわらず、それを拒むものが現に存在していなければならない。まさにその現存在の場の上でそれらすべては演じられるからだ。その場自体もまた演じられるものの一つに不可避的に組み込まれるに至るとしても、である。

＊＊＊　ただし、もちろん、ここで独在性はすでに意味的な繋がりと連接したそれである。

30　現実絵と可能絵・必然絵とが、現在絵と過去絵・未来絵とが、私絵とあなた絵・彼（女）絵とが、それぞれ同じ絵であらざるをえないという、第2章の段落22とその注＊辺りで論じられたあの構造の反復を、ここに見て取るのはたやすいことだろう。とはいえやはり、このように同じであらざるをえないこととそれでもやはり突出するものがあらざるをえないこととの対立的共存によって自己意識的自己同一性が成立可能になり、「私」が持続可能になる、という論点は新しい。この論点はむしろ、「同じ絵であらざるをえない」問題とじつは同じ問題である、J・デリダに由来する超越論的冗談可能性（transcendental nanchattebility）の問題との関連で論じたほうが興味深いだろう。誠実である（＝言っていることを言っている通りに思っている）ためにも冗談化が可能な（＝言っている通りに思ってはいないことを言うことができる）言語を用いることが避けられない（残念ながら避けられないのではなく、積極的・構成的に避けられない）のだが、それはもちろん逆にいえば、冗談や嘘や演技も誠実な発話の存在を前提にしてそれに依拠・寄生せざるをえないということでもある。＊

＊　ここから端的な誠実性（現実に言っていることを言っている通りに思っている性）とは異なる、超越論的な誠実性（言っていることを言っている通りに思っている性が前提になっている性）がどこまでも派生的に発生することになる。可能世界の現実性、過去や未来の現在性、他我、等々、もみな同じことである。

31　本当にそう思ってはいなくてもそう言って意味が通じる「すべての石は冷たい」という文に支えられてはじめて、本当にそう思っていることによってはじめて統一される「私」が成立し、その可能性（＝渡り台詞でなさ）に支えられて（冗談化可能な）文の意味というものもはじめて成立するわけである。だから、言う私というものは端的な独在性と反復可能性（冗談可能性）の両面から成り立っていざるをえないことになる。* 一般には、デリダが強調するような冗談可能性面の側面のほうが注目されがちだが、むしろ逆に、本質的に冗談可能的（nanchatteble）なあり方をしている言語に依拠することによってはじめて、冗談でも嘘でも演技でもない真面目な連続的自己が打ち立て可能になる、という面こそが遥かに重要で注目に値するだろう。嘘や冗談や演技の際にも有効にはたらくような（＝渡り台詞でも意味を持つような）意味に頼るからこそ、他者からも理解可能で他時とも連続可能な、真実の自己同一性が作り出せるのである。なぜそれでもそれは冗談や嘘や演技でないといえるのかといえば、それしかない（＝そこで終わりですべてはそこから始まっている）からである。ただそれゆえに、もはや嘘や冗談や演技ではありえないのだ。もはや嘘や冗談や演技ではありえない繋がった一つの「言わんとする」ことに支えられて持続的自己が初めて成り立ちうることは、過去向きでいえば、（たとえ客観的には偽であっても）それを本当のことと信じて生きる以外には生きるすべがないような、それしかない究極的な記憶に支えられて持続的自己が初めて成り立ちうるのと同じことである。こうした種類の誠実性は、もちろん道徳的に不可欠なのではなく、構成的に（＝そもそもそれがすべてを初めて成り立たせるという意味で）不可欠なのである。これが新しい「意識の一性」「一なる意識」である。そして、その一性に支えられてはじめて、言語的意味も成り立つ。意識は言語的意味の外在性に支えられて纏まるが、言語的意味は心の内在的な繋がりに支えられて初めて成り立つからである。その意味において、他の二つの総合とは異なり、「概念における再認の総合」は文字どおりアプリオリ（な総合）であり、われわれにおける「実在」はここから新たに始まることになる。

＊　嘘も冗談も演技も最終的に誠実にそうせざるをえないと同時に、その誠実性それ自体もまたどこまでも嘘・冗談・演技に類するものでもありうることだ。

32　そして、そのことこそが客観的世界そのものをもはじめて可能ならしめるわけである。

すべての認識は、その概念がどれほど不完全で不明瞭であっても、ともあれ概念を必要とする。概念は、その形式からしてつねに普遍的なものであり、それゆえ規則として使われる。物体という概念は多様なものを一つに纏めるが、それは多様なものがこの概念によって思考されるからであり、それゆえこの概念はわれわれが外的な現象を認識するための規則として使われることになる。しかし、概念が直観の規則となりうるのはどういう場合かといえば、その概念が、諸現象が与えられるに際してその諸現象の多様の必然的な再生を表現しており、したがってその再生を意識するに際しての総合的統一を表現してもいる場合だけである。このようにして物体という概念は、われわれの外部にある何かをわれわれが知覚するに際して、延長という表象や、それにともなう不可入性や形態などの表象を、必然的たらしめるわけである。（Ａ１０６）

「この概念はわれわれが外的な現象を認識するための規則として使われている」と言われているが、

「この概念は外的な現象というものを作り出すための規則として使われている⇒この概念がはたらくことによって外的な現象というものが作り出される」と考えたほうがよいだろう。外界（客観的世界）とは規則の集合体なのである。* 概念が直観の規則となりうるのは、その概念が、直観に与えられたものがもう一度また与えられる仕方をあらかじめ規定しているからであり、いいかえれば、その際にはたらく意識の総合的統一のされ方をあらかじめ規定しているからである。このように物と心は概念によって固く繫げられているわけである。

＊ 規則のパラドックスという問題が提起されたことがあるが、そのような問題は究極的には提起不可能であろう。提起者であるソール・クリプキは「規則を正当化する事実は存在しない」ということを驚くべきことのように語っていたが、そのようなものが存在しないのは当然のことであろう。規則が事実に先行するからだ。すべては規則から始まるのであるから、事実はすでに規則であり、物や心ももちろんそうである。

33 次に、超越論的統覚が「数的に一つである」ことについて。

意識の統一（Einheit）は、直観のあらゆる所与に先立っており、対象のすべての表象がそれとの関係においてはじめて可能となるのであるから、このような意識の統一なしには、われわれの内にいかなる認識も、認識相互のいかなる結びつきも統一も、生じることはない。こうした純粋で根源的で不変の意識を、私は超越論的統覚と名づけたい。（中略）この統覚が数的に一つであること（die numerische Einheit）がすべての概念の根底にアプリオリに存在する。（A１０７）

ここでは要するに、意識が一繋がりであることこそがすべての認識をはじめて可能ならしめるのだ、と言われている。すべての認識を、の代わりに、全世界を、と言ってもよいだろう。この場合の統一（Einheit）とは要するに、一つに（繋げて）纏めることである。そして、それをするのが超越論的統覚だと言われている。諸々の意識の結びつき方の型（規則）こそが外界の認識を、したがって外界そのものを、本質的に成立させる、とも言われている。これらは、私としては何の異論もない。世界とは当然そういうものだろうと、私は思っている。しかしながら、通常このようなことが言われたならば、一方に客観的な世界というもの（それはまだ物自体であるとしても）が、他方には主観的な意識というものがあって、そういう二つのものの関係が語られている、と受け取られるであろう。一方から何やらバラバラなものが与えられ、他方がそれを纏める、というように。両者をそのように対象化・対照化して捉えることができ、だから当然、そのような関係は（個数的に）いくつでも存在しうる、というように受け取られるに違いない。*

＊　実際、私には驚くべきことなのだが、超越論的統覚は人間の数だけ存在している、と考えているカント研究者は多いように見える。

34　しかし、最後に「この統覚が数的に一つであること（die numerische Einheit dieser Apperzeption）が」と言われる際には、少し違うことが言われているだろう。わざわざ「数的」と言われている以上、このEinheitは統一という意味ではないであろうし、個数が一個だと言われているのだから、「統覚」という性質や種類が同じ一つのもので、それが誰にでもあると言われているわけでもないだろう。たしかに、超越論的統覚が存在するためには、相並ぶ他の超越論的統覚が存在しえないことが必要であるはずだ。世界そのものがすべてそこから発しているのでなければならないのだから、それは当然のことだろう。しかし、超越論的統覚というものが持たざるをえないそのような本質的な性質の問題とはまた別に、超越論的統覚というものがそもそもなぜ必要であるのかの理由でもあるのだが、そもそも世界というものが現に持っている――ある意味ではやはり持たざるをえないともいえる――本質的な性質からも、同じことはいえるだろう。与えられた世界は、なぜか事実として、その世界の内部に存在するにすぎないはずの一主体からだけ開かれ、一貫してそいつが体験することに尽きているのだ。それゆえにどうしても、客観的な世界解釈や皆に平等に主観性があるというのっぺりした世界解釈は、そこから作り出されざるをえないのである。*

*　この点については、たまたま同時に書いた、『現代思想』２０２４年1月号所収の拙論「この現実が夢でないとはなぜいえないのか?」（本書に付論として収録）も、ぜひ参照していただきたいと思う。そこでは「世界は最初から最後まで一主体の体験としてしか存在できないようにできている」という不可避の根源的事実に注目して、「夢」との本質的類似性が論じられているが、世界の本性でも

あるこの根源的事実は（解消不可能なので）維持したまま、それでも世界が一見夢的ではなくされている事実の原理の解明こそがすなわちカントの理論哲学であるといえる。

35　ここで見通しをよくするために概略的な図式を提示しておこう。このそいつは二面性をもたざるをえない。第一は、現にそいつからしか世界は開けていない、現実に与えられた世界とはなぜか実のところは終始一貫そいつの経験の連鎖にすぎない、という側面であり、第二は、しかし、そいつ（こいつ）という持続が成り立っている以上、そこにはすでに統一的な客観的世界を巻き込んだ繋がりがすでに成立してしまっている、という側面である。そして、第一の側面は、それだけ取り出すならばもちろん、たとえ第二の面と繋がっていたとしても、その客観的世界における正規の存在者にはなれない。これを、そのままで正規の存在者に仕立て上げてしまうのが、後に「誤謬推理」論において批判されることになる「合理的心理学」、およびそれに類するすべての思考法である。これは批判されねばならない。それこそが超越論哲学のキモである。しかし、超越論哲学とはまさにそこを出発点とする思考法でもあるのだ。だから、カント哲学はその唯一の本質的な敵である合理的心理学と根本前提を共有しているのである。しかし、合理的心理学や次段落で論じる直証説の軽信に反して、すべてがそこから始まっているこいつはそのままではその世界において持続的に実在することはできないのだ。実在するためには概念によって、規則によって、それに頼った記憶によって、時間的かつ意味的に繋がらなければならないからである。合理的心理学の誤りは、本質的には、それがそのままで持続しうると素朴にみなしたことにある。しかし、この誤りは重要な意味を持っている。それは断絶した二種の世界を単純に接合するという誤りだからだ。

36　この点を理解するためには、カントを離れて、人格の同一性という問題をザッハリッヒに考察してみることが役に立つ。人格同一性問題には、大雑把にいって、身体説、記憶説、直証説の三種の見地がありうる。身体説は、身体が同一であれば精神がどのように変化しても（記憶を失い、さらに過激には別の記憶を持っても）同一の人物である、と考える。記憶説は逆に、記憶が繋がっていれば身体がどのように変化しても（他人の身体へその記憶が乗り移っても）同一の人物である、と考える。これに対して、直証説は、それらどちらともまったく無関係に、どの時点においても、これが自分であると直証される（世界でただ一人の）その人物こそが自分であり、その繋がりによって人格同一性は保持される（身体がどれかも記憶がどうかも関係なく）と考える。*カント理論哲学の最深のキモは、少なくとも一見したところそうであるといえる面があるように見える（しかも他の説よりも哲学的により深い意味があるようにも見える）この直証説が本質的に成り立たないことを、極めて大々的な仕方で、しかも成功裡に証明したことにある。**

*　ちなみにしかも、これは不可謬である。不可謬である理由は、デカルトのコギト・エルゴ・スムが不可謬であることや、『独在性の矛は超越論的構成の盾を貫きうるか――哲学探究3』で論じた、カスタネダ・シューメイカー的「誤同定不可能性」が成立することと同じである。したがって、このことには立派な根拠があることを見失ってはならない（そこに持続性がないことともにだが）。

**　実際の「合理的心理学」にはこれ以外に色々な学説が組み込まれているが、哲学的意味があるのはほぼこの直証説的直観に由来するものに尽きる（と見なすべきである）。そして、それは今なおその有意義性を保持している（と見なすべきである）。そして、何よりも、カント自身もその直観を共有しており、その内部から世界を作り出そうとしているのだ。ちなみに、デカルトも同様である。

37　極めて大々的な仕方で、というのは、自己が持続するためにはある型（規則）に従った繋がり方で繋がることが必要不可欠なのではあるが、その繋がり方は法則的連関を持った客観的世界をそれ自体が作り出すような、そういう繋がり方でなければならない、という洞察をそれが内に含んでいるからである。すなわち、世界の開けの原点がその内実を維持しつつ持続しうるためには、客観的世界の存在が必要不可欠なのである。それゆえに客観的世界は存在せざるをえない。だから、自分が持続的に存在していながら客観的世界が存在していないことはできないのだ。逆にいえば、客観的世界が実在していると思えるなら、そう思う自己は持続的に存在している（といえる条件をすでに備えている）ことになる。

38　さらに重要な点は、この一連の議論とあの「風間くんの質問＝批判」との繋がりである。〈私〉でなくなっても記憶的にまったく同じ人がまったく同じことを引き継げるから〈私〉はじつは機能しえない、というあの議論*を引き受けて、カントはまさにそのやり方でこの現実世界は作られているのだ、と言っていることになるからである。だから、その意味において、〈私〉は、それがなければ世界が現に開かれることがないにもかかわらず、世界構成的にはいかなる役割も果たさない、ということになるのである。他の原点なるものが構想可能なのも、実は同じ理由に拠るであろう。

＊　何度も言うが、これは現実の百ターレルと可能的な百ターレルは事象内容的にはまったく同一である（から神の存在論的証明は成り立たない）という議論と本質的に同じことを言っている。

39　他の原点とは他者のことである。他者（他の超越論的統覚）は、カント的には、それがもし存在するなら、ここで論じられているような規則に従った総合作用によって作り上げるほかはないはずだが、それはもちろん不可能なことである。超越論的他我構成といったことはできない。というより意味がない。そんなやり方で作り出してみても、それは物のような世界内の一存在者の存在にすぎないからだ。可能な唯一の方策は、そうしたタテ方向の作業ではなくヨコ方向の作業として、すなわち端的に現に存在しているこの統覚の働きを概念化（可能化）して、まさにその働きそのものを現実的にではなく可能的に為すこととして、様相的にそれを構想することだけであろう。そして、それは可能であらざるをえない。世界構成のプロセスそれ自体がその可能性を前提にしているからである。すなわち、私自身が他者のようになることによって、世界は可能になるのであった。そのような意味において、他者の可能性とともに世界は作られたわけである。

40　私として言うべきことはすでに言ったので、以下では、この後の箇所からカントの中心的な主張を表現していると思われる文言を二つ拾って簡単なコメントを加え、この章を終わることにしたい。

こうして、自己の同一性の根源的で必然的な意識は同時に、概念に、すなわち規則に従ってなされる、すべての現象の総合の、同様に必然的な統一の意識でもある。その規則は、すべての現象を必然的に再生可能にするだけでなく、……（Ａ１０８）

自己の同一性の意識は、同時に、自己に現れる諸現象がすべて関連づけられて一つに纏まっているという意識でもある、と言われている。世界の側のその統一と自己の側の同一性とは、じつは同じものなのである。その纏める作業は概念（すなわち規則）に従ってなされるが、その概念（規則）が、諸々の現象を型に従って繰り返すものとして捉えることを可能ならしめている。

41　可能な経験一般のアプリオリな条件は同時に経験の諸対象の可能性の条件でもある。さて、私はここで、先に挙げたカテゴリーこそが可能な経験における思考の条件にほかならず、それは空間と時間が同じその可能な経験に対する直観の条件を含むのと同じことである、と主張する。（強調は省略）（Ａ１１１）

経験それ自体を可能ならしめるアプリオリな条件と、経験の対象を可能ならしめるアプリオリな条件は同じものである。それはカテゴリーであるから、カテゴリーこそが経験それ自体を可能ならしめると同時に経験の対象を可能ならしめることになる。少し話を大きくして、経験というかわりに自己といい、対象というかわりに世界といっても同じだろう。自己を成立せしめる条件と世界を成立せしめる条件とは同じである。いいかえれば、自己と世界は同時成立するほかはないのだ。この相即不離の関係は、どちらも時間的に持続するかぎりにおいてのことなので、精確にいうなら、持続的な自己を成立せしめる条件と持続的な世界を成立せしめる条件とは同じである、というべきであろう。

第4章

形而上学（独在性）と超越論哲学

——第二版の演繹論について

一 「私は考える」と「私は思う」

1　この章では第二版における「純粋悟性概念の演繹」を検討する。この版では、直観における把捉の総合、構想力における再生の総合、概念における再認の総合という、第一版におけるいわゆる三重の総合の構想は捨てられているように見える。議論はいきなり「結合一般の可能性について」から始まり、その「可能性」の根拠は「Einheit（統一、一性、一つであること）」にある、とされるからだ。

それゆえ、この統一の表象は結合から生じることはできず、むしろ［逆に］、統一の表象が多様なものの表象に付け加わることによって結合という概念をはじめて可能ならしめるのである。（B131）

これを読まれた瞬間に、前章で論じた渡り台詞の不可能性という問題を思い起こしていただけると、大変に喜ばしい。まさにそのような意味において、結合はじつは統一を前提としてはじめて可能になるのである。渡り台詞ではないこと、つまり渡らぬ台詞であることが、すなわち統一（一性）である。渡り台詞の場合は台詞であるから、台詞そのものは渡ることが可能であるが、それに対応する渡り思考はまったくありえない。思考自体が渡ればそれとともに統一（一性）が生じるので、（たとえ身体的には分かれていても）一つの主観、一人の人がそこに成立してしまうからである。とはいえもちろん、その思考もまた渡り台詞化可能なたんなる概念の結合（総合）に支えられて行われざるをえない。しかしそれでも、前章の三で論じたように、結合を誠実（正直、本気）たらしめる（すなわち台詞でも嘘でも冗談でもなくする）ものが、結合そのものとは別に必要なのである。それはたんに諸概念を結合するだけではなく、（わかりやすくいえば）その結合がそれしかない場で起こるがゆえに、その結合そのものとは無関係な、同時に生じる別の意識現象も、一蓮托生とならざるをえない、ということである。そうした全体を伴わざるをえないがゆえに、思考はもはや渡ることができない。*渡るべきそれの外部（＝それとは別のもの）が存在しないからである。それが同時に世界の開けの唯一の原点でもあるからである。観点を逆にして言えば、結合（総合）それ自体はこのような統一から離れても（渡りうる意味として）はたらきうるし、そのように離れてもはたらきうるからこそ統一的意識に属する個別的内容を形成することもできるわけである。

＊　この場合、思考を思と考に、すなわち思い的要素と考え的要素に、分けて考えることができる。考えは概念のたんなる結合であり、思いはそれに伴いうるすべてを含む、と区分することもできるが、むしろ、思いはそれに伴いうるすべてのほうだけ、すなわち概念の結合という要素を必要としない、たんなる現象の生起だけを指す、と区分するほうが後の議論における分類に適合する。この分類は段落3、4、5において再定義される。

2　それゆえ、なぜある特定の結合の組み合わせが、それだけが実効性をもって（＝なんちゃってビリティを免れて）最終的に有効に働きうるのか、といえば、それはもちろん前段落で述べたように、統一という意味でのEinheitがはたらくからなのではあるが、しかしその統一そのものはどうして成立するのかといえば、それはやはり一つであること、一つしかないことという意味でのEinheitの現実性によって、でしかありえないことになる。もしそうでなければ、統一される理由はやはりそれぞれの結合と、そのまた結合の側に、究極的にはバラされてしまい、それらが一つになるのは、やはりそれぞれの結合が次々と繋がることによってでしかありえないことになるからである。それでは渡り台詞と同じであり、演技や嘘や冗談と区別がつかない。だから、そうした結合とは別に、そもそも原理的にその一つしかないという意味でのEinheitの場がどうしても必要なのである。＊

＊　ちなみに、『純粋理性批判』において結合（総合）と統一が別の根拠から出て来ることは、『実践理性批判』や『道徳形而上学の基礎づけ』において定言命法で表されることがらのうち命法性と普遍妥

当性とがじつは別の源泉に由来していることと並行的な現象である。もちろん命法性が統一に、普遍妥当性が結合（総合）に対応する。結合を可能にするカテゴリーの内容や普遍妥当的な道徳律の内容そのものは、それに誠実に（本気で、冗談化不可能な仕方で）従わせる力を持たない。しかしまた逆に、従わせる力の側（定言命法性や統一性）がその内容を創り出せるわけでもない。Einheit は極めて重要だが、それがカテゴリーの内容を創り出せるわけではない。

3　ここからすぐにわかることは、このはたらきは根源的に唯一（einig）でなければならず、すべての結合が等しくこのはたらきに拠るのでなければならないということ、また、総合の反対である分解、すなわち分析も、やはりこのはたらきを前提するものであるということ、これである。（B130）

ここでは、結合によって一つになるのではなく、一つであることによって結合が成り立つと言われている。直観に与えられる多様なものどもを結びつける場合も、複数の概念を結びつける場合も、それらは最終的には必ずこの「一つさ」によって繫がるのでなければならない。

い、い、い、私は考えるは私のすべての表象に伴いうるのでなければならない。なぜなら、もしそうでなければ、まったく考えられえないものが私の内で表象されることになってしまうからである。これは、その表象が不可能であるか、あるいは少なくとも私にとっては無に等しいことを意味する。（B

131-2)

冒頭の「私は考える」の「考える」は、表象を結合することを意味している。したがって、この「私は考える」は、デカルトの「私は思う《コギト》」とはまったく違うことを意味している。この点に注意しなければならない。デカルトの「私は思う」の場合は、思われている対象あるいは内容はとくに結合されている必要はなく、また（まさにそこが問題になるのだが、ここではあえて強調していえば）結合されうる必要さえもない、といえる。たとえば何らかのぼんやりした気分がただあれば、ただそれがあるというだけで、それは必ず「私が思っている」対象あるいは内容であるから、それがあることはすなわち「私は（それを）思う」ということであり、そのことは即座に「（ゆえに）私はある」ことを意味する。「私」とは「思うもの」であり、現実に思うものはそれ一つしかないので、現実に何か「思い」が生じれば、それは必ず私が思っていることになり、それゆえに私は存在していることになるからである。他人が思っていることは現実には表象されえない（それが自分と他人の違いである）のだから、これはまったくあたりまえのことを言っているにすぎない。カスタネダやシューメイカーの誤同定不可能性をめぐる議論もこのデカルト的伝統を引き継いでおり、それらはカントがここで始めようとしている議論とははっきりと断絶している。カントはこのデカルト的伝統を本質的な（それこそが哲学的に最も重要な）こととしては引き継がなかったのである。*

＊　いま扱ってる第二版の演繹論の、後にもういちど論じることになる第25項の冒頭で、カントはこう

言っている。

これに対して、諸表象一般の多様なものの超越論的総合において、すなわち統覚の総合的な根源的統一において、私が私自身を意識するということは、私が私に現象するとおりに意識するのでもなければ、私それ自体が存在するとおりに意識するのでもなく、私は存在するということだけを意識するのである。この表象［私は存在するということの］は思考であって直観ではない。（B157）

続けて、これはたんに「意識する」だけなのであって「認識する」のではないという論点が論じられていくが、その前にまず、これが直観ではなく思考であるという点が重要である。直観ではなく思考であるとは、何か単独の表象ではなく結合（総合）の表象であるということを意味する。しかし、結合（総合）の表象であるにもかかわらず、結合の内容の表象ではなくたんに結合作用の存在そのものの表象なのである。それが「私」の存在の意識である。さらに注では、

「私は考える」は、私の存在を規定するはたらきを表現している。それゆえ、これによって私の存在はすでに与えられているのではあるが、……（B157）。

とされており、コギトならばすでにしてスムであるのだ、と形の上ではデカルトと同じことが言われているのだが、その言わんとするところはまったく違っている。ここでのコギトは結合作用を指して

いるので、これは、結合作用がはたらいてさえいれば私は存在している、と言われていることになるからである。すでに述べたように、デカルト的な「コギトならばすでにしてスム」には結合作用など必要とされない。必要とされるのは直接的な確実性（不可疑性）である。だから、他者のコギト（すなわちコギタト）からはスム（すなわちエスト）は帰結しないのだ。まずはそのことが前提されたうえで、次の段階ではこの階層差が形式化されて累進構造が成立する、という点が私が「デカルト的」と呼ぶ事態の基本構造である。カントにはこの視点がない。ここで言われていることは、つづめて言えば「結合することが「私」を作り出す、だからそのことを意識するだけで（認識しなくとも）私は存在することになる」ということにすぎない。この問題にかんするかぎり疑う余地なくそれらを超えて最重要である「で、誰が？」がそもそも問われないのだ。

4　それゆえ、次の「なぜなら、もしそうでなければ、まったく考えられないものが私の内で表象されることになってしまうからである」は、このカント的立場の強力な表明だとみなすべきである。前段落で対立関係に置いたデカルト的な立場からすれば、まったく考えられないものが私の内で表象されることになってしまっても、そこには何の問題もない。というか、私が表象するかなり多くのものは、持続する私によっては「まったく考えられないもの」であるともいえるはずである。*何とも結合されずにすぐに消えてなくなるからだ。それでも、それが起こったなら、デカルト的には「私は（それを）思った」のである。カテゴリーに従った結合などはそもそも必要とされない。カスタネダ・シューメイカー的にもそうであり、さらに言えばウィトゲンシュタインの「主体としての使用」における「私」の場合もそうである。それらにはそもそも結合や統一の問題などはまったく考慮されていない（あるいははっきりと一瞬にして忘れ去られてもかまわないと考えられている）。その場合、そのことは少しも「その表象が不可能である」ことを意味しないし、「少なくとも私にとっては無に等しい」ことも意味しない。たとえ何とも結合されなくとも、すなわち「考え」られなくとも、それを「思う」ことはでき、それは無ではなくはっきりと有なのである。問題把握の根底がヨコ問題的だからである。このヨコ問題的センスが、カントは著しく欠けている。

＊　カント的には、それらは私が表象したともいえない、ということになるだろう。それはそれで十分な根拠はあることを、ぜひとも噛みしめて味わってほしい。

5　ここには、日本語ならば「私は思う」と「私は考える」と訳し分けることもできるが、しかしもともとはまったく同義であるといわざるをえない ego cogito と Ich denke との対立が存在し、そのことがそれの主体である「私」とはそもそも何であるかにかんする根源的な捉え方の違いを作り出しているのである。＊しかし、続けてカントはこう言っている。

> あらゆる思考に先立って与えられうるような表象は直観と呼ばれる。それゆえ、直観におけるすべての多様なものは、その多様なものがそこにおいて見出されるまさにその主観において、「私は考える」への必然的な関係をもつ。（B132）

この第二文は、ある意味では、まったくあたりまえのことを言っているにすぎないとも読めるが、別の意味ではあまり出来がよくないとも読める。第一に、この言い方だと、「…がそこにおいて見出される…主観」なるものが「私は考える」による統一以前に（それとは別に）存在するようにも読めるが、するとその「主観」とはいったい何なのか、という疑問が生じるからである。そういう「主観」は、先ほどの分類に拠れば、「私は思う」においては存在してよい（というかそれこそが疑う余地なく存在する）のだが、「私は考える」においては存在してはならない（というかそれこそが存在できない）と考えられるからである。この後者においては、もしそういう「主観」が存在しうるとすれば、それはまさに「私は考える」による統一によって初めて可能になるのでなければならず、それ以前に（それとは別に）同一的な「主観」なるものが存在しうると考えるのは、直証主義的迷妄が直に入り込んでいるかのようにも読めるからである。そして第二に、ここで「…まさにその主観（あるいは「…同一の主観」）」と言われると、当然、「…まさにその主観ではない他の主観（…同一でない別の主観）」たちもまた存在し、それらにおける「私は考える」もまた存在することになるだろうが、そうすると、まさにその（同じ）主観か、まさにそのではない（同じではない）他の主観かを区別する基準は、「私は考える」というはたらきとは別のところにあらざるをえないことになり、その差異そのもの（要するに自分である主観と自分でない主観との違いを作り出している根拠）は（両者ともに存在する「私は考える」以外の）いったい何にあるのか、という疑問の余地が生じざるをえないことになる。そんな根源的なところに疑問の余地があって、その答えがどこにも用意されていないとあっては、超越論的な哲学としては甚だ具合が悪いことになるだろう。

＊　これをヨコ問題とタテ問題の対立と呼ぶこともできはするが、とはいえ、〈私〉だけでなく〈今〉の問題を考慮に入れれば、ここでタテ問題とされている結合や統一の成立にも、それはそれでヨコ問題が伏在していることはいうまでもない。「私は考える」とは違って、「私は思う」には〈今〉の存在もまた明白にはたらいており、次の段落で述べるように、それはまた「私は考える」にもじつは暗にはたらくことになるからである。（この〈今〉との関連の議論をここに含めると、話はさらに複雑になるので、必要最小限を除いて触れず行くが。）

6　この二つの疑念についてどう答えるべきか、カントのテキスト解釈を離れて、私自身の（とはいえ私自身がカント的だと思うという意味での）考えを端的に述べるなら、それはこうだ。「その多様なものがそこにおいて見出されるまさにその主観」であるかどうかは、まさにこの「私は考える」による統一によって決まる、とされねばならない、＊と。しかし、その際には、その「私は考える」には「私は思う」から密輸入された要素も暗に含まれていなければならない。そうでなければ、統一（渡らぬ性）も成立しないし、後のデカルト批判も意味のないものとなってしまうからである。その密輸入によって、私とはこれのことであるという基礎的なデカルト的直証性がまずは成立すると考えなければならない。＊＊しかし、それだけでは、それは持続できない。あるとき、世界の開けの唯一の原点（である者）が「これが私である」と（現実にそうであるので）自己確証し、別の時にまた、やはり世界の開けの唯一の原点（である者）が「これが私である」と（やはり現実にそうであるので）自己確証したとしても、その二回における端的な唯一性という事実の存在にもかかわらず、両者のあいだに同一性の関係は成立しない（という意味では、そもそも事態をこのように描写すること自体が不適切である）。繰り返すが、これが成立すると考えてしまうことこそがカントが告発する「誤謬推理」（の根幹）でなければならない。

＊　カントのもともとの文言をそのように読み込むことも可能であり、私が「カント研究者」であったならそう読んで、ここで言っているようなことを「カント解釈」として述べたく思うであろう。

＊＊　カントがこの捉え方に最も明らかに近づいていると思われる箇所は、『プロレゴーメナ』§46（S.334）の「私とは現に存在しているという感じのことである」と言っている箇所であろう。これは、段落3の長い注＊で指摘した箇所よりもさらに一歩踏み込んで（口を滑らせて？）いるといえる。他人の「現に存在しているという感じ」は感じられない。それだから、その人は私ではなく他人なのである。それが「私」ということの意味でなければならない。それでも、他人もまたじつは（その他人自身にとっては）「現に存在する感じ」を感じているはずだ、というのはあくまでも人称カテゴリーが持ち込む根源的な規約にすぎない。さらなる問題は、この自他の対比はそれ自体が、「私」を〈私〉と取っても《私》と取っても成り立つということにあるのだが、ここではその議論にまでは進まない（でその点は曖昧にしておく）。

7　前段落の二回の「これが私である」の「これ」は何らかの記憶を指していてもよいことに注意さ

れたい。その場合、これらはどちらも、ここに唯一の端的な記憶が存在している（それはこれであ る）という意味であることになる。もちろん、それらが記憶を指していようと感情を指していようと疑いを指していようと、そのようなことはそこから「私は思う、ゆえに私は在る」が成立することに変わりはない。ともあれ実際のところ、われわれは皆、それが記憶である場合のやり方で自分が誰であるか、何であるかを捉えているはずだ。それ以外の方法はありえないからだ。それにもかかわらず、その二つの記憶内容には何の繋がりもないことが可能なのだ。複数の「これが私である」を繋げるのは記憶内容の側だからである。それゆえ、後に起こるほうの「これが私である」の「私」にとっては、そのこれ（＝この記憶）の内容の側に含まれている過去の「これが私である」こそが過去の私であるほかはない。この問題にかんしては、それを超えた過去の事実というものは存在しないからだ。かりにそういうものが存在したと考えたとしても、その痕跡は原理的にどこにも残らないので、存在しなかったのと同じことになる。これこそが、独在性の矛を決して突き通させない超越論的統覚の盾の超越論的な力なのである。* にもかかわらず、最後の一点においては、デカルト的な「私は思う」とカント的な「私は考える」は確かに出合っており、出合っているのでなければならない。もし出合わなければ「私は考える」も始まりえない（渡り台詞のような単なる有意味な語列、単なる可能的な思考に終わる）からである。

* それでも、このような過去の事実が存在しうるのではないか、と考えてしまうのも、やはり一種の「誤謬推理」である。

8　その場合、その記憶の繋がりによって複数の「これが私である」は繋がるのであろうか。繋がる、ということになるのだ。観点を変えれば、その繋がりはいつも最終回の内部で作り出されるにすぎない、ともいえるのではあるが、それでもやはり問題なく繋がると考えるべきなのである。それ以外に、繋げる方法は存在せず、しかもその繋がりこそがすべての基盤だからである。これが、「私は考える」が作り出す新たな一性（Einheit）である。それは、たんなる諸表象の結合（総合）とは異なり、複数の「私は思う」を、記憶という形をとって、あたかも直証的連関が現実に存在するかのように、すべて繋ぐのである。本当に繋いでいるのか、という問いは立てられない。本当に、という問いが立てられるのは、身体との関係において、正しい記憶であるかどうかのほうだけである。* 私の記憶は、記憶違いである（客観的事実とされるものとの関係で偽である）ことはどこまでも可能だが、その根幹的内容がじつは私のものでないということは不可能である。その内容こそが私が誰であり何であるかを決定しているからである。要するに、私とはそれのことなのである。ここでは、私とは端的に世界がそこから開けている（＝端的にその目から世界が見え、端的にその体に痛みや痒みを感じ、…る）世界の開けの原点である、という第一基準的理解とともに、あくまでもその上に乗ってであらねばならないとはいえ、その際に端的に与えられている記憶の内容が作り出しているその人物でもあらねばならない、という第二基準的理解が効力を発揮しなければならないのである。**

*　この差異こそが後の誤謬推理と観念論論駁との差異である。

＊＊　すなわちここで、記憶というその一点において、その実存（端的に「それがある」こと）とその内容（端的に「それである」こと）が繋がるのである。

9　あくまでもその上に乗ってでなければならないのであるから、まったく（あるいは本質的な点で）同一の記憶を持っている人が別に存在したとしても、その人もまた私であることは、それだけではできない。とはいえしかし、記憶が同じであるなら、私はすでにして――そんな人が存在することさえ知らなくとも――その人のその記憶を持っている、ともいえることに注意すべきである。つまり、現実に実存している唯一の記憶のその内容は、すでにしてその人の記憶でもあるのだ。実存と本質の結合はすでにしてそこにまで波及しうるのである。その意味においては、彼がいま殴られても蹴られても痛くも痒くも感じられなくとも（すなわちそこは繋っていなくとも）、彼は今すでにして私である、ともいえるのである。それでは、私が突然死んだ場合は、私は彼になるのだろうか。なるといえる道筋はすでに確保されている。他の持続的要素が無ければ、もともと私であるともいえた彼が私になるという（その描写が最も適切である）事態が実現するであろう。むしろ逆に、生前は決して彼になれないのはなぜか、という問いのほうがより根源的な謎として残るはずである。いずれにおいてもたしかに超越論的構成の盾が見事にはたらいてはおり、それはたしかに独在性の矛に自分を貫かせぬようにしているように見えるとはいえ、第二の問いを深く考慮すれば、矛の存在そのものはむしろその盾の力で守り抜かれているといわざるをえないのではないか、という疑念が生じるはずである。ここには、明らかにむしろ形而上学の優位が認められるからである。（この議論の続きは、いくつかの他の検討を経て、段落19以下でなされることになる。）

二　デカルトのカント的補強とは何か

10　引用文のコメントとしては不相応に長く独自の議論を展開してしまったが、テキストに戻ろう。次にカントは、この「私は考える」という「表象」を「純粋統覚」「根源的統覚」と呼ぶと言って、それは次のような「自己意識」だと言う。

あらゆる他の諸表象に伴いうるのでなければならない「私は考える」という表象を産み出し、それゆえにあらゆる意識において同一であって、いかなる他の表象によっても伴われえない自己意識（B132）

すべてに伴いうるのに何によっても伴われえないのは、すべてはそれから開けており、その意味において、じつはそれしかないからである。＊森羅万象はそこから開けており、その背後には何もない。ありえないのだ。一つの「私は考える」によって纏められうるのでなければならないことによる「統一」の根底には、このような事態が存在する。

＊　しかないことによって「本当にそう思っている」ことが成立する。たんなる結合（総合）だけでは「本当にそう思っている」とまではいえないが、もし結合の繋がりがその一つしかなければ、それは

本当に思っていることであるしかない。

11　それは、いま直接的に思い出されなくてもよい。たまたまその時は伴っていなくても、それはかまわない。とはいえ、意味的に（すなわち渡り台詞化可能な意味的な繋がりで）繋げられることによって繋がる場合が中核的な役割を演じざるをえない。繋げるためには規則に従った結合が必要であり、それゆえに、この純粋統覚は超越論的統覚でもあらざるをえないことになる。前者は「私は思う」のデカルト的要素を受け継ぎ、後者はそれらをカテゴリーに従って繋げるカント的要素をそこに付加している。そこに付加している、とも確かにいえるとはいえ、むしろ逆に、そちらの側が可能的な（すなわち現実的ではない）デカルト的要素を（すなわちそのときデカルト的に直証的であったことに後からさせる要素を）そこに付加しているともいえる。また、意味的に繋がることによる場合が中核的な役割を演じざるをえないとはいえ、そうではない無意味な偶然の連鎖もそこに付随しうる。* ふと思い出されるだけでも、そこに「私は思っていた」が作り出され、「私は考える」の内に結合されうる。その意味では、この「私は考える」には「私は思う」の裏打ちがつねにはたらいている、ともいえるのである。あらゆる表象に伴い「うる」のは、「私は考える」が「私は思う」を繋げうるからだ、ともいえるからである。このことによって、デカルト的直証性と客観的有意味性とが不可避的に繋がる。この認識は画期的である。そのことが自己同一性の根拠と世界の客観性の根拠（とさらにその根底にある言語的有意味性の根拠）とを繋げることによって一挙に打ち立てるからである。

＊　段落16において具体例が提示される。

12　さまざまな諸表象に伴う経験的意識は、それ自体としてはバラバラであって、主観の同一性との連関をもってはいない。それゆえこの連関は、私がそれぞれの表象を意識することによってはまだ生ぜず、私がある表象に他の表象を付け加えてそれらの総合を意識することによって生じる。このように、私が与えられた諸表象の多様を一つの意識において結合できることによってのみ、私がこれらの諸表象における意識の同一性を自ら表象することが可能となる。すなわち、統覚の分析的統一は何らかの総合的統一を前提してのみ可能となるのだ。（Ｂ１３３）

これはもう、われわれがよく知っていることを繰り返しているだけだ、ともいえはするが、とはいえやはり繰り返して、これは常軌を逸した不思議なことを言っている、と捉え直す必要がある。まず、この「…それ自体ではバラバラで、主観の同一性との連関をもってはいない」という見地を、まったく当然の前提のように受け止めているカント研究者が多いように見えるのだが、それは私には不思議な現象である。ここでカントが非常に変なことを言っていると思わないならば、彼の議論の驚くべき達成もまた理解できなくはないだろうか。ごくごく普通に考えれば、「さまざまな諸表象に伴う経験的意識」は、それぞれが（それ自体としては！）ただバラバラで何の関係もなくとも、ともあれそれらがみな意識されたというただそれだけで、すでにして「主観の同一性との連関をもって」いることになるはずだからだ。理由は簡単で、他者が意識することはそもそも意識できないのだから、現実に意識できたのであれば、それらはすべて私が――それゆえ同一の主観が――意識したことにならざるをえないからである。だから、ともあれそれらが現実に意識されたのであれば、ただそれだけの関係で「主観の同一性との連関をもって」いざるをえないことになるはずなのである。しかし、ここではむしろ、そのような否定不可能に見える理路が「分析的」と呼ばれてはっきりと否定され、そうした連関は必ず総合によって裏打ちされねばならない、と言われているわけである。

13　これはもちろん、前章の段落16で言及した「ウィトゲンシュタイン的見地」の否定でもある。が、それはまた同時に「デカルト的見地」の否定でもあるといえる。「現実に経験ができたのであれば、それらはすべて私が経験したことになる」は、そのまま「私は思う、ゆえに私はある（コギト・エルゴ・スム）」と翻訳可能だからである（正確に「直訳」するなら、「思いがあるならば、思っているのは私だ」であり、このほうがよりこの事態を正確に表現しているが）。このデカルト‐ウィトゲンシュタイン的見地は、それはそれで成り立つのではあるが、カントの見地から見れば、それはまだ、ただ「それぞれの表象を意識」しているだけであって、「他の表象を付け加えてそれらの総合を意識」してはいない、ということになるだろう。総合を意識するときに初めて「私は考える」が成り立つのである。このように、カントの見地からすると、「私」が成立するためには、複数の表象が結びつけられてその総合が意識されることが不可欠なのである。もっとくわしくいえば、それら複数の表象における意識の同一性それ自体が表象されることが、である。

14　それはたしかに不可欠であるかもしれないが、逆にしかし、デカルト‐ウィトゲンシュタイン的見地からすれば、たとえそのような総合が意識されるということが起こっていたとしても、それだけではまだ、その総合が現実的な総合か可能的（概念的な）総合かは、いいかえれば私における総合か他者における総合かは決まらないではないか、と問えるのである。すなわち、カントの議論には、「私」の成立にかんして、最も枢要な点が抜け落ちているのだ。それゆえに、実をいえば、カント的見地はデカルト‐ウィトゲンシュタイン的見地から切り離されては意味がないだろう。なぜなら、その見地を密輸入することによってしか、渡り台詞可能的な総合を決定的な仕方で渡らぬ台詞に変換しうる方途は存在しないからである。これが人称カテゴリーが不可欠な理由である。人称カテゴリーのはたらきの問題を経由せずにいきなりこの総合の話をするのは、喩えていえば、デカルト号という沈みがちな船に乗ったうえでその船を遠洋航海可能な船に作り直すという（そうであれば極めて有意義な）仕事を、そもそもその船に乗らずにやり始めてしまうようなものであろう。そもそも乗っていなければ、沈まずに遠くへ行くことはやはりできないではないか！

15　とはいえ、もちろん、その逆も言える。デカルト号はカント的補強なしには即座に沈没してしまうからである。しかし、カント的補強とはそもそも何か。この箇所では、それは「ある表象に他の表象を付け加えてそれらの総合を意識する」ことだとか、「与えられた諸表象の多様を一つの意識において結合できる」ことだとか、「これらの諸表象における意識の同一性を自ら表象する」ことだとか言われているが、これらは要するには「繋がりを覚えている」ということであろう。「総合を意識する」とは文字どおりその意味であろう。そして、「一つの意識において」とは「覚えているその意識において」ということで、これは（「渡り台詞‐渡らぬ台詞」との繋がりでいえば）「渡らぬ意識」において、ということだろう。統一とはつまり渡り意識の不可能性＝渡らぬ意識の必然性ということを言っているのであろう。

16　そうではあるのだがしかし、「渡り台詞―渡らぬ台詞」の場合のように、自ら語ろうとしてそれを語っている場合とは異なり、「覚えている」ことにかんしては、結びつける（総合する）という能動的な要素（すなわち「私は考える」の「考える」の要素）の介在なしにも、すなわちまったく受動的にも、たまたま起こったことをただ覚えているということが可能ではあるはずだ。そこには意味的な繋がりが必ずしもつねには必要とされない。①突然光が眼に入り、②そのとき鼻に痒みを感じて、③鼻を掻いていたら、④大きな音が聞こえ、⑤不安な気持ちになった、という（起こったことの）記憶がある場合、たしかにこの繋がりは、私がそれぞれの表象をただ意識することだけではまだ生ぜず、ある表象に他の表象を付け加えてそれらの総合を意識することによってはじめて生じる、とはいえる。与えられた諸表象の多様を一つの意識において結合できることによってのみ、私はこれらの諸表象における意識の同一性を自ら表象することが可能なのだ、ともいえるだろう。とはいえしかし、②③の連関は、①④⑤の連関とは因果的にも意味的にも無関係な、たんなる事実的な挿入事にすぎない。「一つの意識」の中にはあっても、意味的な（狭めていえばカテゴリー的な）繋がりはないといえる。それでも、この順番を明晰に覚えていることはできるはずである。*それしかない場で起こるがゆえに、その結合とは意味的に無関係な、たまたま同時に起こっただけの事象も、一蓮托生とならざるをえないからである。そして、この一蓮托生性こそがキモなのだ。

*　これは「私は考える」を介さない「私は思う」の直接的結合であるともいえる（また、第一版の最

初の二つの総合だともいえる）。もちろん、後から反省されれば、それは「私は考える」に包摂されうるのではあるが。

17　何かを語る場合との類比でいえば、これは複数の文を織り交ぜて語るということに相当するといえるだろう。これは渡り台詞とは逆の関係である。一つの文が複数の意識によって飛び飛びに語られるのではなく、複数の文が一つの意識によって織り交ぜて語られるのだ。「語る」のではなく、ただ「考える」だけの場合であっても、これはなかなか難しいことではなかろうか。「三羽の、すべての、鳥が、石は、飛んでいる、冷たい」のようなことが、もっと遥かに長い文で起こることを考えてみれば、その困難は容易に理解されるだろう。ところがしかし、記憶されている内容においては、したがってまた記憶していくというはたらきにおいても、意味的には無関係なたんなる事実的な連続を、ただそのまま「把捉」して、ただその順番どおりに「再生」することは、さして難しい仕事ではない。これがつまり、第一版の「三重の総合」の最初の二つの総合（「直観における把捉の総合」と「構想力における再生の総合」）が言っていたことだ、と解釈する途がここから開ける。それらは必ずしも「概念における再認の総合」によってさらに再認されることを必要とはしないのである。*

＊　統一と総合（結合）の違いはここにあると考えることができるだろう。統一は「私は思う」だけの繋がりも認めて、それをも含んで全体を「私は考える」で統一しうるのである。すなわち、「思う」だけの結合も後から「考える」で纏めうる、ということだ。逆にいえば、「考える」で纏めうること

だけを「思う」ことができる、と。

18　対して、記憶の場合であっても、渡り台詞に対応するほうの渡り記憶にかんしては、それはまったく不可能である。一系列の記憶が複数の主観によって飛び飛びに持たれるといったことは文字どおりありえない。その繋がりこそが一性を初めて作り出すのであるから、このありえなさはアプリオリである。すなわち、もし一系列の記憶が複数の主観によって持たれていたなら、そのことによってそれらは複数の主観ではなくなって、一つの主観になるほかはない（たとえ複数の身体に分かれていても、である）。

19　一系列の記憶が複数の主体によって飛び飛びに持たれる場合には確かにそういえるのだが、同一の記憶が複数の主体によって同時に持たれている場合は、必ずしもそうはいえない。そのような場合、複数の主体であることは現在における感性的・統覚的主体の相違によって、すなわち世界の開けの原点そのものの違いによって、相互に自ら確認することができ、また直前までの記憶の同一性のほうも、その二人が話すことによってどこまでも詳細に確認することができる。この二人のうちどちらかが〈私〉であれば、他方は〈私〉ではない人、すなわち他者である。それは現在の感性的経験が、カント風にいえば直観の多様が、現実にはどちらに与えられているかによって、さらにいえば超越論的統覚が現実にはどちらにおいてはたらいているかによって、容易にそして端的に確認しうる。*この端的な差異にかんして、相互確認された記憶の同一性は、その差異を無化してこの二主体を同一主体化する力を持たない。ここでは、先ほどのデカルト－ウィトゲンシュタイン的見地の、そのまた根源にある独在性そのものが、直に効力を発揮するからではあるのだが、そのことは認めざるをえないとはいえ、決してそれだけではないだろう。それだけではありえない、ということこそがここの議論のキモである。それだけでは持続力をもたないからである。さらに必要なのは、共通の記憶以外の、現在に直接に繋がる短期記憶と、それと「一つ」になっている（あるいはなりうる）身体感覚や気分や欲求や意図や…の持続（すなわちまた記憶）である。これらなしには端的な独在性もはたらきえない。**

* 相手方も「こちらが私だ」と同じ確認をしているではあろうが、それはそう想定できるだけであり、現実にそれが起こるのはこちらだけである（というまさにその事実——すなわち無内包の現実性——の存在こそが、こちらを〈私〉たらしめている）。これに対して、他方もまた《私》でありうるのは、人称カテゴリーのはたらきに拠るほかはない（その結果として、最初の「同じ」が成立することになる）。

** このことは改めて言う必要もないほどあたりまえのことにすぎず、その意味で地味な論点ではあるが、やはり重要ではあるだろう。こういうことが不可欠なのだということも、私はほかならぬカントから学んだ。

20　当然のことながら、同じことは記憶だけでなく、いま現に発話する場合や思考する場合にかんしてもいえはする。まったく同じ発話意図や思想内容を持つ人が二人いても、どちらかが自分であってもう一人は他者であることは可能である。記憶の場合もそうであったが、この場合もやはり、それらを直接に現実に持つほうが私であり、そうでないほうが他者である、と言いたくなるかもしれないが、(すでに指摘してきたような事情により) それは違うのだ。* 個数的には二個 (身体が二つという理由による) の思考を、私は両方同時に持つことができ (むしろ持たざるをえず)、それでも一方だけが私の思考であることができるのである。そうでありうるのは、独在論的な理由 (無内包の現実性の存在) に拠るとはいえ、(前段落でも述べたような理由により) それだけであることはできない。問題のその思考以外の (すなわち私のほうだけが持つ) 諸表象の繋がりの存在が不可欠なのである。たしかに自他のこの差異は、現実の百ターレルと可能な百ターレルの様相的差異と同様、事象内容的《レアール》な差異とは完全に断絶した存在論的な差異なのではあるが、それにもかかわらず、その差異が現れるのは、その思考を現実に持つのはどちらであるか、といった点においてではなく (それなら両方でありうるから)、その他の、すなわちなぜか私であるほうだけが持つ** (その思考とは意味的に繋がっていない) 身体感覚や気分や欲求や意図や…との繋がりにおいてなのである。

* だれでも直接的だから平等だ、というような理由ではないので、注意されたい。そういう意味では、ここではそういう通常ののっぺりした視点からの把握はすでに問題にされていない。視点は現実の世界開闢そのものに戻されているのではあるが、それだけが剥き出しで現れるわけではない、という点こそがここで問題にされているのである。

** 先の「現実に」で言いたかったことはこの「なぜか私である」で表現されるほかはないのだ。

21　繰り返して言うが、もし記憶が同じであるなら、私はすでにしてその人のその記憶を持っているといえるし、もし思考が同じであるなら、私はすでにしてその人のその思考をしているといえるのであり、違いはただ、私のその記憶や思考は私が感じる（すなわちそれだけが現実に存在している）その思考以外の他の感覚や感情や欲求や意図や……と繋がって一つの「私は考える」に統一されているのに対し、その人の記憶や思考は同じその「私は考える」には統一されえない、という点にあるだけである。しかし、それら以外の、現実的に存在している唯一の記憶や、現に存在している唯一の思考は、すでにしてその他者の記憶や思考でもあるのだ。その意味においては、その人の感覚・感情・欲求・意図・等々を私が持たなくとも、その人はすでにして私であるともいえるのである。だから、その場かぎりの思考ではなしに、最近のある時点までの記憶を、私がその人と共有していた場合、すなわち（私の知らぬ間にであれ）そういう人が（どこかに）存在していた場合、私が突然死んだならば、私はその人になる*（その人が私になる*）といえるのでなければならない。**

*　「なる」といえる理由は単純で、その記憶以外の他の持続するものがすべて途絶える（という想定だ）からである。もともと何らかの内容の繋がりに依存せずに持続することができないものが、まだ存在しているほうの内容の繋がりを頼りに生き残るのである。とはいえ、「なる」とは身体に基準を置いた表現でもある。もしそうでなければ、ただいくらかのこと（三行前の表現では「その記憶以外の他の持続するもの」）を忘れて、ふつうに持続するだけのことであろう。

**　この場合、〈私〉であることの繋がりは、前注の表現では「その記憶以外の他の持続するもの」

（本文によればその「持続するもの」は「感覚や感情や欲求や意図や……」であるが）の存在によって保持されるにすぎない。だから、もしこちらも断たれたなら、〈私〉は消滅するほかはない。すなわち、ここで独在性の矛は超越論的構成の盾を貫くことはできないのである（できると考えるのが「霊魂不滅」等で表現されることになる「誤謬推理」であろう）。

22　このように考えてくると、私が死なないかぎりはそのようなことは決して起こりえない理由も簡単に理解可能となるだろう。内容とは無関係に（そいつが）〈私〉（であること）だけが他者へ移るといった想定には意味を与えようがないのであるが、重要なことは、その意味の与えようのなさこそが「超越論的に」と形容されるべきことがらなのだ、という点である。存在論的（形而上学的）に捉えれば意味のある想定のように見えることが、超越論的に捉えられると意味のない想定に転じるのだ。ここで、①いやいや、やはり意味はあるだろう（少なくとも想定は可能だ）と思う人にも、②そんなことには意味がないに決まっている（最初から想定不可能だ）と思う人にも、形而上学的有意味性が超越論的無意味性に転じる、このカント的議論は無縁のものであろう。超越論哲学とは、すでに成立して一般に受け入れられている常識的な世界観にいかにして到達するか*、の議論だからである。

＊　もちろん、形而上学的世界観から出発してである。なぜそんなところから出発するのかといえば、そこが（とらわれぬ眼を持つ者にとっては）所与の現実だから、である。

三　矛盾に内在する

23　〈私〉も〈今〉も、カテゴリーに従って成立して性質をもったり変化したり他と関係したりするような諸事象の仲間ではない。だから、それらはカント風にいえば「規定され」ておらず、その意味で実在しない（だから時間の中でどこかへ移動するといったようなことはできない）のではあるが、そうした正規の（世界内的な）存在者たちの成立の前提としては存在せざるをえない。それらすべてを起動させる出発点であり、それがなければ何もない（のと同じことである）からだ。そして時間は、統一されて持続する主観（それ自体が客観的世界の持続と相関的にしかありえない）と相関的にしか実在できないだろう。だから〈私〉が、それ自体として（諸条件から切り離されて）動いたり消えたりできる（そのようなことを考えることができる）ということもまた、カント的な意味での誤謬推理の一種なのである。

24　しかし、ただ移ることはできなくても、ただ消えることならできるのではないか、と思う人がいるかもしれない。ただ移ったとしても、ただその人であるだけで、移ったとはだれにもわからない（＝何も移っていない）が、消えれば無くなる（＝無になる）という立派な変化が起きるではないか、と。無になったとはわからないとしても、それは無になるからわからなくなるだけであって、少なくとも無くなるという実際の変化は起こりうるのではないか、と。しかし、ここで消える（無くなる、無になる）とは、その人自身はふつうに存在し続けているのに、ただ〈私〉でだけなくなる、ということを言っているのであるから、そう簡単にはいかない。ポイントは、この形而上学的には十分想定可能に見える変化こそが、まさしく超越論的にありえない（想定も不可能な）ことなのだ、という点にある。自明に（カント風にいえば「分析的に」）ありえないのではなく、超越論的にありえない、ということである。これは「風間くん問題」でもある。すなわち、〈私〉ではなくなって他の人々と平板に相並ぶただのその人となったはずのその人は、必ず「世界は〈私〉からだけ開けている」と（以前と同じように）思う、ということである。ということはつまり、パーフィットの火星旅行のように、それを実現する実験がありえたとしても、おそるおそる〈私〉でなくなってみたその人は、火星に行った人と同様、「実験してみたがやっぱり何の変化も起きなかった」と必ず思うことになる、ということである。* ここに、部分的には「一性」と訳されるべき「統一（Einheit）」の固有のはたらきがあると見るべきであろう。** いいかえれば、ここにはいかなる持続にも宿ることになる《私》の力が、つまり密輸入されたデカルト・ウィトゲンシュタイン的見地が、すなわち『独在性の矛は超越論的構成の盾を貫きうるか――哲学探究3』の第8章の段落20の描けない図でいえば、その第三ステップの段階が、密かにはたらいているのである。ここでそれが効力を発揮するのは、通常の場合であっても繋がる（持続する）際には、そこにおいて、その水準において繋がる以外にはなく、それゆえ実際にその水準で繋がっているからである。過去や未来の〈私〉とは、そのような意味で中身込みでしか存在しえない（そもそも考えられない）者たちなのである。それゆえ、そこで繋がっていながら（すなわちいわば渡らぬ台詞を語っていながら）〈私〉でだけなくなる、ということは不可能なのである。それが、この世界の本質構造であり、つまりは独在性の矛は超越論的構成の盾を貫けないように出来ているということなのではあるが、それはじつはその盾の内部にその矛のはたらきと本質的には同じものが埋め込まれてすでにはたらいているということでもあるわけである。

＊　思わない場合は意識を失う場合しかありえないだろう。

＊＊「誤謬推理」におけるカントの批判は、じつは「風間くんの質問＝批判」における風間くんの批判に対応しており、超越論哲学とはじつは「風間くんの質問＝批判」の立場であるといえる。それは独在性を前提にしたときに初めて効力をもつ（その効力の意味が初めてわかる）批判であり、独在性の問題は確かにありはするが、それは世界の繋がり方には寄与することができないのだ、と言っているわけである。そして、それがカントの総合と統一の哲学の真の意味であると私は解している。

25　一般に、〈私〉のいない、のっぺりした世界を想定することはまったく容易なことであろう。実際にも、つい百年ほど前まではずっとそうだったろうし、間もなくまたそうなるでもあろう。だから、それはただありうることであるどころか、現実にあることなのである。しかしまた、その逆に、現在においては、世界はなぜかそのようにのっぺりとしてはおらず、なぜかそこから世界が開ける唯一の原点が存在してしまっており、またそれはなぜかある特定の人間である、ということも疑う余地がない。そうであるのだから、この原点はいわば余計なものであり、その人物との結びつきもまた偶然的なことであるにすぎない、と考えられても当然なのである。それゆえ、その余計で偶然的なものは、他面から見ればそれなしでは世界が存在しない（のと同じことである）ような特別に重要なものでもあるとしても、急に消滅したり、特定の人物と結合しなくなったり、（さらには他の人と結合したり、人を渡り歩いたり、それだけで存在したり、……）することがありえてもよさそうにも思えるのである。この思考の道筋にも十分な根拠があって、カント的文脈に翻訳するなら、これを「合理的心理学」的な思考であると見なすことができる。つまり、それにもかかわらず、そうしたことはまさに超越論的にありえないことなのだ。ここに、形而上学的（独在論的）出発点と、そこから何らかの規則のはたらきによって超越論的に構築される平板な実在世界との接合点があって、まさにそのありえなさこそがそこを繋いでいるからである。だから、いったん成立したそのような世界は、その人がいても〈私〉ではない世界には、すなわち開けの原点のないのっぺりした世界には、もはやなれない。なるには、その世界のルールに従って、その人自身が死ぬしかないのだ。

26　しかしここにはやはり、そんなものが存在し続け（られ）る、という不思議さは残っており、また、「その世界のルールに従って、その人自身が死ぬしかない」とはつまり、ちゃんと死にさえすればそうなれる、という意味であるから、なぜかその人と一緒に消滅できるという不思議さも残っていることになる。ここには形而上学的事実が剥き出しで登場しているといわざるをえない。これはいわば、世界内のある特定の人物が死ぬだけで、なんと世界そのものが無くなる（のと実質的に同じことになる）場合がある、ということなのだ*。それはもちろん、死ぬのが自分である場合である。対して、死ぬのが他人である場合には、それは世界の中で起こる一つの出来事にすぎない。自他のこの差異の存在は、世の中で客観的な差異として――すなわち構造上の差異として――認められている**。しかし、どうしてそんな差異が実在してよいのであろうか。そもそもこれは何の差異なのか。驚くべきことに、この単純な問いに答えられた人はまだいない。ここには剥き出しの形而上学的事実が直にはたらいている、と言わざるをえないのだ。実在世界の構成原理から言えば、そんな特殊な人物がいること自体がおかしなことであるはずなのだが、世界はこの事実の存在を隠すことができない。これは、独在性の矛が超越論的構成の盾を貫きうることが客観的に認められている事例なのである。

＊　だから、死をめぐる哲学的問題とは、すなわち独在性の問題なのである。

＊＊　もちろん、自分の死と他人の死の間にはいかなる差異もない、と言い張る人もたまにいるが、それは、自分と他人の間にはいかなる差異もない、と言い張っているのと同じことであるから、観察力か素直さの極端な不足か、あるいは何らかのイデオロギー的な理由に起因するとしか考えられない。

27　しかし、話を戻そう。なぜか今、ある人が世界がそこから開けている唯一の原点であり（すなわち、そいつの身体だけが殴られると現実に痛く、そいつの眼だけが瞼を開くと現実に見える唯一の眼である、等々の現実が存在し）、同様にして（すなわちそれらの事実の一部あるいは一例として）その人の記憶だけが唯一現に与えられている、としよう。「としよう」というか、だれでも現実にそうなっていることだろう。それこそが、いかんともしがたい端的な出発点であるはずだからだ。が、その出発点の存在そのものはともあれ、その位置づけは、それのもつ知覚（空間的位置づけの場合）や記憶（時間的位置づけの場合）によってなされざるをえない。ここに、実存と本質とが通常とは異なる仕方で結合されていることを認めるのはたやすい。ともあれ世界が現実にそこから開けている唯一の原点が存在している、ということが実存であり、そこから実際に何が開けているか（すなわち、何が見えて聴こえて……、何が記憶されているか）ということ、それらのことに基づいて、そもそもその開けは何であり、誰であるか、ということが本質である。そいつは、世界の開けの唯一の原点であり、何であるのかさっぱりわからないはずのものであるにもかかわらず、その原点自身によって初めて開かれたその世界の内部に、そいつ自身が通常の類型的存在者の一例として位置づけられうるような、そういう種類の知覚や記憶を持つことができ、それゆえにその世界の中の何かでもあり、しかも（特定の）誰かでもあることができるのである。したがってもちろん、そこには存在論的な矛盾があるといわざるをえないのではあるが、まさにその矛盾の存在のゆえにこそ*、世にも珍しい種類の不可謬性・不可疑性が生じることになるわけである。デカルト的コギトやシューメイカー的誤同定不可能性の存在はじつはこのことに基づいている。ただそこからだけしかも初めて世界が開かれる唯一の原点が、世界の中の一つのものとしても存在しているために、特殊な種類の不可謬性が生じるわけである。与えられた知覚や記憶は、見間違いや記憶違いである可能性はあっても、それがだれの知覚でありだれの記憶であるかにかんしては誤りの可能性がない、という特殊な事実がそこに生じるわけである。それはこいつであるという点が誤りえない（そもそも他の候補者がいないので）だけのことなのだが、だから「こいつだよ」と言って（唯一自由意志で動かせる）手を挙げれば、それは世界の中の何か（の一例）でもあり、（特定の）誰かでもあることになるわけである。①これだけが存在している、といえるとともに、②それが何であるか（その存在の内容）も特権的に指定でき、③「それは私だ」と（「私」という他者からは世界内の一存在者を指すとみなされる語を使って、誰もが持つ口たちの一つから発声することで）限定することもできる、というわけである。

＊　いいかえれば、中心化された世界と平板な世界とが空間時間的に一つに合体して存在しているからこそ、ということである。

28　ともあれ世界が現実にそこから開けている唯一の原点が存在しているのではあるが、それは疑いえないとはいえ、その存在とともに、そこから現に開けている中身もまた存在しており、そちらも与えられてあるということもまた疑いえない。ここでは、記憶に問題を絞ってみよう。たとえばデカルトが『省察』で懐疑の対象としたはずの（10歳から18歳までをそこで過ごしたとされる）ラフレーシュ学院での生活の記憶などを考えてみるとよい。それらはすべてが誤記憶であるかもしれない。それでも今そう疑っているこの私が存在することは疑えない、とデカルトは考えた。それはまったくその通りではあろうが、その記憶が現にそのように与えられてあることのほうもまた、別の意味では疑うことができないであろう。その場合、デカルトの「私」はいま疑う余地なく在るだけでなく、疑う余地なくそれであることにもなる。＊疑われているのは、それは実際にあったことなのか、だけである。しかし、そもそもそれが実際にあったことかどうかは、それが現に与えられてあることを前提にしなければ何の意味もない。すなわち、その実在性・客観性は、まずはそれを大前提として、それに何かを付加することによって、そこから構築していくしかない事柄であろう。実際に、そうであるほかはないからである。

＊　実存とともに本質が与えられるわけである。欺く神（悪霊）に欺かれていても、思っている（と思っている）あいだは私は（思っているという仕方で）疑う余地なく存在しているのと同様に、思われている（と思われている）中身もまたやはり（思われているという仕方で）疑う余地なく存在しているのである。その思いの内容も、現れるがままに捉えられており、捉えているのは必然的に私であると同時に、捉えられているのは必然的にそれである。疑いを入れる余地はない。その思われの内部から客観的な世界全体を作り出すことが、デカルトにとってもカントにとっても最大の課題であった。なぜそんなことが最大の課題なのかといえば、われわれは実際にそうしており、そうしているほかはないからである。（こういう箇所で「われわれ」と言ってしまうのは、もちろん論点先取ではあるが。作り出されるべきこの「客観的な世界全体」のうちには、特殊ではあるがその最重要部分として他者が含まれていなければならないからである。しかし、デカルトもカントもこの認識がなぜか著しく弱い。）

29　ところで、デカルトは若き日の学院生活の記憶の真理性は疑っても、懐疑中の短期記憶については疑っていない。たとえば、第一省察の末尾で悪霊の存在を想定したその記憶の正しさを、第二省察で「私は在る」と結論する際にまったく疑っていないだろう。それを疑ってしまったら、彼の議論は成り立たないだろう。そこを疑うと、その結論がそのもつ意味の重要な一部を失うことになる。疑ったとしても「私は在る」の確実性それ自体は成り立つでもあろうが、それがいかに極端なケースを想定しても成り立つのか、哲学的には最も本質的なそのポイントが消失してしまうからだ。その認識価値は著しく損なわれることになるだろう。それゆえ、何が疑うことのできないものとして残らざるをえないのかを示すためには、記憶の正しさが、というよりも意識の統一が、*前提されざるをえないのである。客観的な議論構築としてももちろんそれはいえるが、それ以上に、彼自身にとって避けることのできなかった真摯な実存的探究そのものにとって、そうであろう。

* この箇所の意味は「記憶が偽なる記憶ではないことがというよりも、過去における悪霊の想定と現在におけるこの結論が一つの思考で繫がっているということが」ということである。不可欠なのは、偽なる記憶ではないというよりは、いわば渡り思考ではないことが、なのである。繫がりこそが不可欠なのだ。記憶が偽でないことは、書いたことが残っていることによって自然法則の助けを借りて構成可能だが、それはこの信憑をもとにしてそこに付け足されるものである。さしあたっては、付け足されるものは無くてもよいのだが、誠実で本気ではなくてはならないのである。そのことは書かれたものが残っていることによって検証されたりはしない。

30　意識の統一は文の構成の不可欠の条件でもある。語と違って文は、その構成に（すなわち言うにも聴くにも書くにも読むにも）時間を要するからである。文を言うには（言わなくてもただ思うだけでも）意識の繫がりが、すなわち「私は考える」の統一性が必要不可欠である。だからこそ、ここには、持続する「渡らぬ意識」の存在への根源的な信憑が介在していざるをえないのである。それをも疑えるとしても、それを疑うことは自己破壊的な結果を引き起こすだろう。それを疑うにも、疑うということの本質からして、ふたたびやはりそれが（すなわち文的な持続が）必要とされるからである。

31　デカルトの思考のような意識の持続も、デカルトが発するような文の構成も、概念化して一般化することはたしかに可能である。だから、他人がそれを考え、それを言うのを理解することも可能である。だが、それは渡り台詞化だけは不可能であろう。たとえば七人の役者が次々と「私は、」「私の信じているすべてのことが」「じつは偽であると想定します。」「それでも、」「私がそう想定しているかぎり、」「そう想定している私が存在していることは」「偽でありえません。」と言っても、たとえば朗読のように捉えれば、その思想を伝達することはできなくはない。しかし、その意味するところをこのような形で「言う」ことはできない。一人の人間なら、それが他人の発言であっても、そのうえ演劇であってさえも、その意味するところを言える
のに、渡り台詞では駄目なのである。その不可能性はデカルト的不可能性ではなく、カント的不可能性である。というのは、デカルト的には、すべての役者がそれぞれまさにこのように思っているということは、ありうることだからである。* しかし、ここで不可欠なのは一続き性のほうである。同じく「私」の成立の問題であるとはいえ、こちらは、（他人であることとの対比において）私であることのヨコ的成立とは違う種類の、タテ的不成立の問題なのだ。たとえ他人であっても、むしろ統一性は不可欠なのである。これが（デカルト的不可欠性と対比された）カント的不可欠性である。カントもデカルトを必要としたが、デカルトもその議論構成において、じつはカントを必要としている。

＊　こういう場合、「役者」はすでにして比喩であり、複数の人間がそれぞれ、ということを面白く言っているにすぎない。だから、渡り台詞というよりはむしろ渡り思考が主題となっているといえる。

32　この必要性を短期記憶だけでなくラフレーシュ学院の記憶まで延長することは、可能でもあればまた必然でもある。この統一性の延長は、デカルト的には不確実であっても（それは彼が最初から外界の実在という世界像を前提にして考えているからであって）カント的にはむしろ出発点である（その出発点そのものの存在はデカルトにも確実である）。これは、自他の違いの問題（ヨコ問題）とは別種の問題である。それなしには一続きの思考が成り立たない、というタテ問題だからだ。カントはデカルトを前提にしていたが、デカルトもじつはカントを前提していた。自分が持続的な渡らぬ意識であること、すなわちそこに結合（総合）のみならず統一も成立していること、*それがデカルト的思考の隠れた前提であった。この統一性がラフレーシュ学院での生活にまで及びうるのは、現に与えられてある記憶は偽であることはできても嘘や冗談や演技であることはできないからだ。同様にして、その内部で（すなわち記憶内で）それが作り替えられる（すなわち作り替え過程も記憶される）ということができない。それはそのように対象化して取り扱うことができない即自態（べったりとそれ自体であるしかないもの）だからである。** 端的な実存そのものに（端的な実存であるにもかかわらず）その本質もまたべったりと張り付けられた特殊な実存なのである。だから、端的ではあっても裸ではないのだ。消滅（死）に於いて移行が可能なのはそれゆえにである。***

*　とはいえ、結合（総合）もまた前提されていた。彼が書いた文は、渡り台詞にしても意味を失わない、客観的に意味的に結合された正規の文でもあったからである（それゆえ当然、そこにはカテゴリ

ーも――とりわけここでは「実体」にかんするそれが――使われてもいる）。そして、彼が短期記憶や意図の継続性を疑わなかったことと、使用している言葉の意味の客観性を疑わなかったことは、連結してはたらいている。このことそれ自体が、デカルトが疑った客観的世界の存在を、巻き込んで成立させることになる、というのがカントの哲学上の最大の主張であった。私は、それは本質的に正しいと考えている（正しいかどうかを調べる方法はありえないが）。

＊＊　これは、もしわれわれが他者の心的状態を直接的に捉える能力を備えていたとしても、それをさらに、他者自身におけるその対応物と対比して（その正しさを）検証するなどということが不可能であることと対応している。これらを鳥瞰する視点はカテゴリー的に仮構されるほかはないのだ。なお、「記憶の変化は記憶できない」という主張は、２００１年刊行の『転校生とブラック・ジャック』第８章以来のものである（もちろん実際にはもっと前からだが）。この問題に興味のある方は、ぜひそこをお読みいただきたい。しかし、その問題がこのような連関でこの議論に組み込まれていることに気づいたのは比較的最近のことである。

　この点にかんして、ここで若干の議論を付け加えておきたい。記憶の真偽は関係ないと言ったが、関係があるのは記憶内における過去との関係だろう（そこにもし真偽というものがあるとすればその真偽である）。たとえば、時間は刻々と経過するわけだから、記憶は刻々と変化していく（増加しつつも減少もし変質もしていく）はずであろう。私が少し前に持っていた、より前の出来事の記憶（記憶の真偽は問題にしないのだから正確には記憶印象とでも呼ぶべきであろうが面倒なのでたんに記憶と呼ぶ）を、今のこの記憶は正しく保持しているか、という問題である。この問題は立てられない。記憶がこの意味で誤っている可能性はない。実は違っているということはありえない。もしありうるとすれば、それもまた記憶可能でなければならず、そうであれば、今度はその記憶にも同じ問題が起こり、その背進はどこまでも続いてしまうからだ。それはどこかで終わっていなければならず、実のところはここで終わっているのである。すべては、ここから出発しているからである。（段落3の注＊の二つの引用文は、このように解するべきであろう。すると、それは極めて強い観念論的な主張であることがわかるが、少なくともこの議論においては初発に肯定されねばならないものだろう。）同様にして、記憶が実は（知らぬ間に）作り変えられているという可能性もない。（そういう「実は」がありえないのは、たとえば「マイナス内包」というものがありえないのと同じ種類の問題である。ここには、その種の「実は」性が入り込む余地がないのだ。「実は」性は、ここから出発して作り出されねばならないからである。）

＊＊＊　すなわち、それは端的に消滅することはできるにもかかわらず、その場合でさえ、消滅したとは思わない内容上の連続体がどこかに存在してしまえば、それだけで、消滅できないということにもなるわけである。持続においては、実存そのものがその本質に乗っ取られる（＝乗ることによって保持される）のだ。通常の場合でも、〈私〉は、それが持続すると捉えられた時には、記憶というものに必然的に内在する《私》にすぎないので、それだけで十分なのである。（そうでない、端的な〈私〉そのものは、〈今〉においてしか存在できない。とはいえもちろん、そのこと自体が概念化・形式化されて《私》となり、それが連結されていくのではあるが。）

33
だから、ここで私とは誰かと問われたなら（あるいは自問したなら）、「出エジプト記」の「神」や『省察』の「私」のように、「私は存在する（ものである）」と（実存の側から）答えることももちろん大前提的な真理ではあるとはいえ、現に唯一与えられている記憶によって（本質の側から）答えることも同様に絶対的な真理ではあるのだ。* たんなる剝き出しの実存（それしかないという特徴によって十分に識別可能な）に、さらに本質（それによってもまた他から識別されうる）が、不可離に結合しているからである。その結合もまた、別の意味では疑う余地のない真理である。すなわち、「私はじつは存在しない」ということがありえないのと同様、「私はじつはこれ（経歴の記憶を指す）ではない」ということもまたありえない。それこそが〈私〉、でもあるからだ。しかなさはそこまで及ぶのである。この事実は、デカルト的な「私は在る」を拡張し、作り変えることになるだろう。これが独在性に接合された統一性（Einheit）である。** そのうえさらに客観的にもそうである（＝その記憶が外から見られた事実と一致している）ことは、それを前提にして、それが確証されるという形でそこに付加されるほかはない。とはいえ、その記憶の構成それ自体にもすでにしてカテゴリー（原基的には出来事経過の類型性と文の渡り台詞化可能性）*** が使われざるをえないので、その作業そのものはわりあい容易に為されうるはずである。

* とはいえ他人から問われた場合には、礼儀として、前者は省略して後者で答えるべきではある。（その点で、「出エジプト記」の「神」は、神だから仕方がないとはいえ、礼儀知らずである。そう見れば、デカルトの『省察』は神のその非礼さの指摘であるともいえる。道徳哲学上でこの『省察』に対応するのは「ヨブ記」であり、カント哲学は、そうとは知らずに神と闘い、そうとは知らずに勝ってしまったその両者の伝統を暗に受け継いでいると考えられる。この点についてはいずれまた論じた

い。）

＊＊　これによってシューメイカー的な誤同定不可能性もまた、過去へと拡張可能となるはずである。すなわち、「私」の主体としての用法にかんしては、そう感じた記憶があれば、そう感じた者が私ではなかった可能性は、ない。すなわち、現在の場合と同様、誤同定は不可能である。さらにここに、ある特殊な意味において、訂正不可能性もまた付け加わるだろう。現在の場合、そう感じていれば、そう感じていることが疑いえないのと同様、過去にかんしても、そう感じたと記憶しているならば、私が――すなわち持続する私が――そう感じてはいなかった（実は何も感じていなかった、あるいは実は違うことを感じていた）可能性はないことになる。すなわち、しかなさは両方向において成立することになる。過去に感じたことの記憶が誤記憶である可能性は、客観的な人物としての「私」が（すなわち認識される対象としての「私」が）構築される際に、後から作り出され、さまざまな外的手段によって確証可能となる。

＊＊＊　すなわち統一（一つさ）とはまた別の根拠による結合（総合）が、である。「私は考える」は、「私は」（彼はではなさ）と「考える」（思うではなさ）の矛盾を孕んだ二種の否定性の合体によって成立している。渡り台詞でなさを作り出すのは「私は思う」だからだ。それはそれ自体としては何とも繋がっていない。繋がりは内容の側にあり、それはともあれまずは渡り台詞でありうる意味的繋がりに依存したものである。

四　結合は不可欠だがそれだけでは足りない

34　段落10の冒頭で、「引用文のコメントとしては不相応に長く独自の議論を展開してしまったが…」と書いたが、今回はそれ以上に不相応に長く独自の議論を展開してしまった。そのうえ、言いたいことはこれですべて言ってしまっており、今回はテキストに戻る必要さえもはや感じない。第二版の演繹論はこの後さらに、主観的統一と客観的統一の区別等々、諸々の議論を経由して結論に至るのだが、その途上、第25項の後半に、本章段落3の注＊ですでに参照した「私」にかんする議論の続きがあるので、そこを瞥見して終わることにしよう。

それゆえ、自己自身を意識することは、一つの統覚において多様なものを結合することによって客観一般についての思考を作り出すすべてのカテゴリーをもってしてもなお、まだまだ自己自身を認識することからは遠い。私ではない客観的なものを認識するためには、客観一般についての（カテゴリーによる）思考のほかに、それを通じて普遍的な諸概念を限定する直観もまた必要とされたが、同様にして私自身を認識するためにも、意識のほかに、つまり私が私を考えることのほかに、それを通じて私がこうした思考を限定する、私の内なる多様なものの直観が必要とされるのである。それゆえ私は、自分のことをただ結合力としてだけ意識している知性者として存在するとはいえ、結合すべき多様なものにかんしては、内官（内的感覚）と呼ばれる制約条件に従っている。……（B158-9）

段落3の注＊の二番目の引用文は、注からのものであったが、その注の続く部分では、右の引用文と同じことが、自発者そのものを表象することはできないが自発性を表象することはできる、というような言い方で表現されている。自発者（結合する主体）ではなく自発性（結合のはたらき）である。しかし、それができれば知性者（Intelligenz＝英知者）である、とされている。これがすなわち超越論的統覚が実在するということである、と。

35　しかし、この議論では足りない。何よりも決定的に足りないのは、かりにもしこのような同型のものが複数あるのだとした場合、やはり他人の自発性（結合力）は表象できない、という点である。この差異の存在を無視しては何も始まらないだろう。逆にいえば、なぜか現実に表象できてしまう現実的自発性（現実的な結合のはたらき）が一つ（だけ）存在する！　という点である。この驚嘆《タウマゼイン》を取り逃がしては超越論的哲学のすべての試みは虚しい。この問題意識がなければ、段落14での喩えをふたたび用いるなら、それはそもそも肝心の船に乗らずに（あるいはじつは乗っているのだという議論をどこでもせずに）「私」号と名づけられた抽象的な船の補強作業をいきなりやり始めてしまうようなものであるだろう。

36　ほんとうに乗っていることとじつは乗っていないこと、現実的な自発性（結合のはたらき）と可能的な自発性（結合のはたらき）、自己と他者、の差異の問題を絡めた場合、カントのこの議論はどのように展開されねばならないか、その見取り図の一端を今回は提示してみたことになる。

第5章

図式とは本当は何であるべきか

1　前章の議論を、今回は落穂拾いではなく、一言でまとめてみよう。それはこうなる。理由や証拠によって私であることはできないvs.理由や証拠による繋がりによってしか私であることはできない(デカルト的vs.カント的)。しかし、この二つは両立しなければならない! ある観点から見ると、本章の議論はこのことを背後から強力に補強する議論であるともいえる。

2　第一編「概念の分析論」(カテゴリー論と演繹論)が終わって、ここからは第二編「原則の分析論」に入る。そこは図式論と原則論から成るが、そのうち本章では図式論を対象とする。図式論の章では、判断力一般の説明に続く形で、その特殊事例としてのカテゴリーの図式機能が論じられるが、それに先立って、カテゴリー(純粋悟性概念)以外の、通常の経験的概念の場合の図式機能についても論じられており、ここでは、前段階のその議論についても比較的くわしく検討することになる。しかし、まずは判断力について。

一　判断力のはたらきと超越論的論理学

3　悟性は一般的に規則の能力であるといえるならば、判断力は規則のもとに包摂する能力、すなわちあるものが与えられた規則に従っている（その規則の事例である）かどうかを判別する能力である、といえる。（A132、B171）

たとえば、「子供は午後9時より前に寝るべし」という規則が与えられていたとしても、たしかにその規則の意味そのものは明晰ではあるが、そこにいる人間が「子供」といえるか否か（さらに今が9時より前かどうか）は、それだけではわからない。「もしその人が子供であるならばその人は午後9時より前に寝るべきである、そしてその人は現実に子供である、であるならば、その人は午後9時より前に寝るべきである」という規則が与えられてもなお、それがもしなおも規則であるならば、目の前に与えられている人が現実に子どもと見なされるべきかはそれだけではやはりわからない（もちろん9時前であるかどうかもわからないが、いまはそこは問題にしないとして）。もしこれが規則ではなく現実になされた判断の表現であるならば、「その人は現実に子供である」という部分において、この言語表現を超えた（何かしらそれ以上の細部のある）決定が為されていることになる。規則を実際に適用する際には、規則の理解そのものを超えたある種の跳躍（と言うと大げさだが何かしら規則を超えたこと）がつねに必要とされるのである。これをする力が判断力である。だから、そのはたらきはもはや規則化できない。*言ってみればそれはコツのようなものであり、練習によって体得するほかはないものである。

＊　もしそれがさらに規則化されたなら、今度はその規則の適用にかんする、規則化できない判断力が必要となる。この過程はどこかで終わっていなければならない。

4　一般論理学は判断力にいかなる指示も与えないのに対して、超越論的論理学はまったくそうではなくて、それどころか純粋悟性が使用される際の判断力を一定の規則によって正確かつ確実にすることこそがその本来の仕事であるとさえ思われる。（A135、B174）

超越論哲学の特性は、悟性の純粋概念の内に与えられている規則（あるいは規則のための一般的条件）だけでなく、その規則が適用されるべき場合をアプリオリに提示できるという点にある。（A135、B174）

しかし、もし純粋悟性の規則がどのような場合に適用されるべきかを定めるさらなる規則が存在するのであれば、こんどはその規則にかんして、それの適用の仕方のコツと熟練が必要とされることになり、判断力はそちらにおいてはたらくことになるであろう。だから、ここでカントが提示しようとしている規則はじつは判断力のはたらき方の規則ではなく、それはいわば比喩的な説明にすぎず、これはやはり適用の仕方のコツに類するものの提示なのだと解することもできる。私見によればその両方であり、これはやはり適用の仕方の例示にすぎないのではあるが、それがまた規則の形態をとりもするので、その適用にもやはり判断力が必要とされることにもなるだろう、と思う。*

* 言うまでもないことではあろうが、カントがそう言っているというわけではない。また、この種の無限背進性は後の（独在性や現実性に関係する）議論においては累進構造（A事実がどこまでもA系列化していく等の）となって表れることになるので、その繋がりも留意していただけるとたいへんに有難い。判断力の問題性は図式のそれにつながり、図式のそれは独在性の累進構造のそれに繋がることになるはずである。

二 経験的概念の図式機能について

5 カントはまず、経験的概念の場合と純粋悟性概念の場合とを対比させている。最初は経験的概念の場合である。

対象を概念のもとに包摂する場合にはつねに、その対象の表象はその概念の表象と同種的でなければならない。すなわち、概念はそのもとに包摂されるべき対象において表象されるものを含んでいなければならない。なぜなら、このことこそがある対象がある概念のもとに含まれるということが意味していることだからである。そういうわけなので、皿という経験的概念は円という純粋幾何学的概念と同種性を有するが、それは、皿という経験的概念において、円という純粋幾何学的概念において考えられている円さが、直観されるからである。（A137、B176）

「対象を概念のもとに包摂する」とは例えば、目の前に見えているもの（や思い浮べているもの）を「木」とか「テーブル」とかとして（分類して）捉えるということであろう。その際、「その対象の表象はその概念の表象と同種的」であるとはどういうことだろうか。木であるというそのことを、あるいはテーブルであるというそのことを除けば、同種的な要素は何もないように思える。カントはこれを「概念がそのもとに包摂されるべき対象において表象されるものを含んでいる」とも言いかえている。しかしふたたび、もし木という概念が個々の木において「表象される」ものを「含んでいる」とすれば、それは「木である」ということ以外にはないように思える。植物学的な「木」の定義を知っていればまた別だろうが、普通の人はそのようなものは知らない。それでも、明らかに木の概念は持っており、木を他のすべてのものから識別でき、また木というものについての話もできる。「表象される」ものの内に、「木である」こと以外にも、それを構成する細部も含まれうるとしても、それらは結局、「木」概念に含まれているものを分析して反復しているにすぎないだろう。そういう意味において、対象の表象はその概念の表象とは「同種的」であるにしても、それは何か同種的な要素が実在的《リアル》に含まれているということではなく、まさに「木である」という仕方においてしか捉えられえない（ゆえに、それ以外には語りえない）、極めて特殊な（とはいえすべての根底において暗にはたらいている）同種性であらざるをえないはずであろう。

6　続けてカントは、「そのように、皿という経験的概念は円という純粋幾何学的概念と同種性を有するが、……」と言うが、これは素直に読めばそもそも話の続け方がおかしい。いまは「対象を概念のもとに包摂する場合」についての話をしているはずだからだ。皿の例で言うなら、皿という一つの（経験的）概念のもとに個々の皿が包摂される、ということが問題になっていることであるはずだ。「皿という経験的概念において、円という純粋幾何学的概念において考えられている円さが、直観される」かどうかは、そもそもこの問題とは別の問題であろう。それはある一つの概念とそれに包摂される諸対象の同種性の問題ではなく、純粋幾何学的概念と経験的概念との同種性の問題であろうからだ。またもしこの例が、ある概念とそれに包摂される諸対象の同種性の問題の一例として提示されたのであれば、すなわち概念と諸対象とが純粋幾何学的概念（円さ）を共有する場合が提示されたのであれば、その例は不適切であろう。まず第一に、そんな場合はあまりなく（すなわち例外的なケースであり）、また第二に、例に挙げられた皿の場合でさえ、実のところはその例であるとは言い難いだろうから*だ。そして、かりに皿の場合が正しくその例であり、そのうえそういう場合がよくあるのだとしても、必然的にそうであるわけではないことは明らかであるから、そういう場合には、幾何学的概念以外のその共通要素があらねばならない、ということにならざるをえないであろう。

*　当然のことながら、皿は円形であるとは限らず、かりにもしカントの時代のドイツの皿がすべて円形であったとしても、「皿」の概念に円形性を含めるべき理由はないであろう。カントが外国に旅行して長方形の皿に出合えば、すぐにそれが皿であるとわかるであろうからだ。皿のような人工物は、

テーブル、スプーン、家、等々もそうだが、本質的にその使われ方（使用目的）によって定義されるはずである。

7　テーブル、スプーン、家、等々のような人工物の場合は、われわれの側がその概念を最初から完全に所有しており、個々のテーブル、スプーン、家、等々は、ただたんに、見たり触ったりできる、空間時間内に実在するそれの実例であるにすぎない（そのこと以外にはいかなる同種性もない）が、木、石、鳥、星、…、のような自然物の場合はどうだろうか。それらにかんして、その概念的把握と感性的把握が一致することには、後者を学知的にとれば謎があるともいえるだろう。すなわち、植物学的に「木」と分類されるものと一般人（植物学などまったく知らない）が眼で見て「木」と分類するものがほぼ一致する（石の場合も、鳥の場合も、星の場合も、……！）のは、少々話がうまく出来すぎているように思えるからである。われわれはもともと木とは何か、石とは何か、等々を知らずに（すなわちその概念を完全には所有せずに）、もっぱら一般人の見かけ上の分類を頼りに、学知的探究を開始したはずだが、探究の結果においても、一般人の見かけ上の分類に則した科学的分類が成立することは、ある意味では驚くべき「偶然の一致」であったといえるだろう。* しかし、その問題を別にすれば、現在でも通常、多くの一般人はその種の学知をまったく持たずに、木、石、鳥、星、…の経験的概念を持ち、その個別的事例を捉えていることに間違いはない。そこに概念と個々の対象を仲介する、どちらとも同種の何かが存在するといったことはないだろう。むしろ、興味深いのはそのなさのほうではなかろうか。**

* もちろん、ときにどう見てもは石のように見えてじつは木であるような物もあるではあろうが。

** 同様の問題は、政治、規則、愛、類型、等々の抽象名詞や、飛ぶ、見る、無視する、検討する、等々の動詞や、柔らかい、遠い、優れた、洒落た、等々の形容詞や、おそらく、きわめて、なんとなく、どうにも、等々の副詞などについても、存在するといえるだろう。

8 カントの議論の進め方とは順番が変わるが、純粋悟性概念の問題に入る前に、まずは段落5の「木」と段落6の「円」の問題にそれぞれ対応させて、カントが少し先で挙げている「犬」と「三角形」の事例を検討しておきたい。その前提として、まずは「数」を例にとって形象と図式の区別を導入する箇所から。

図式はそれ自体としてはつねに構想力の産物にすぎない。しかしこの構想力の総合が目指していることは、個別的な直観ではなく感性の規定における統一なので、図式は形象からは区別されねばならない。それで、私が五つの点を・・・・・と次々に打つなら、それは五という数の形象である。これに対して、とにかく私がなんらかの数をただ考えるなら、それが五であろうと百であろうと、この思考はむしろある概念に従ってある量（たとえば千）を形象として表象する方法の表象であって、その形象それ自体ではない。千のような量の場合はその形象を見渡してその概念と比べることはほぼ不可能であろう。そこで、ある概念にその形象を提供する構想力の一般的な

手続きについてのこのような表象を、私は概念の図式と呼ぶ。（A140、B179-80）

図式はあくまでも「形象として表象する［一般的な］方法の表象」であって、ある特定の形象としては表象できない、と言われている。一つ一つ数えるという手続きなしに、「・・・・・・・・・・・・・」を見ただけで、これを十三と見て取ることはまずできまい。一つ一つ付け足すという操作を十三回おこなうという手続きが必要だろう。この議論にはすでにして、純粋悟性概念としての数の図式にかんするカントの考え方が先取りされている。そこで私も少し後の自分の議論を先取りして言っておくなら、一目では分からなくても、どうして「数える」という操作はできるのかといえば、数えるという操作のうちで現在が累進する（端的なA事実が次々と――「A系列」なる中間態を経由して――B関係化される）からであろうと思う。*記憶という現象はもともとそのことを含み込むことによって成立するものなので、現在の数と対応させて物の個数を「数える」という操作が可能になるのだと思うわけだ。つまり、時間を用いた図式化の内にはつねに必ず独在的な端的な現在の存在とその累進が含まれていると考えられる。そして、これにはもちろん意識の統一（渡らぬ意識）の存在が不可欠である。しかし、話が先走り過ぎているので話を戻せば、数は平板に形象化することはできない、すなわちじつは絵にはできない、ということであろう。

＊　時間においては形象の限界が乗り越え可能なのは、時間が動的でこの矛盾を内在させているからであろう。時間の概念には後に詳述する「現在」の二義性が内在しており、それをそのままで像化する

（イメージする）ことはできない。（このことはもちろん段落4の注＊で触れた問題にも関連している。）

9　話が先走って純粋悟性概念の問題に入ってしまった（カント自身も先走っているとは思うがそれに便乗してさらに）が、三角形の問題に戻ろう。

実際、われわれの純粋な感性的概念の根底には、その対象の形象ではなく、図式が存在している。三角形一般の概念には、三角形のいかなる形象もけっして適合しないだろう。なぜなら、三角形の形象が三角形概念の普遍性に達することはありえないからだ。三角形概念の普遍性は、直角三角形であろうと不等辺三角形であろうと、すべての三角形に妥当する必要があるのに反し、三角形の形象はつねに三角形という領域のある一部分に制限されるからである。三角形の図式は思考の内にしか存在せず、それは空間における純粋形態にかんする構想力の総合の規則を意味する。（A141、B180）

子どもに対して、さまざま種類の三角形を描いて見せ、「このようなものが三角形なのだ」と言っても、三角形が何であるかが、正しく伝わるとは限らない。三角形の一つの角がほんの少し欠けて、正確には四角形であるような図形も、三角形の仲間に入れられてしまう可能性は高い。三角形の本質はその形象にではなく概念にあるからである。その概念を特定の絵として描くことはできない。（とはいえしかし、純粋な感性的概念の場合は、純粋な悟性的概念の場合と違って、時間と関連づけて図式化できるわけでもない。)

10　それでは、経験的概念である「犬」の場合はどうか。

ましてや、経験の対象あるいはその形象は、けっしてその経験的概念に達しない。むしろ、経験的概念はつねに、ある一般概念に従ってわれわれの直観を規定する規則としての構想力の図式に直接的に関係しているのである。犬という概念は、私の構想力がそれに従えばある四つ足の動物の形態を一般的に描き出すことができる一つの規則を意味するのであって、……(A141、B180)

しかし、「ある四つ足の動物の形態を一般的に描き出すことができる一つの規則」とは何であろうか。それは言葉で言うことのできない一種の暗黙知なのであろう。それは、ある一般的な特徴の組み合わせではなく、犬的としか形容しようのない特徴の集まりであろうからだ。この場合、犬概念と個々の犬対象のあいだに成り立つ同種性はまさにそれ、すなわち犬性(犬っぽさ)であって、そうでしかありえない。「木」の場合も同様である。その把握もまた「人間の魂の奥底に秘められた技」(A141、B180)でもあろうが、われわれがそれを識別できることとはまた別に、世界にそのような独自成類的なものが(多数)存在していることにもまた驚くべきではあるまいか。世界は一般的な性質の組み合わせではなく独自成類的なものから成り立っているという事実にも、である。これはいわば「世界の奥底に秘められた技」でもあろう。カントにおいては、それもやはり「図式」であるといわれている。しかし、それは怪しいといわねばならない。円や三角形のような純粋感性概念とは違って、それらは純粋な概念自体がそもそも与えられていないのだから、その概念と個々の事例との関係は図式的な関係だとさえも言い難いであろうからだ。

11　それなら、円や三角形に類するものとも木や犬に類するものともまた異なる、皿やテーブルや家に類するものの場合はどうだろうか。このような人工物の場合は、木や犬のような自然物の場合とは逆の問題が存在するだろう。皿やテーブルや家は、そもそもわれわれ人間が作り出したものであり、その概念はわれわれの側が完全に専有している。皿とは何であるか、テーブルとは何であるか、家とは何であるかは、すでに全面的に明らかであり、これから研究してはじめてわかるような何ものもそこには存在しない。*　すでに述べたように、個々の皿やテーブルや家は、ただたんに見たり触ったりできる、空間時間内に実在するそれの実例であるにすぎず、単純に（直接的に）その実例であるということ以外には特段の同種的媒体はない。その意味において、こちらも自然物とは対比的な意味で図式の介在はありえないだろう。

＊　国家や結婚や哲学といったものもそうであるとはいえるが、これらは全面的に明らかとは言い難い。これらももちろん人間がつくったものだが、人為を離れた自然生成的な独自成類性があるだろう。

三　夕焼けの介入

12　カントが挙げている例の中には含まれていないが、図式という問題を考えるに際して、私がぜひとも付け加えておきたいと思う種類の物が、この世界には存在している。それは、皿や木と並べて物としての例を出すなら、（しょっぱいものとしての）塩や（赤いものとしての）夕焼けのような物である。*空を見上げて、「夕焼けだ」と思うとき、たしかにある一つの空間時間的な対象をある一つの経験的概念（すなわち「夕焼け」）のもとに包摂している。このとき、「概念はそのもとに包摂されるべき対象において表象されるものを含んでいる」とは、ちょうど「皿」という概念が「そのもとに包摂されるべき対象において表象されるもの」、すなわち「円さ」を含んでいたように、「夕焼け」という概念が「そのもとに包摂されるべき対象において表象されるもの」、すなわち「赤さ」を含んでいる、ということを意味しうるはずである。他の点では夕焼けと分類されるべき基準を満たしていても、それがもし赤くなければ夕焼けではない、と考えることは十分できるだろうからだ。**すると、円さの場合と同様、概念における「赤さ」と知覚される「赤さ」とが「同種的」である、ということになるはずである。一般的にいって、概念（という概念がよくつかめない方は言葉の意味のようなものを思い浮かべていただいてもよいが）と、その概念によって括られる、見たり聴いたり触ったり味わったりして「これ」と捉えられる個々のものとのあいだには、何かしら同種性があると考えうる（かもしれない）が、それが何であるかを追究していけば、この場合もやはり、それは赤さそのものであるとしか言いようがないのではあるまいか。赤さやしょっぱさの場合、概念としてのそれらは、実際に感じられるそれらを「こういう種類のもの」として総括しているだけである、としか考えられないからである。***

＊　塩は味覚、夕焼けは視覚（特には色覚）に関係しているが、聴覚に関係する雷鳴とか、嗅覚に関係する麝香《ジャコウ》とか、が挙げられる。だから、物としての例ではなく、円や三角形とならぶ性質としての例そのものを出すなら、しょっぱさや赤さ、となる。当然、痛みや痒みのような身体感覚等々も考慮に入れられてよい。

＊＊　塩の場合なら、「しょっぱい」を含んでいることになるだろう。学知的な基準を持ち出さないかぎり、これらは「夕焼け」や「塩」の概念に含まれているものをたんに分析して反復しているにすぎない分析的真理であると（少なくとも皿の丸さよりは）いえるであろう。段落4において、「「表象される」ものの内に、「木である」こと以外にも、それを構成する細部も含まれうるとしても、それらは結局、「木」概念に含まれているものを分析して反復しているにすぎないだろう」と指摘したが、この場合の赤さやしょっぱさは、「木」の代わりに「塩」や「夕焼け」を置いた場合のそれらにあたることになる。

＊＊＊　最初の注＊では、赤さとしょっぱさ以外のいくつかの例を挙げたが、この分類に属するものは、直接に感じることによって「これ（およびこの種のもの）」と捉えるほかはないすべてに広がるはずだろう。すると、たとえば前章段落6の注＊＊で参照した「私とは現に存在しているという感じのことである」（『プロレゴーメナ』§46（S.334））のその「感じ」なども含まれることになるはずである。「私」もまた「これ（およびこの種のもの）」と捉えられるほかはないものの一つとなる。そうなると、

「現に存在しているという感じ」すなわち「現存在感」という概念と、それの包摂する個々の事例のあいだに認められる同種性とは何か、したがってその図式とは何か、という問いが立てられうることになるはずである。（次第に明らかになるように、それこそが本章の主題であるともいえる。）

13　しかし、ここには明らかに問題がある。他人の感じる赤さやしょっぱさは感じられないからである。「こういう種類のもの」と言われても、どういう種類であるのか、じつはわからないのだ。幾何学的な概念、円や三角形であれば、たとえ他人に円や三角形がどう見えるかわからないとしても、「一点から等距離にある点の集まり」とか「三本の直線で囲まれた図形」といったその「概念」は共有でき、それを使って「そのように見えている」と考えれば、その意味での同種性（概念と感覚的諸対象のあいだの）は共通に確保されるといえるが、赤さやしょっぱさの場合は、そのような知的な定義の側から感じそのもの（どのように感じられているか）に迫るルートも存在しないのである。それゆえに（＝他のルートがそもそも存在しないがゆえに）また、与えられたそれが間違っているという可能性もないことになる。すなわち、じつは正しい赤とは違う色に見えていたり、じつは正しいしょっぱさとは違う味を感じていたり、といったことは起こりえないことになるのだ。* 赤とは、他人たちが何らかの根拠によって赤と分類するもの** にかんして、自分にそう見えるそれのことにほかならない、ということにならざるをえないからである。

＊　たとえば円の場合なら、眼の疾患等によって円が楕円に見えるということが起こりえ、自分がそう

であることを他者に対して証言できる。他者がそれを客観的に確証できるかどうかといえば、それはそう簡単なことではないだろうが、円とされるものが楕円に見え、楕円とされるものが円に見えるといったことを、その概念を使って自己確証すること自体は明らかに可能であろう。対して、赤さやしょっぱさや匂いや音色や痛さ等々にかんしては、そうしたことは不可能、つまり起こりえないのである。

＊＊　夕焼け、完熟トマト、消防自動車、日本国の国旗（の真ん中の丸い部分）、……に共通の何かを感知できないとこの（すなわち「赤さ」をめぐる）言語ゲームに参入することはできない。しかし、皆がそこに共通の何を感知しているのかは、（このゲームにどれほど熟達しても）決してわからない。

14　しかし、そうではあっても、そもそも夕焼けというものは赤さを他の色から識別できなければそれとして捉えることができず、塩というものはしょっぱさを他の味から識別できなければそれとして捉えることができない、とはいえるはずである。何を識別しているのかはわからないにもかかわらず、である。木や犬、皿や家、等々にかんしては、これにあたるものはない。いや、どんな場合にも必ずあるともいえるのだが、だとしてもそれらは決して本質的な役割を演じない。この種の感覚的要素が本質的な役割を果たすことはありえないのだ。犬にも皿にも、必ず色も臭いもあり、触れば感触も、舐めれば味もし、それぞれ音も出すではあろうが、犬が犬であるために、皿が皿であるために、それらが本質的な（＝不可欠な・関与的な）役割を果たすことはない。それらを捉えるのに最も必要なのは、類型識別力という意味での判断力であろうが、それは最初から皆に共通のものであらざるをえない（共通の要素を抽出しているからである）。それはたとえば、5足す2が7であることは、その計算をする際に各人がどんな感じを感じるか等々とはまったく関係なく、皆に共通であらざるをえないのと同じことであるといえる。

15　類型的識別を実行する際にその前提となるのは、区切れた個物というものの存在、* その持続、** その属性の可変性、*** その個数、**** それが組み込まれうる因果連関、***** といった純粋悟性概念による支えの存在であろう。それらなしには、類型的識別能力そのものが機能しない。経験的な諸概念にかんしても、概念とそれが妥当する感覚的諸対象とのあいだの「同種性」は、じつはこうしたカテゴリーの支えなしには成立しえないだろう。もちろんその他のカテゴリー、否定や様相も、同じく前提となっており、そちらほうがより根源的だともいえはするが、それらはむしろ、この種の実体的なものの成立機構を超えたより広い領域の成立の前提としてはたらくことになるだろう。円や三角形の場合は、その種の実体としてではなく、実体の持つ性質として存在するのが普通であろうが、その点にかんしては色や味の場合も同じである。しかし、円や三角形は、やはり5足す2が7であることと同様に、皆に共通であらざるをえないのに対して、色や音や味などはそうではない。きわめて驚くべきことだといえると思うのだが、これらの概念もまた皆で共通に使用しているにもかかわらず、その本質的な構成要素の内に皆に共通であるとはいえない特殊な要素が本質的に組み込まれている。どうしてそんなことができるのであろうか。

＊　もし類型的な区切れた個物（としてわれわれに現れうる物）が存在していなければ、われわれの側

にその識別能力があっても役に立たないだろう。

** もしそれが持続しないなら、それを識別できても何の意味もないだろう。

*** ある木はその木であるままで、その持つ属性を変え、たとえば紅葉したり、一本の枝が折れたりできるのでなければ、属性と区別して実体を立てる意味がないだろう。

**** その個数を数えられないなら、類型的な区切れた個物が持続的に存在しているとはいえないだろう。

***** その類型が固有に組み込まれる因果連関自体があるのでなければ、その類型の実在を信じる根拠は薄弱であろう。

16 すなわち、もし皿において円さが概念と諸対象に同種的であるといえるのであれば、夕焼け（や消防自動車や郵便ポスト）において赤さがそうであるといえるはずなのだが、円の場合とは違って概念としての赤さは対象の感覚的な赤さをまとめて「この種の感じ」と言っているだけで概念の側はいかなる積極的な規定力も持たず、そのうえ、その感覚的な赤さそのものがどのようなものであるかはだれもが自分自身の事例においてしか知りえない。これは一体どういう事態なのだろうか。夕焼けの赤さそのもの、塩のしょっぱさそのもの、雷鳴の音色そのものとはいったい何なのか、ともあれまずはこの事態の意味を直接的に理解しようとしてみてほしい。

17 前々段落、前段落の問いに答える前に、この議論連関のうちでは注的な介入にすぎないともいえはするが、それ自体として独自の重要性を持つと思う論点を付言しておきたい。それは、いま問題にしている色や音や味や臭いや痛みや痒みや…といったものを「クオリア（感覚質）」と捉え、それぞれに特定の質感が（たとえ私的にしか同定できないにしても）存在している、という考え方はここでは必要とされず、したがって問題にもされていない、という点である。そういう意味でのクオリアなるものは、たしかに存在するかもしれないが、ここの議論に関連性をもたないという意味で、必要とはされないのである。たとえば、音にかんして、多くの人は絶対音感を持たず相対音感しかもたないから、ある特定の音の直接所与とされるものはじつは存在せず、そうしたものはじつは相対的な関係（の実体化された錯認）にすぎない、といった（種類の）議論がなされることがある。その議論についての細かい話はここではしないが、ともあれその種の議論はここでは関係がない、ということである。そしておそらく、少なくとも哲学的議論として見るかぎり、本当はもともと関係なかったであろうと思われる[*]。クオリアなるもののそれとしての実在性がじつは相対的な関係だけから生じる錯覚（のようなもの）であっても、ともあれそれ（もし錯覚ならばその錯覚）はやはりあるだろう。すなわち、ともあれ聴こえている音や味わわれている味や見えている色というもの（他の人には決して聴こえず味わわれず見えないそれら）はやはり存在しており、存在せざるをえないであろうからである[**]。それらが何らかの仕方で相対的な関係性の内に位置づけられうることが、それらの客観性を可能ならしめているのではあるが[***]、どこまでそれらが客観化できたとしてもやはりその私的な要素は残らざるをえない、と考えられる。他人には覗き見ることができない（とされる）それらはいったい何なのかが、ここでは問題なのだ。

* 議論が細密になっていくにつれて、もともとは何が問題であったのかがわからなくなり（あるいはわかっていない人が議論に参加し）、議論の焦点がいつのまにかずれてしまうということがよくあるが、これもその例であろうと私には思われる。

** 本当の問題は、そうした何かがあらざるをえないという点にある。たまに、（自然物の分類についてさえ）夕焼けや塩のようなそのような「クオリア」の識別が本質的な要素となっているものもあるとはいえ、識別のための本質的な要因とはなっていないあらゆる場合にそれは存在しているはずである（その意味では、「「5足す2は7」感」だってもちろん存在するだろう）。「クオリア」的要素はすべてに伴っているが本質的な（＝識別のために不可欠な）役割を果たしていないだけのことである。すべてに伴う（にもかかわらず何が伴っているのかわからない）それらはいったい何なのかこそ、が問題なのだ。

*** 色もまたそうであるからこそたとえば色覚異常者の客観的検出も可能なわけである。とはいえ、赤と緑が識別できない人にそれらがどう見えているかはやはりわからないのは、識別できる人たちにもどう見えているのかはわからないのと同じことである。

四 純粋悟性概念の図式について

18 とはいえ、例によってというべきか、話が勝手に先走りすぎたようである。この議論の続きはその後で主題的に、ということにして、ここでは純粋悟性概念の図式の問題に進もう。純粋悟性概念の場合は事情が異なる、とカントは言う。

ところが純粋悟性概念は、経験的（それも一般に感性的な）直観と比較するなら、まったく異種的であり、なんらかの直観において見出されうるようなものではない。それでは、純粋悟性概念のもとへの経験的直観の包摂は、したがってカテゴリーの現象への適用は、いかにして可能なのであろうか。カテゴリーたとえば因果性もまた、感官を通じて直観されることができ、現象に含まれているのだ、などとはだれも言わないだろうからである。ところで、このきわめて当然で重要な問いこそが、判断力の超越論的理説が必要である真の理由であって、この理説によってこそ、いかにして純粋悟性概念は諸現象一般へと適用されうるか、その可能性が示されるのである。（Ａ137–8、Ｂ176–7）

ここから、純粋悟性概念と経験的直観とに共通のもの、そのどちらとも同種的でありうるもの、それは時間である、とカントは言う。

時間は、内官（内的感覚）の多様なものの、すなわちすべての表象の結合の形式的条件として、あるアプリオリな多様なものをその純粋直観の内に含んでいる。ところで超越論的な時間規定は、それが普遍的でアプリオリな規則に基づくかぎり、カテゴリー（時間規定の統一を作り出すところの）と同種のものである。しかし、他方においてこの時間規定は、時間が多様なもののどのような経験的表象にも含まれているかぎり、現象と同種的でもある。したがって、現象へのカテゴリーの適用が可能となるのは、超越論的時間規定を介してであり、この時間規定は悟性概念の図式として、カテゴリーのもとへの現象の包摂を媒介するのである。（Ａ１３８-９、Ｂ１７７-８）

時間は感性の形式だが、規定は悟性のはたらきなので、時間規定はその両者を併せ持つ。すなわちカテゴリーと同種的であると同時に現象と同種的でもあるわけである。

われわれは、悟性概念がその使用に際してそれに基づくように制限される、感性のこのような形式的で純粋な諸条件を、悟性概念の図式と名づけ、悟性がこの図式によっておこなっている仕事を、純粋悟性の図式機能と名づけよう。（Ａ１４０、Ｂ１７９）

悟性の結合するはたらきによって感性に図式が描かれ、それによって悟性概念の使い方が制限される。そういうはたらきが図式機能である。これは、経験的な水準で個々のものの概念がそのものの像(Bild)を作り出すのと同じことである。

19 現象とそのたんなる形式にかんする、われわれの悟性のこのような図式機能は、人間の魂の奥底に秘められた技である。その真の秘技の何たるかをわれわれがいつか自然から推察し、白日の下に曝すことは難しかろう。（中略）これらに対して純粋悟性概念の図式は、けっして形象化されえず、むしろ、カテゴリーが表現する概念一般による統一の規則に従った純粋総合にすぎない。

それゆえにそれはまた、構想力（Einbildungskraft）の超越論的な産物でもあって、この超越論的な産物は、すべての表象にかんする内的感官の形式（時間）の諸条件に従って、この内的感官の規定一般に関係するのである。一切の表象が統覚の統一に従ってアプリオリに一つの概念の内で繋がらねばならない限りにおいては。（A141-2、B180-1）

これは、カテゴリーは空間的な絵（Bild）には描けないが、時間的な像（Bild）として描くことは可能であり、われわれはそれを使ってカテゴリーを経験に適用している、と言っていると解しうるように思われる。これを、絵画化は不可能だが音楽化は可能だ、と表現しても間違いともいえないだろう*が、その際には、われわれの知っているあの音楽ではなく、まずは聴覚における音というものを表象し、それに対して（以下にカントが述べるような）諸条件を与えていくことでカテゴリーが図式化されうるかを考察してみるべきであろう。少なくとも、数や因果性はこのやり方で図式化できるように私には思われるが、どうであろうか。

*　音楽化であって動画化ではない。動画は時間的であると同時に空間的でもあるから。

20　まずは、量のカテゴリーから。

しかし、悟性の概念としての量（quantitas）の純粋図式は数であって、数とは一に一を（つま

り同種的なものを）次々と加えていくことを総括する表象である。（Ａ１４２、Ｂ１８２）

「音楽」で考えるなら、これは同じ（と捉えられる）音が、例えば、カン、カン、カン、…、と続けて鳴り続けるとき、それを順次「加えて」いくことだろう。しかし、たとえば石ならば、これ、これ、これ、…、と実際に一つ一つ集めてきて、集まった集積を「これら全部」と捉えることができるが、音では、ということはつまり時間においては、そんなことはできない。* それを集めて集積を「これら全部」と一括するには、一回一回を記憶して保存するほかはない。すなわち結合（総合）という作業がそのまま「全部」をつくりだすことになる。繰り返して起こる同一の（と自分に感じられる）感覚でも、われわれはそれらを数えるということができる。逆にいえば、それによって時間を測るということが可能になる。一種類の繰り返す音（に類するもの）を「単位」とすることで、それによって他の時間経過を「測る」ことが可能になるからである。

＊　音楽ではなく動画であれば、その空間的要素を利用して、空間における石の場合と同じことができてしまうだろう。

21　しかし、そんな芸当がなぜできるのか。ここにたしかに「…秘められた技」があるだろう。ここで、その正体とまではいえまいが、たしかに秘められているとはいえる一つの真実を明るみに出すことができると思う。前段落で論じたことの内にもじつはそれが暗にはたらいていたのだが、「数える」

ということ（がどうして可能なのか）を考えることで、そこではたらいている秘技の本質を明るみに出すことができる。カン、カン、カン、…、という音の連鎖を聞くとき、どの「カン」も、当然のことながら、今（現在）に於いて聞かれるだろう。今（現在）とはしかし「じつはその時しかない時」のことである（それ以外の基準で今を他の時から識別することはできないだろう）。では、なぜその時しかない時が、カン、カン、カン、…と複数回続くなどということができるのだろうか。もちろん、時が「経過する」からである。われわれはもうこの捉え方に馴染んでいる。しかし、そもそもこの「経過する」とはどういうことなのか。それこそが真の謎なのだ。それは、空間的に横並びになるような場合と同様に、それぞれの「カン」が（時間的に）対等に存在するようになるということなのか。明らかにそうではないだろう。それでは「経過」にならない。必ずそのうちただ一つの「カン」だけがしかなさという形で突出してもいなければならないからだ。ここに「経過の矛盾」とも呼ぶべきものがある。一方ではもちろん、このように、現に一つの「カン」がしかなさという形で突出していることも、つまりじつはそれしかないことも、身をもって全面的に体験していなければならないが、他方ではまた、まさにそれとともに、各「カン」の生起を完全に対等視する非感性的な視点をも併せ持たねばならないのである。すなわち、現に身をもって体験しているはずのそのしかなさが（しかしいつもそれと「同じ」ことが起こってもいるという仕方で、すなわちいつでもしかないのだ、という仕方で）連鎖しうるためには、現実的・絶対的なしかなさが形式化・相対化、すなわち概念化されねばならないのだ。現実的なしかなさから概念的なしかなさへと、いいかえれば、実存的なしかなさから本質的なしかなさへと、その意味を変えねばならないのである。* 「第2章の落穂拾いと全体の展望」の段落4および段落6で導入された時制カテゴリー概念を使って表現するなら、これはまさにその時制カテゴリーがはたらいているということだ、といえる。

＊ この両義性にこそ「図式」というコンセプトの本質が隠されているはずだ、と私は思っている。悟性と感性を繋ぐ隘路も本当はここにあるはずだ、と。

22 概念的なしかなさといえどもあくまでも現実的なしかなさそのものの概念化でなければならないのだから、それは「概念化された「現実的なしかなさ」」でなければならないこととなり、それと同時に、現実的なしかなさのほうも、そう捉えられた以上、すでにして「概念化された「現実的なしかなさ」」でもなければならない、ということになる。強調点は逆であるとはいえ、結果的に同じものになるわけである。そうではあるのだが、そう捉えられた後でもやはり、現実的なしかなさと概念的なしかなさの対比は（それゆえにもはや「語りえぬこと」として）厳存し続けざるをえない、ということこそがこの問題のキモである。この端的な現実的現在のむきだしの存在は、通常の平板な概念的理解（において理解されたかぎりでのあくまでも概念的な現実的現在）の側から見れば、もはや概念的理解を超えた、いわばこの世ならぬ（＝この世的な理解を超えた）超越者であることになる。どこまで概念化、平板化をしても、最後の一点では、その捉えがたき現実性にぶち当たらざるをえず、翻ってじつはまさにその事実こそが、当の概念化の運動全体を究極的に支え駆動している根源でもあるからである。＊カントに反して、形而上学の源泉はここに見て取るべきであり、するとそれはむしろこの世の成立に根深く組み込まれていることになる。

＊　以前、この問題をアキレスと亀の対立として説明したことがあったが、世の中にはこの問題をどうしても亀的視点からしか見ることができない人が一定程度存在することがわかって興味深かった。しかし、亀を決定的に引き離すアキレスの突出こそが亀の運動をはじめて可能ならしめもする、という点を決して見逃してはならない。

23　現実的（実存的な）なしかなさの存在を感性的と見なし、概念化（本質化）によるそれの平板な連結を悟性的と見なせば、この事態こそが諸々の図式化の根源にある「秘められた技」であることになる。とはいえおそらく、この事態は感性と悟性の繋がりなどということよりも遥かに根源的な事態を表現しているはずである。おそらくは、われわれがこの世界の像を描きうるのは、このように、（端的な）唯一性とそれの（平板な）連結、という矛盾した運動の図式を描くことができるからなのである。＊これを時制の図式と見なすこともできると思うが、ともあれこのことこそが感性と悟性、直観と概念の繋がりをもまた可能ならしめていることは疑う余地がないだろう。これが可能であるのみならず、さらに（世界構成上の）必然でもある以上、われわれの感性はすでにして概念化されていなければならないことになる。これはまた端的なA事実からA系列を経由してB関係を構成し、おのれ自身をB化し、この両義性を保持したまま（すなわち矛盾を含んだままで）保持することである、といえる。時制を含んだ意味での時間とは要するにこの矛盾のことであろう。A系列には過去と現在と未来しかないはずなのに、その過去や未来の内部にもやはり前後関係が存在しており、その前後関係は過去と未来の関係をモデルにして理解せざるをえない、と同時にまた、それでもやはり端的なA事実そのものの現実的突出は、すべてはそれを根拠に成り立っているのであるから、やはり必ず存在していなければならない、からである。**

* ここでぜひとも再び、『独在性の矛は超越論的構成の盾を貫きうるか——哲学探究3』第8章段落20のあの描けない図の話を思い出していただきたい。もし思い出せない方は、是非ともここでもういちど、そこを再読して再確認していただきたいと思う。さらにできれば、出発点をのっぺりした世界のほうではなく、そこでは「異様なあり方」と言われているほうに置いて（したがって少しも異様ではなく当然のことと見なして）、その描けない絵の描けなさを描き直そうとしていただけるとなお有難い。本章の議論は全体として、この描けない絵こそがカント「図式」概念の隠された本質であるとの直観に裏づけられている。

** この問題はもちろん、マクタガートによってはじめて剔抉されたものだが、それは一に係って、どこまでも概念化されえない（いいかえれば、もはや繰り返される構造の内部にはなく、それを超出している）現実的現在というものが厳存している（ことによって時間は初めて可能となる！）という認識によるものである。平板に理解された時間というものに、だから矛盾が内在せざるをえないのである。この論点を外して、一般的にA系列論とB系列論を対立させてみたり、ましてやどちらかの立場に立ってみたりすることには、何の哲学的意味もない。

24　回数を数えるとはそれしかなさの連結（という矛盾）が可能ならしめる事態であり、それなくしては数というものは（一見してわかる四つ五つを超えては）ありえなかっただろう。物（空間的事物）の個数といえども、この「しかなさの連結」という秘められた技を使って「数える」以外には、その個数を調べる方法は元来なかったはずである。個数は回数に基づき、回数は唯一性の平板化に基づいている。数えるということを例にして述べたが、このことはつまり、記憶すること一般にもあてはまるはずである。記憶それ自体が、（端的な）唯一性とそれの（平板化された）連結という矛盾した像をいわば一枚の絵（エッシャーのような）に描きうることによって成り立っていることは疑えないと思われる。それゆえ、カント超越論哲学の根幹を為す「総合（結合）」もまた、じつはこの仕組みを根底に置くことで成り立っているにちがいない。諸々のカテゴリーが時間的に図式化されざるをえない（されうる）との理解の根底には、この事実が隠されていると見るべきであろう。

25　しかしながら、これらすべてのことにはさらに、平板な世界そのものの側にも、もう一つの不可欠な源泉を持っていざるをえないことを、ここでいまいちど確認しておきたい。それは、空間的に表象すれば、区切れた同型のものが複数個存在しているという、時間的に表象すれば、区切れた同型のことが繰り返し起こるという、事実の存在である。その種のことがまったく起こらない世界もまた十分に可能ではあることに鑑みれば、数の成立のためにこちらもまた不可欠であったことは疑えない。数の可能性は、否定や様相とは違って、そして関係の諸カテゴリーと同様に、世界の側のこの偶然的な（＝他であることも可能であった）事情にも依存せざるをえないのである。

26　量についてはこの程度にして、つぎに質のカテゴリーについて考えよう。質のカテゴリーの中心は否定であった。

> 否定性は、そのものの概念が非存在（時間における）を表示しているような、そのようなものである。それゆえ、実在性と否定性の対立は、充実した時間か空虚な時間かという、同一の時間の区別において生じる。（A143、B182）

数の場合に比べると、これはかなり非洞察的な見解であるといわざるをえない。否定性を非存在といいかえ、それに「（時間における）」という限定を付け加えているが、それはしかし付け加える前から理解されていたことをただ時間にも適用したというだけのことにすぎない。「非存在（時間における）」の理解は否定概念そのものに全面的に依拠しており、すでに理解されていることを時間にも適用しただけのことで、数の場合のようには、それが否定の本質を新たに鋭く抉り出す、という要素がない。第二文の充実した時間と空虚な時間の区別にかんしても、同じことがいえるが、多少内容を付け加えただけますます欠陥が目立つようになっているともいえるだろう。そもそも充実と空虚はたんにあり方の違いにすぎず、その空虚を充実の否定と見たとき、その二つの事態の関係を捉える仕方こそが否定であろう。だから、充実の側を空虚の否定と見れば、それもまた（否定される側と否定する側が入れ替わっただけで）否定の関係ではあるだろう。否定のそのような想定的な理解は、時間の理解においてもすでに前提されているはずである。時間の経過ということの理解には、すなわち時間の理解には、否定性の理解が含まれていざるをえない（それは必然的に何かでなくなることであらざるをえないからである)。すでに否定の理解を前提して理解された時間概念を使って、充実した時間か空虚な時間かという事象内容的な区別によって否定を捉えるのは論点先取、あるいはもっと素朴に表現すれば、手遅れであろう。否定は、時間を含めて何ごとを理解するにも、その（すなわちおよそ何ごとかの理解ということそのものの）前提としてすでにはたらいており、それを時間にだけ固有に関係づけることは無理であろう。

27　どれほど基礎的ではあっても、時間といえどもやはり、一つの実在性《レアリテート》（事象内容）にすぎない。「神の現存在についての存在論的証明の不可能性について」におけるカントの「存在は実在的《レアール》（事象内容的）な述語ではない」（A５９８、B６２６）という主張を転用して、「否定は実在的《レアール》（事象内容的）な述語ではない」と主張することができるし、実際そうであらざるをえない。存在と同様、否定にもいかなる事象内容もありえない。「……ではない」と否定されるべき事柄（「……」の部分）は何であってもよいのだ。そして、「……ではない」と否定されるべき事柄の絵が「…である」と肯定される事柄の絵と同一でなければならないことは、その現実存在が主張されるべき事柄の絵がそのたんなる可能性が主張されるにすぎない事柄の絵と同一でなければならないのと同様である。否定は、いかなる事象内容にかんしても、その外から与えられるほかはない（空虚といえどもそれ自体はむしろ肯定であろう)。

28　この点については、さらに第2章の段落21（とその注＊）の議論との関連が、重要である。そこでは「否定の場合にも様相の場合にも、その言語のはたらきをもってしても描き出すことができない、言語的な対比では描出しえない、究極的な現実性が存在しており、繰り返すなら、それが無内包の現実性である。」と言われており、その注＊においては、カントの「存在は実在的《レアール》な述語ではない」にかんして、「これは……素朴に……「〜がない」ことの絵が描けないのであるから「〜がある」ことの絵も描けない、という意味に解することもできる」が、「そういう証明によって到達される「存在」は、結局のところ、無内包の現実性としての存在そのものには到達できない、と言っていると解することもでき」る、と言われていた。ここでまず第一に強調されるべきことは、まさにこの二段階性こそが——すなわちその二つを架橋できるということこそが——図式化の運動の根底にあるものだろう、ということである。否定もまた、端的な現実性そのものの否定とそれとは無関係なたんなる概念的否定とを同時に意味しうるのである。前者を感性的、後者を悟性的と解しうるなら（解しうるだろうが）、それは図式であろうからだ。＊

＊ 否定は、数とは異なり、時間とはとくに関係しないが、にもかかわらず構造は同型である。こちらは抽象度がより高く、現在ではなく現実そのものに、すなわち現実の現在ではなく現実の現実に関係するわけである。（この点にかんしてはさらに、段落46以下の「様相」にかんする議論を参照のこと。）

29　しかし、第二に強調されるべきことは、まずはもっと基礎的で初歩的な確認がカント自身のこの存在論的証明批判の議論からあからさまに引き出されなければならない、という点である。時間であれ何であれ、否定を世界の事象内容の側から捉えることは決してできない（のは存在の場合がそうであったのと同様である)。否定という最も抽象度の高い操作を空虚さといった事象内容に重ねて理解することは決してできない。数えられる数や持続する実体や因果関係の場合のようには、否定は時間という実在に関連することはできない。世界がどうなっていようと、そうはなっていないこととの対比においてしか、そうなっている世界は把握できない。それはいかなる(たとえば区切れた同型のものごとがあるかどうかといった)実在的(事象内容的)な事情とも本質的には関係しないのだ。

30　カントはさらに、この問題を感覚における度の問題に関係づけて論じているが、そしてたしかに感覚がすべて度をもつということは非常に興味深い問題であるとはいえ、カテゴリーとしての否定の問題とはじつはまったく関係がない。度(内包量)についての議論は、この連関においては余計なので、後に機会があれば別の連関で考察したい。

31　関係のカテゴリーに進もう。まずは実体の持続について。

> 実体の図式は時間における実在的なものの持続であり、(中略)それゆえこの基体はあらゆる他のものが変化しても不変に留まる。(Ａ１４４、Ｂ１８３)

たしかに、ある実体の属性が変化するということ、たとえば色が褪せるとか、形が歪むとか、大きさが縮むとかいったことは、実体そのものの不変性がそのことの前提となっているとはいえる。しかし、それでは、実体そのものの変化やそもそも実体属性関係と無関係な変化はありえないのであろうか。前者にかんしては、セーターの色が褪せ、形が歪み、大きさが縮んで、ついにセーターの機能を果たせない、たんなる縺れた毛糸の束になってしまう（すなわち実体変化を起こしてしまう）、といった場合が考えられるだろう。後者にかんしては、世界全体が暗くなるといったような（何か特定の実体の変化ではないが、しかし変化ではあるといえるような）ことが考えられるだろう。

32　縺れた毛糸だけが残る前者にかんしては、これは形相が消滅して質料（素材）だけが残る、といいかえられる。このような場合、他方で別の素材から、消滅したセーターと性質的に極めて似た（区別がつかない）セーターが再度つくり出されたなら、どちらがもとのセーターと同一だといえるか、といった問題が提起可能であるが、このとき興味深いのはただ、われわれの世界が概してそのような問題提起が可能な造りになっているという点だけであり、やはりどちらかの立場に立つといったことには何の意味もない。しかし、どちらで考えても、実体は持続してその属性だけが変化するという捉え方を適用することができ、できるだけでなく、ある意味ではそうせざるをえない、という点は興味深いともいえる。やはり不変の実体があらざるをえないということだからである。しかしそれを、おそらくはわれわれの世界の構造とわれわれの言語の構造との組み合わせが作り出す偶然の事実にすぎないだろうと見れば、さほどの本質的な問題がそこに存在するわけでもないともいえる。

33　後者の場合、与えられた世界の全体に全体的変化が起こるだけだが、これはもちろん与えられた世界というものを不変の実体と考えればよいことになる。しかし、世界そのものが実体であるとは何を意味しているのだろうか。セーターが縺れた毛糸と化するといった変化の場合でさえもじつは同じ問いが問われうるのだが、その変化そのものを支えている不変の基体はじつのところは何だろうか。もちろん、それは世界そのものの同一性であると答えても間違いではないのだが、問題はしかし、それはじつのところは何が変わらないということなのか、とさらに問われざるをえないという点にある。その問いに抽象的に答えるなら、それはいわばB系列的なものの存在、すなわち年表やカレンダーや時計の文字盤などが表現しているようなそれ自体は変化しないと考えられている何かの存在である、と答えられはする。*

* とはいえもちろん、年表やカレンダーや時計の文字盤といったものは、世界の中に存在する特定の物理的な周期運動を一定のものと見なすことによって成り立っているのであるから、それ自体が変化する際には、当然のことながら、その変化そのものはもはやそれを使っては表現できない、という問題がある。何を基準にしようと、その問題は存在するだろうから、その意味では、いかなる実体も暫定的なものにすぎない、といえる。この暫定性は自明で不可避のことのように思われるかもしれないが、われわれが認識できるかぎりの世界のあり方にかんするかぎり、必ずしもそうとはいえない。それが暫定的であるとはいえないこと（すなわち決定的であるといえること）の論証こそが超越論哲学の課題であったといえよう。

五　実体の持続から話が逸れて主体の側の持続と自己触発についての壮大な迂回

34　世界そのものの抜本的変化でさえも、たしかにそのような不変のB系列（がありうるならばそれ）を基盤にして表現することができるだろう。が、そのようなB系列を抽象的に想定してみてもさしたる意味はなく、それは何らかの実在に関連づけられねばならないであろうし、さらにまた、かりにそのようなものが存在したとしても、われわれがそれを経験（認識）できないのであればやはり何の意味もないだろう。それゆえ、むしろ逆に、問題を経験の可能性の条件の側から見直してみるとどうなるかを考えなおしてみなければならないことになるだろう。その場合、自然に内在する周期的変化以上に、それに先んじてより重要なものがあることに気づかざるをえない。それは、その変化を「数える」ことができるということ、さらに根底的には、そもそも記憶ということが可能であるということ、である。とはいえしかし、すでに論じたように、記憶*が可能であるためには、周期的変化とまではいかずとも、少なくとも外界における類型的・法則的変化の存在は不可欠なのであった。**するど、ここで必要不可欠なのは、この相補的な関係を含んだ記憶の存在であることになる。相補的な関係とは、記憶は外界における類型的・法則的変化の存在に拠って可能となり、外界における類型的・法則的変化の存在は記憶の存在に拠って可能となる、という関係である。***

＊　これは事実としてわれわれがもつ（＝われわれのこの世界に実在している）記憶についての話をしているのではなく、およそ記憶とみなすことができる存在者の可能性の条件の話をしている、ということをお忘れなく。事実としてのこの記憶機構の成り立ちの話ではなく、本質存在としての記憶なるものの論理的に不可欠な仕組みについての話である。つづめていえば、哲学的議論をしている、ということである。

＊＊　法則的連関というものがあるだけで時間が一般的に測れるほどではなくとも、記憶は可能ではあ

るだろう。

＊＊＊　この点については、「第2章の落穂拾いと全体の展望」の三「いかにして記憶は可能か」（とりわけその段落16〜19）において比較的くわしく論じられているので、忘れてしまった方はここでぜひ再読して確認してほしい。

35　「第2章の落穂拾いと全体の展望」の段落16〜19の議論を、第一次内包の先行性と第0次内包による逆襲という観点から縮約的に再論しておこう。子どもが転んで膝から血を出して泣いていたらその子はそこが「痛い」のだ、というような認定の仕方は、観点を変えてみれば、外的な因果連関の中に内的感覚を埋め込んでそれに客観的な意味を与える作業であるといえる。記憶の成立にもこれに相当する、それを支える外的因果連関（に類するもの）の存在が不可欠であろう。内的感覚（子どもが感じる痛みそのもの、すなわち痛みの第0次内包）が、いつも外的因果連関と重なって起ることによって次第に自立性を獲得していくことができるようになるのと同様、内的記憶（外的根拠のないなまの記憶、記憶の第0次内包）もまた、いつも外的因果連関（に類するもの）と重なって生じることによって次第に自立性を獲得していかざるをえない。＊記憶の成立にも、第0次内包の「逆襲」過程が必要なのだ。そして、どちらの場合にも、それが循環に陥らないためには、前提されざるをえない最終的な基盤がある。それが超越論的なカテゴリーである。それが世界の変化と記憶の成立の相補的な関係を最終的に支えているわけである。

＊　その外的連関といえども必ずだれかの記憶によって支えられていざるをえないことは、転んで膝に怪我をする場合も必ずだれかに目撃されなければならない（すなわち視覚が使用されざるをえない）のと同じことで、その記憶や目撃にかんしても同じ問題は存在しつづけるので、どちらの場合も他者を巻き込んださらなる循環を想定せざるをえない。

36　その結果、感覚にかんしていわゆる第一人称特権が成立するのと同様に、記憶にかんしても第一人称特権が成立することになる。通常そう考えられていないのは、後者に関しては、客観的事実との対比がなされて、それによって訂正されることがどこまでもありうる、と考えられているからである。もちろん、それはありうる。対象との関係においては。しかし、主体との関係においては（主体の側の「何であるか」にかんしては）、それがありえない（地点が必ず存在する）。記憶として現れている通りであることとしかできない地点が存在せざるをえないからだ。それゆえ、欺く神（悪霊）に対するデカルトの応答は、正しかったとはいえまだ足りなかったことになる。デカルトは、欺く神（悪霊）にかんして「私が私を何かであると思っているあいだは、彼は私を何ものでもないもの（無）とすることはできない」と言った。これは、独在性に基づく（あるいは誤同定不可能性に基づく[＊]）端的な存在主張（実存の自己確証）であり、それ自体としては問題なく正しいのではあるが、じつはこれだけでは足りない。このデカルト的論証には、むしろカント的な補足がなされざるをえないのである。あるかないか、という実存をめぐる論点だけでなく、何であるか、という本質をめぐる論点についても、またけっして誤ることができない部分があり、あらざるをえないからである。たとえ悪霊に欺かれて捏造されたものであっても、私が私を何かである（何であれ）と思っていさえすれば私は必然的に存在するといえると同時に、たとえ悪霊に欺かれて捏造されたものであっても、私が私を何かであると思っていさえすれば、私は必然的にその何かである、ともいえる（地点が必ず存在する）のである。「がある」ことを超えて「である」ことにかんしても、疑いえなさはある。これがデカルトに対するカントの小さな、しかし決定的な補足であった。それがなければ一瞬前とさえ繋がるということができないからである。客観的世界の全体がそこから構築可能となることは、哲学の議論としては、あくまでもそのことの帰結にすぎない。ともあれ、補足された要素を基盤とすることによって、すなわち動かぬものと（すなわちいわば実体化）することによって、はじめて客観的世界認識もまた可能となるのだ。そこを固定しなければ（固定していると見なさなければ）、世界の側に起きる客観的な変化をそれとして経験することができず、したがって何が客観的に変化したのかを認識することはできず、したがって客観性そのものが成り立ちえないからである。

＊　独在性に基づくことと誤同定不可能性に基づくこととはさしあたっては別のことではあるが、後者は結局のところは前者に収斂せざるをえないという点については『世界の独在論的存在構造——哲学探究2』や『独在性の矛は超越論的構成の盾を貫きうるか——哲学探究3』などで詳論したのでそちらを参照されたい。

＊＊　ここで「私が私を…」という表現を、決して一般的に（＝だれに於いても）成り立つ平板な反省的自己意識の成立のように理解しないことが、まずは何よりも重要である。冒頭の「私が」の一声は

驚きとともに発せられなければならない。なんと（他人ではなく）私である！、私という（変な）ものが現実に存在している！、というようにだ。すべては、そこから始まるのである。（ここでの主要論点ではないが、繰り返し論じてきたことをこの機会をとらえてまた繰り返しておくなら、そもそも一般的な反省的自己意識などというものはありえない。そのように見えるものは必ず独在性（しかなさ）を媒介にして成立している。その点も何度も論じてきたが、やはり忘れないでいただきたい。）

37　疑う余地なくそれがあるだけでなく、疑う余地なくそれである。そのことがすべての出発点で、しかもそれしかないことから、すべては開始される。それを不変のものとして根底に置くことによってはじめて、それ以外のすべての変化を変化として捉えることが可能となる。もしそこが揺らげば、それ以外の何ごとも捉えられなくなるだろう。* だから、当然のことながら、もしこの記憶そのものもまた先ほど想定したような世界の抜本的変化の内に含まれているというようなことがもし起ったならば、もはや変化を変化として捉えることはできず、世界を経験（認識）することはできなくなる。しかし、最も根源的な意味においては、そのような想定はそもそもすること自体ができない。それは一見考えられることのように見えて、じつは文字どおりの意味で考えられないことだからだ。** これの固定性を信じることがすべての出発点なのである。この事態を描写できる言葉はないが、ともあれ信じるという言い方ではまったく足りない。信じない可能性はないからである。もしかりに自分の記憶がいつのまにか変化していたとしても、その変化を知る方法は、究極的には、存在しない。自分のという捉え方（したがって言い方）自体がすでにして最低限の記憶的持続を前提にしているからである。

たしかに、「自分の記憶」とは、まずは独在する（＝そもそもそれしかない）唯一の記憶という意味ではある。そもそも他は存在しないからそれが「自分の」であるわけだ。それは確かだ。しかし、それに加えて、そういえるためにも、そこに最低限の持続はそなわっていなければならないのだ。だから、「自分の」と言ったときにすでにして「の記憶」がもう含まれていざるをえないのである。「自分の記憶」は、だから「この記憶のもつ記憶」という構造を持ってしまっているわけである。その記憶が自分なのであって、それにはもはや対比されるべきさらなる本体は存在しえないのであるから、それが贋物であったりすることはできない、それはそういう記憶である。***

＊　かりに実は（＝物それ自体としては）記憶そのものが抜本的に変化しているとしても、変化した側のほうがすべての出発点となるので、その変化はないものとして、すなわちそちらは不変であるとして、すべては開始されざるをえない。（しかし、そもそも記憶そのものが抜本的に変化するとはどういうことであろうか。身体を基体的な実体と置く以外に意味の与えようがないであろう。）

＊＊　それを考えようとしても背後から必ずそれが前提されてすでにはたらいてしまっているからである。

＊＊＊　なぜかあまり強調されることがないように思えるのだが、まさにこの事実（＝この段落で述べたような事実）こそが「超越論的統覚」がその固有のはたらきを為しうる（そして為さざるをえない）根拠であるだろう。それは実際につねにはたらいているし、はたらかざるをえないのである。

38　とはいえ、この根源的な出発点もまた、一個の存在者であるかぎりにおいては、それに基づいて初めて成立するはずの客観的世界の内部へ（やはりカテゴリーとして分類されるべきある種の規則に基づいて）置き入れられ、客体化されねばならないだろう。そうでないと、自分自身というものもまたこの世界の中に存在しているという事実のほうが作り出せないからである。それは、端的な現在（A事実）という突出点を他の一般的な現在と同等なものとして並列させて一般的な時制（A関係）という客観的な仕組みを構築したのと同型のやり方で、一般的な人称というカテゴリーを構築することによって為されるべきことである。が、カントに於いてはこの問題もまたタテ問題化されて、自己触発という仕組みとして説明されている。それは本来前章で論じるべきことであったのだが、さしたる重要性もないと見て割愛したので、ここでこれを中島義道の解釈に即して解説しておこう。

39　超越論的統覚の総合作用は、ふつうは物自体からの触発によって諸表象を結合して客観的世界を構成するわけだが、それと同時に、そのはたらきそれ自体が内官（内的感覚）を触発して自分自身の主観的世界を構成し、それを客観的世界の内部に位置づける、とされる。中島義道の要約によれば、こうである。

私は物自体によって触発されて、世界時間を他の人々と同様に構成し、「そのことによって」つまりこうした私自身の構成作用によって触発されて、この世界時間のある特定部分を自分の時間として、他の人々と同様にでなく切り取り、そしてその内に私の特定の過去、特定の現在、特定の未来を秩序づける。（中島義道『カントの時間論』岩波現代文庫、１９３-４頁）

そして、この「自己触発」のはたらきは「私の無規定的な現存在が、客観的時間の中に規定された私の諸状態の先後系列へと転化する」（同書189頁）際の、その「転化」の根拠であるとされている。かくて自己意識以上の自己認識がはじめて可能となるわけである。これは、先ほどまでの話と連結するなら、その不変性を前提として世界を構築するあの記憶の主体を、構築された世界の中に位置づけるという仕事にあたる。この仕事はたしかに必要ではあり、それを担当するのがカントに於いては自己触発であるともいえるだろう。この自己触発概念にかんする中島のカント解釈は（私の知る他の解釈に比べて）哲学的価値の高いものだと私は思うが、（とりわけこの引用箇所などは）カントが明示的に語っていないことも語ってくれているため、カントのこの議論の欠陥をも（語ることなく）ともに示してくれてもいるように私には思われる。

40　最初にどうしても気になるのは、引用文冒頭の「私」とはだれのことなのか、という問題である。これは中島義道を、あるいは彼にとっての彼自身（だけ）を指しているとも取れるが、主観一般を指しているとも取れる。私が哲学を学び始めたときにいちばん気になった（＝気に入らなかった）のがこの種の曖昧な「私」の使用法であった。この用法の存在によって最も重要な問題が飛び越されてしまっている、と強く感じたからである。しかし、その点については何度も繰り返し論じてきたので、ここではそこを深く掘り下げることはせず、実は同じ問題であるともいえるのではあるが、ここで固有に興味深い問題に進もう。それは「他の人々と同様に」と「他の人々と同様にでなく」との対比である。冒頭の「私」が中島義道（にとっての自己自身）を指しているなら、「他の人々」とは彼以外のすべての人を指し、主観一般を指しているなら、「他の人々」とは一般的なその主観にとっての他者を指すことになる。前者を絶対的解釈、後者を相対的解釈と呼ぼう。中島自身が前者である可能性は高いが、カントがこれを言ったとすれば、相対的解釈を取るほかはないだろう。*

＊　カント自身の問題点は以下に論じることになるが、中島の問題点は、この絶対的に解釈されざるをえないような意味での「私」の存在はそもそもいったい何であるのか、たくさんの「私」と発話する主体たちのうちに一人だけ本物の「私」がいるとはどういうことなのか、その違いはいったい何の違いなのか（それはどのように知られるのか、それを発話して伝達が成功する際には何が伝わるのか）といった問い——すなわちヨコ問題の問い——がまったく問われていないことにある。

41　カントに於いては、当然のことながら、自己触発そのものはだれにでも起こることであることになる。*　もちろん、物自体からの触発による客観的世界構成の場合とは異なり、自己触発による場合にはその内容は各人それぞれ異なる。しかし、あたりまえのことだが、内容がそれぞれ異なるということは他人同士の場合であっても同様であろうから、それらの中に一人だけ私（であるという他とは異なるあり方をしたやつ）がいるとはどういうことなのか、**　という問題にはこの種の議論によっては答えられない。自己触発という議論からわかることは、たんに（それぞれに）内的な世界をつくるということだけである。その「それぞれ」の中に私がいるかいないか、もしいるとすれば何に拠ってそうであるのか（また何に拠ってそうだとわかるのか）という問題は、そもそも扱われていない。***　そうすると、要するには、皆に共通の客観的（外的）世界とそれぞれに異なる主観的（内的）世界とが存在している、というだけのこととなる。その「それぞれ」の中に一人だけ他と違うあり方をした（しかしその違いは主観的世界の内容の違いに拠るのではない）人がいるのはどういうことなのか、という方向の問いはそもそも問われていないのである。問われていないだけならまだしも、時に、なお悪いことには、それぞれに異なる内的世界もまたあるということがその答えでもありうるかのような誤解を与えることになる。じつをいえば、その誤解こそはこの議論にとっては致命的である。どれが私であるかはそのような事象内容的な違いによっては与えられない、ということこそがこの問題のキモだからだ****。どの時が今（現在）であるかは、それぞれの時にどのようなことが起こっているかによっては決まらないのと同じことである。

*　中島義道も恐らく自己触発は私にしか起こらないとは言わないであろう（しかし何故？）。そうであるならばやはり、前段落の注*に述べた意味での「私とは何か」という問いは自己触発という事実の存在によっては答えられないことになるわけで、そのことをこれから論じることになる。

**　この問いは、中島義道の例に即して語るなら、「非常にたくさんの人間がいるのに、なぜよりにもよって中島義道という男が私なのか？」となるが、それよりもまず、「非常にたくさんの意識的存在者が存在したし、これからも存在するであろうが、それらのいずれも私ではない（私はそもそも生じない）可能性もありえた（中島義道という男もまた私ではないただの一人の人間にすぎない可能性もありえた）のになぜそもそも私が生じたのか？」のほうが先行すべき問いである。

＊＊＊　カントの場合はその問題が存在せず、中島の場合はその問題としては扱われずにそのような不思議な人の存在は自明の前提とされている。

＊＊＊＊　ここではそこまではまだ論じていないのではあるが、しかしまた逆に、各人それぞれの主観的（内的）世界とはそもそも何を意味するのか（それが何故に「主観」的で「内」的であるとされうるのか）は、ここで論じられているような意味での「私」（すなわち〈私〉）の存在の意味を理解した後でしか（すなわちそれをさらに一般化・概念化するという経路を経ることによってしか）、その真の意味は理解できない、という点は決定的に重要である。（これについても色々な形で論じてきたが、『世界の独在論的存在構造――哲学探究2』の終章の「「私秘性」という概念に含まれている矛盾」から後の部分が、この問題にかんする「古典」である。）

42　段落36で論じた、私が私を何かであると思っていさえすれば、それだけで必然的に存在してしまい、同時にまた必然的にその何かでもあってしまうような、そういう「私」のあり方は、この（＝以上述べてきたような）問題の存在によってはじめて可能ならしめられている。私の存在とはしかなさの存在のことだからである。すべてがそこから出発するのでなければならないからである。事実、すべてはそこから出発している。その事実を誤魔化さずに丁寧にたどるのが超越論的哲学の仕事である。そこにはおそらくカントが自己触発と呼ぶような種類のはたらきもまた介在しているにはちがいないが、それはしかし他人の場合でも同様であることになるだろう。自他の違いという問題はこの種の仕組みの介在によっては解明できない。さらにいえることは、まさにそれゆえに（＝自他の違いという問題はこの種の仕組みの介在によっては解明されないがゆえに)、この自己触発の仕組みが為すべき仕事は決して完全には成し遂げられないのだ、ということである。すなわち、私の現存在を客観的世界の中に埋め込むという仕事は完全には成功しないし、成功しないのでなければならない。それが完遂されないことこそが、世界の開けの原点としての私が現に存在してしまっているということだからである。*

＊ 精確に言い直すなら、タテ問題に翻訳するならそれが完遂されないこととして翻訳されるしかないことこそが世界の開けの原点としての私が現に存在しているということなのだ、となるだろう。それゆえ、現実の世界にはすでにして形而上学が内在している、と考えざるをえないことになる。

43　この問題を直観的に理解するためには、身体交換(見方によっては記憶交換)というよくあるSF的なお話を思考実験的に使って考えてみるのが近道である。テレビドラマ等では、たいてい二人の男女のあいだで身体が(見方によっては逆に記憶が)入れ替わるのだが、もちろん男女間であることはここで論じる問題には関係がない。まず重要なことは、「身体が(見方によっては逆に記憶が)」とは言うものの、そのどちらであるかは状況によって必然的に決定されるともいえる、ということである。客観的に見ればまったく同一の事態であっても、当事者二人のどちらかが自分であれば、この事態は必然的に身体交換として現象し、その二人がどちらも自分でなければ、すなわちそれが他人同士のあいだに起こった事件であれば、それは必然的に記憶交換として現象するほかはないからである。

この事態は、世界の客観的な記述という観点からすれば、二人の人間の精神に異変が起こった、のように見るほかはなく、それが起こったことのすべてであるはずである。その場合、不変の基体的な実体は身体であるほかはない。ところがしかし、もしどちらかが自分であったなら、自分の身体が突然他人の身体になってしまった、と捉えるほかはないであろう。この際、その「自分」とはその持つ身体を変えうる記憶連続体のことであらざるをえない。この場合、身体を基体的な実体とする通常の見方は（取りたくても）取れない。端的に与えられている記憶の側を基体とする以外には事態を把握する方法がない。そして、驚くべきことにと言ってもよいと思うのだが、事態をそのように把握することはできる！　できるどころか、実のところはそのような捉え方こそがすべての出発点でもあるのだ！＊　それができるような例外的な存在者が世界内にひとつ存在しているということが、すなわち自分が存在しているということの意味である。自分が存在するかぎり、このような把握の仕方の、したがってこのような描写の仕方の不可避性は、けっして除去できない。それが除去可能な状況になったなら、それはつまり、すべてが無に帰したのと実質的に同じことである。＊＊このことを逆からいえば、自分を客観的世界の内に位置づけるという作業は究極的には成功しない、ということである。そんなことが成功してしまったら、無であることと実質的に同じことになってしまうからだ。

＊　これを「デカルト＋カント的な驚き」と呼びたい。が、その際、後半の驚き以前に、前半の「できる」の驚きを正しく驚くことこそがとりわけ重要である。前半では（世界解釈の公式見解からすればありえないはずのことが現にある、ということが発見されており、それが同時に後半に示されて

いるような、超越論的統覚というものがはたらかざるをえない理由ともなっている。前半と後半の相互依存的な関係はとりわけ重要である。ときにこの相互依存関係を忘れて、いきなり後半の作業から「哲学」を開始する人がいるように思えるが、それは不思議な現象である。

＊＊　そこから世界が開けている原点が存在しなければ、世界は存在しないのと同じことである、という意味において。

44　この事実を一般的に自己触発（に類すること）が存在することによって説明することも、ある意味ではできはするだろう。他人同士の場合であっても、彼らそれぞれにとっては自分自身の場合と同じこと（すなわち身体という属性の側の変化）がそこで起こっていると考えることもできる（どころかある意味ではそうも考えざるをえない）からである。＊しかし、それにもかかわらず、現実にそれが起こる場合（すなわち自分の場合）とそのように想定できるという場合（すなわち他人に起こる場合）との違いが存在するということは（そういう違いが存在せざるをえないということは）、自己触発に類するタテ問題的な仕組みの存在によってだけではけっして説明できない問題が存在することを示している。それがすなわち、存在（あるいは実存）の問題、いいかえれば無内包の現実性の問題である。この問題を無視したり、たんに（無自覚のうちに）前提してしまうことは、最重要の問題を取り逃がしてしまうことを意味する。＊＊

＊　他人同士の場合の身体交換を（それを身体の側に異変が起こることとして）理解するとき、そのよ

うな事態は「想像できる」と言ってよいかどうかは、じつはかなり微妙な問題である。(感性を伴った)想像ではなく(もっぱら悟性的な)理解であると考えるのが正しいと私は思うが、この事例に即してそのことを説明するにはかなり複雑なことを言わなければならず、余計な混乱を持ち込まないため、ここではそれは控えて、より単純な例で問題の在処だけを示しておくことにする。私は私としての記憶を持ったまま身体が黒柳徹子のそれになってしまった状態を想像することができるが、この世界の開けの原点が(すなわち〈私〉が)黒柳徹子(という人)になってしまった状態を(考えることはできるが)想像することはできない。また、今この世界の開けの原点である(すなわち〈私〉である)永井均(という人)が、そうではなくなってただの普通の人になってしまうことを(考えることはできるが)想像することはできない。これは、例として出された事態にかんして何か新しいことを言っているのではなく、その点にかんしては私がこれまで論じてきたことを前提にして、「想像」という概念についての主張をおこなっているので、誤解なきよう。と書いたら、そのことでもう一つの例が思い浮かんだので、それも追加しておく。今これを書いているというこの体験が今ではなく過去や未来であるという状況も容易に考えることができるが、それを想像することはできない。これらはみな、新しい別の像(絵)を描くことには(別の絵を付け加えることにも)ならないからである。〈私〉であることや〈今〉であることは、像の一部ではない＝事象内容的な述語ではない、からである。まさにこういう場合にこそ、カントのいう「図式」化が必要となるのではないだろうか。その意味では、カントのEinbildungskraftを「想像力」ではなく「構想力」と訳す風習には、十分な根拠があるといえるように思われる。

＊＊　ところで、いまここでなされているこの議論それ自体も、全体としては(想像上のといえるかど

うかの議論は別にして）想定上のものであることは明らかである（身体交換など現実には起こっていないのだから）。にもかかわらず、現実の場合と想定の場合との対比が想定上でなされうるということは重要である。これは累進構造という問題で、ここでは主題的に論じないが、もしこの構造がなかったならこの種の議論はすべてまったく不可能であることを忘れてはならない（と同時に、この種の議論の全体がその不可能性によってつねに浸食されているという点も忘れてはならない）。

六　純粋悟性概念の図式の議論へ戻る

45　やっと因果関係に入れるぞ！　とはいえ、実体持続の問題から話が逸れて延々と論じてしまったので、因果性の話は簡単にすますことにしたい。

……原因および因果性の図式は、それが任意に措定されると、いつでも他の何かがその後に引き続いて起こるような、実在的なもの、である。（A１４４、B１８３）

因果性については、これまで論じてきたことに付け加えるべきことが、本質的にはあまりない。重要な点は、関係のカテゴリーは、量のカテゴリーとともに、そして否定や様相とは違って、与えられた世界の事実に多くを依存している、という点である。因果性もそうなのである。因果性という概念を構想させる類型的継起連関がまったくないような世界も十分に可能だからである。*　もう一つの重要な点は、因果という捉え方のうちにも、時間の経過を一般的な（平板な）A系列において見る平板化力がはたらいている、ということである[**]。さらにもう一点つけ加えるなら、類型の継起という事実の認識には主体の側の持続的意識の存在が前提されざるをえず、しかしそれが（第0次内包として逆襲的に）確立されて独自の権限を持つにいたるためには、まずは（第一次内包としての記憶を可能ならしめるものとして）客観的因果連関の存在が前提されざるをえない、という循環的構造がある点も重要である[***]。しかし、これらのことは、少なくとも本質的な点はすでに論じられたので、ここで繰り返すことはしない。

＊　関係のカテゴリーは、量のそれ（数を数えること）と並んで、世界の時間的持続という自明とさえいえる事実が、その世界のもつ偶然的事実に基づいている、ということを理解するには、きわめて重要であるといえる。

＊＊　端的なA事実と一般的なB関係とを一つに統合して見るものの見方がすなわちA系列というものの見方であるといえるだろうが、それはすなわち「図式」であろう。

＊＊＊　出来事Aが起きるといつでも引き続いて出来事Bが起きるといえるためには、Bが起きた際に先にAが起きたということを「覚えて」いなければならないが、しかし「覚えて」いるという事実が成立しうるためには（その可能性に客観的な支えを与えるために）、Aが起きるといつでも引き続いてBが起きるという客観的な類型的継起の存在がその前提とされざるをえない。その結果として、単独の（非類型的な）出来事もまた「覚えて」いることが可能となりうる。これは超越論的相関関係と

も呼ばれるべき事態である。

46

第四のカテゴリーである様相に移ろう。

可能性の図式は、さまざまな表象の総合が時間の一般的な条件と一致することであり、（中略）、したがって任意の時間におけるある物の表象の規定である。

現実性の図式は、ある特定の時間における現存在である。

必然性の図式は、すべての時間における対象の現存在である。（A144-5、B184）

否定の場合と同様、様相もまた時間という一つの特殊な存在者と特権的に結びつけることはできない。たとえば、ある対象がすべての時間において存在しつづけているとしても、それはただいつもある、つねにある、というだけのことであって、それだけで必然的に存在するとは言えない。それだけではまだ、たまたま（＝偶然的に）いつもあるのか、必然的にそうであるのかは、わからないからだ。必然性という概念は、本質的に時間性を超えた形而上学的概念であり、時間に（のみ）関係づけてその意味を理解することはできない。* カントの提示する図式によって必然性の意味を理解した（と思った）人は、必然性の意味を誤解したといわざるをえない。可能性、現実性にかんしても、その点は同じである。現実性にかんしては、それゆえにさらに、その累進構造という重大な問題があるわけだが、それはすぐ後に触れる。

＊　したがって「カテゴリーには結局のところ可能な経験的使用以外のいかなる使われ方もない」（A146、B185）というのもまた、この意味において誤りである。様相には時間性とは独立の形而上学的な使用法があり、このような（これと同型の）形而上学的諸要素は客観的世界構成の各所で有効にはたらいているといえる。それらは累進化されることでわれわれのこの客観的現実世界の構成を根幹において支えており、そのことが超越論哲学と形而上学の同根性の根拠をなしている。時間性それ自体も（したがって数を数えるということも因果連関も…）、この種の形而上学的要素（時間の場合には端的な現実の現在の存在）の累進化的把握が可能であることによってはじめて可能となるのだ。

47　様相の存在は、数や関係の場合とは違って、そして否定の存在と同様に、与えられた世界のありかたには依存していない。たとえば、ある一つの対象がすべての時間に存在しつづけているような世界であっても、あるいはいかなる類型的継起もまったく存在しない、混沌とした、流体から成る世界であっても、そうであると捉えられうる以上、そうでない可能性はあったし、あるし、あらざるをえない。それは、捉える（begreifen＝概念的に把握する）ということの本質に由来することだからである。ところでいま、私は二種類の可能世界を例示したが、その際、われわれはそれらが（現実には現実世界でないにもかかわらず）現実世界である場合を考えたことになる。否定と同様、このような適用の仕方ができることこそが、様相カテゴリーの一大特徴である。それは、これらが事象内容的なカテゴリーではないことを示している。＊

＊　否定と様相は、音楽（段落19で語った意味での）によっても表現することはできない。

48　繰り返し論じてきたように、時間それ自体にもその同じ特徴があって、まさにそのことによってカテゴリーの図式化も可能となっている。時間において、様相の場合の現実にあたるのはもちろん現在である。現実には現実でない事柄にかんして、かりにそれが現実である場合を考えることができるように、現実には現在でない時にかんして、かりにそれが現在である場合を考えることができ、それだからこそ、一般的な可能的現在と端的な現実の現在を同じ一つの文の同じ一つの語で指すことができるわけである。ものごとのこのようなA系列的把握の可能性こそが「図式」一般の可能性の根拠であるだろう。この場合、大雑把にいえばもちろん、A事実が感性でB系列が悟性にあたるわけで、A「系列」という捉え方は端的なA「事実」の存在を形式化（＝累進化＝概念化＝悟性化）した捉え方であることになる（とはいえ重要な点はそこには端的なA事実そのものが内含されてもいることではあるが）。悟性と感性のあいだに「同種性」が成り立つのはここでしかありえないように私には思われる。

七　人称カテゴリーの不可欠性

49　時間のもつこの仕組みは様相と同型であるから、様相（や否定）それ自体はその図式を時間から借りてくる必要はない。しかし、ここでもう一つ、やはりそれらと同型であり、ある意味ではそれら以上に必要不可欠なのは、人称というカテゴリーである。これの介在なしには、そもそも経験という一般概念自体が成り立たないからだ。カントの議論はすべて、このカテゴリーが有効にはたらいた後にはじめて成り立ちうる議論である。

50　まずは、それが不可欠な理由を一応はカントの発言に即して解説してみよう。前章段落6の注＊＊で引用した「私とは現に存在しているという感じのことである」（『プロレゴーメナ』§46（S.334））を思い出していただきたい。じつのところ、この文は、本章段落40で「私が哲学を学び始めたときにいちばん気になった（＝気に入らなかった）のがこの種の曖昧な「私」の使用法……」と言ったその「使用法」の典型例である。カントのこの文の場合も、この使用法によって「最も重要な問題が飛び越されてしまっている」ことは疑う余地がない。この文の「……現に存在しているという感じ……」には明らかな二義性があるからだ。カントはおそらく自分の「存在しているという感じ」を感じながらこの言明を為したに違いない。だが、この言明はまた他人もまたそうである、とも言っているであろう。どうしてそれがわかるのだろうか。それはわからないではないか、と言いたいのではない。他人もまたそうであることは、他人（他我）の概念からして（分析的に！）明らかだともいえるからである。だから、他人にもその感じはやはりあるのだと言ってもよい。のではあるが、たとえそうであるとしても、それは自分自身の場合とは違うことを言っている（という側面が存在する）ことを無視することだけはゆるされない。それはちょうど、現在（今）の意味が現実のこの現在（今）の場合とその時点におけるその時点という意味での現在（今）である場合とでは違っていることや、現実の意味が、現実のこの現実そのものの場合とある想定における（そこから見ての非現実とは区別される）現実の場合とでは違っていることと同じことである。この区別の存在は決して否定できない。なぜなら、まさにこの落差の存在こそが「私」の存在の真の意味だからである。

51　じつのところは「私とは現に存在しているという感じのことである」もまた、まさにその落差の存在こそを表現しているとも読める（し読まざるをえない）。それは、他の人には現に存在しているというこの感じは感じられないこととの対比において、現に存在しているというまさにこの感じこそが私が存在するということなのだ、と言っているはずだからである。とはいえ、さらに重要なことは、それと同時に（なんと同時に！）それと同型のことが、他の私とその私にとっての他者たちのあいだにも起きているということが併せて言われてもいる、ということなのである。すなわち、累進構造を同時に働かせているわけである。あえてカント風の捉え方を当てはめると、前者が直観（感性）で後者が概念（悟性）にあたる。すると、この累進構造こそがすなわち図式であり、その同時成立（この二種のあいだの落差を度外視してそれらを同一視すること）こそが人称カテゴリーの生成の秘技であるといえることになる。しかし、そのようにしか使ってはならないという「教え」は、この場合、まったく役に立たない。もし、そこの隠されてある落差の存在が完全に忘れ去られてしまったなら、このカテゴリーを実際に使用するということができなくなってしまうからである。どちらにしてもだれかを私たらしめているのはその落差の存在そのものであるという構造認識そのものがここでは重要で、それは少なくとも二回、可能的には無限回、使われることになる。とはいえ、それはつねに破られてもいるともいえるのである。収まると同時に脱し、脱すると同時に収まるという構造がここにはある。すなわち、われわれはまたつねに形而上学の実践者であるわけである。この問題にはどこまでもこの二面性、この両義性、この矛盾が付いてまわることを忘れてはならない。これがわれわれの世界構成の根底に隠された秘技であるといえる。

52　それゆえこのことには二様の見方があることになる。すべてはいま端的に存在する〈私〉からはじまっており、それに起こっていることを累進的に同型拡張化している（という秘技をおこなっている）と見ることもでき、そう見ざるもえないのではあるが、逆に見ることもできる。逆にも見ざるをえない。その場合、すべての根源であったはずの〈私〉の、それだけに現に起きていることはすべて、「余分な」こととなる。というより、そもそも〈私〉の存在という現象そのものが余分なのだ。そんなものはなくても、すべてはそれがある場合とまったく同じでありうるからである。「現に存在している」というその「感じ」はもはや〈私〉ではない（と想定された）永井均氏もまた持つはずだからである。繰り返していうが、これが名にし負う風間問題である。繰り返しでなく、ここで新たに言いたいことは、風間問題の提起は「図式」の提示でもあるのだ、ということである。その図式の存在によって、この問題はいわば直観的かつ概念的な（どちらも不可欠な）問題となるからだ。また、その問題は、私だけにあるのでなければならないと同時にだれにもあるのでなければならない、ということになるからでもある。前者は「語りえぬもの」となるとはいえ、それもまた即座に、だれにとってもの「語りえぬもの」にも変換され、だれもが語りえぬものを持っていることにもなるわけである。*

＊　それがわかりやすい人のためにウィトゲンシュタイン・ジャーゴンを使っていいかえれば、この事態は「駒に被せた冠は即座に箱の中のカブトムシに変換させられる」とも表現できる事態である。さらにもう一つ、それがわかりやすい人のために時間論用語を使っていいかえるなら、この不思議なカ

ブトムシに当たるのは時間論における「A系列」という奇妙な中間的表象形態でもあることになる。それはA事実とB関係との中間的表象であるから、これが発動した場合、そのことによって「語りえぬもの」とされてしまうのは端的なA事実である。とはいえ、A系列という矛盾を内含した表象こそがA事実とB関係とを繋いで、どちらも時間の表象たらしめていることは確かなことである。箱の中のカブトムシも同様である。何度か論じてきたように、その箱のうちの一つは（必ず）裏返っており、それがA事実に相当するからであり、それの存在こそがそれぞれの箱の「中」ということに真の意味を与えてもいるからである。

53　ここで、自己触発という問題に戻るなら、この際、触発を為すのはだれもが為すような結合作用一般などではなく、冠やA事実に当たる「物自体」でなければならないことになるだろう。結合作用などという一般的なものが触発したところで、それぞれに内的世界が作られてしまうだけのことだろう。それはカブトムシが入った箱たちを最初から作り出してしまうことにあたる。その描像は錯認である。触発はある一つの駒にかぶせられた唯一の冠のような、まったくこの世ならぬものからなされるので、そしてそれこそがすべてを初めて開いているので、それを世界内的に馴化させる必要が生じ、カブトムシが入った箱たちのような中間的な（ヌエ的な）形象が後から作り出されることになるのである。ゲームの中に位置づけを持たない冠がゲーム全体を触発し、その全体を初めて〈現実〉化するわけである。それだから、世界の中にただ一人だけ私であるという奇妙なあり方をしたやつが存在して（できて）しまい、後からその事実をうまく埋め込む方策が考え出されざるをえなくなるわけである。

54　さて、ここでようやく、段落18で「その後で主題的に」とされていた、あの夕焼け問題にもどることができることになる。段落51で語ったことは、その本質構造を変えずに以下のように言い換えられるだろう。「他人の見る赤色は見えない」「他人の感じるしょっぱさは感じられない」等々には二重の意味がある。a私にとってそうであるという意味と、b一般的にそうであるという意味と、である。（aの場合は、他人同士のあいだではどうなのかはそもそも問題圏に入っていない。）ところが、この二重性にまた二重の理解があるだろう。①これはいま偶然的に生じている二重性であるという理解と、②これはつねにそうであらざるをえない必然的な二重性であるという理解と、である。（①でありうるのは、私というあり方をしたやつは存在しない場合もありうるからであり、②でありうるのは、そうであってもこの構造はやはり不変であるともいえるからである。）①と②との対立が風間問題である（aとbとのではなく）。とはいえもちろん、a対bと①対②とは同じことを繰り返しているだけだ、と見ることもできる。しかし、それがそのように（どこまでも）繰り返す、ということは重要である。そしてこれらはもちろん、これらのうちのどれが正しいか、といった問題ではなく、どれもがそれぞれの意味で正しくあらざるをえない、という問題である。これはまた、時間にかんしても様相にかんしてもそれぞれに変形されて同型の事態が成り立っているともいえる問題である。いずれにしても、この図式に示されている「同種性」によって、他者たちもみな「現に存在しているという感じ」をもつ主体であらざるをえないこととなり、その結果また、私が生き生きと見ている赤、私が生々しく感じているしょっぱさ等々と「同種的」な赤やしょっぱさを見る主体であらざるをえなくなるわけである。これが人称カテゴリーの成立構造であろう。そのことで赤さやしょっぱさはいわば円や三角形と同等の身分をも持つことになるわけだが、それと同時に「第一人称（the first person＝最初の人）」という一般概念が成立するわけでもある。すなわち、赤やしょっぱさの場合のその同等の身分は、あくまでも人称カテゴリー（という特殊な方策）を介して、その力に与って、成立するわけである。*それは要するに、②におけるaという中間的な地位の介在によって、そのおかげであるといえる。「A系列」という考え方もまた②におけるaという捉え方の一種であろう。すなわち、それらはみな「図式」であるともいえる。しかし、とりわけ人称というこの図式は、「経験」という一般概念の可能性の根拠でもあるから、実体や因果など、もろもろのカテゴリーを語る際にもその前提とされているものだ、と言わざるをえない。

＊　それが円さと赤さとの根源的な違いであるということになるであろう。感覚を皆に対等に分け与えるためには、その段階ですでにしてカテゴリーの介在を必要とするのだ。このことには疑う余地がないと私は思う。しかし、蛇足かもしれないことをさらに付け加えておくなら、通常の統覚の結合（総合）作用においても、これと同型ともいえる時制化（という特殊な方策）がつねにはたらいていることも忘れてはならないだろう。ここにA系列図式が介在しなければ、人称の場合と同様、時間性も平板化してとらえることができないであろうからだ。

55

この章の最後に、カントの図式論の結論ともいえる文を引用しておこう。

かくしてたとえば実体は、持続性という感性的規定が除去されてしまえば、（中略）主語として思考されうる何かあるものという以上の何ものも意味しなくなるだろう。（中略）それゆえカテゴリーが図式を欠くならば、それはたんに概念のための悟性の機能であるだけのものとなり、いかなる対象も表象しないことになる。そのような意義がカテゴリーに与えられるのは感性からなのであって…（以下略）。（A147、B186-7）

これは後の「誤謬推理」の議論を予告するものだが、やはり全面的に正しいとはいえないと思う。図式を欠くカテゴリーがいかなる対象も表象しえないというのは正しいとしても、それは直観の裏打ちを欠いた概念の暴走のようなことではないはずだからだ。それは明らかにカントの誤診である。そこにはたしかに、正当な言語によっては表現できないものがありはするのだが、それはしかし、さまざまな形而上学の源泉でもあるとはいえ、われわれのこの共通世界の成り立ちそのものの内にも深く組み込まれて日々不可欠的に使用されてもいるものでもあるからである。

第6章

原則論について
——観念論論駁のカラクリを中心に

一　最高原則

1　原則論は、カテゴリー論、演繹論、図式論と続いてきた『純粋理性批判』の中核的な議論の結論部に当たる部分ではあるが、それ自体にかんしては、私としては言うべきことはもはや少ないので、カントの議論を紹介して、必要なコメントを加えた後、主としては、第二版において新たに付け加えられた「観念論論駁」の部分について論じたいと思う。

2　まず、その「すべての総合的判断の最高原則」とは次のようなものである。

すべての対象は、可能な経験における直観の多様の総合的統一という必然的な条件に従っている（A158、B197）。

これは、あらゆる対象は経験が可能であるための条件（＝直観の多様の総合的統一）に従って成立する、と言っているのであるから、その核心的なメッセージを視点を変えて表現すれば、

経験一般の可能性の条件が同時に経験の対象の可能性の条件でもある（A158、B197）

ということになる。これを前回の議論と繋げて言い換えれば、次のようなことを言っていることになる。記憶の繋がりこそが「私」の経験というものが成立するための条件なのだが、それは同時にまた、経験の対象が、すなわち客観的に存在する外的世界が、成立するための条件でもあるのだ、と。これはしかし、逆に語ることもできる。経験の対象を成立させる条件はまた可能な経験を成立させる条件でもある、と。両者の「可能性の条件」は相補的なあり方をしているので、両者は相補的に成立せざるをえない、ということだ。* このことについてはもはや解説の必要もないであろう。これこそはカントの最高の洞察であるといえる。しかし、さらにもう一点、是非ともここに補って明記すべきポイントがある。それは最初の「経験」は、デカルト的に不可疑で、唯一的な「私」の経験でなければならない、という点である。すなわち出発点は独在論的な事実に置かれなければならない。でなければ、超越論的探究が開始されねばならない理由そのものがないからだ。その事実から出発したとき、それが持続しうる条件そのものが、その内側から、その経験の対象の、すなわち客観的に存在する外的世界そのものの、成立条件ともなるのである。** つまりここで、すでにして「観念論論駁」が先取りされ

ていると見ることができるわけである。

*　世界が客観的に繋がるためにはそれを経験する私が私として繋がっている必要があるが、私が私として繋がるためには世界が客観的に繋がっている必要があるからである。この超越論的連関は、カントという人がどう言ったかなどとは独立に、もっとザッハリッヒに研究されるべき問題であると思う。

**　纏めて言えば、端的な我あり⇒それが持続するには特定の条件に従っていなければならない⇒その条件は外的な対象の持続の条件でもあらざるをえない。この系列全体がデカルト的に疑いえない「私は存在する」から発している点こそがこの議論のキモである。だからこそこれはまた世にも稀なほどに見事な内在的批判であるともいえるわけである。

3

ここから、カテゴリー表に従って「純粋悟性の諸原則」が導き出される。

量　直観の公理

質　知覚の先取

関係　経験の類推

様相　経験的思考一般の要請

カントは、前二者を「直覚的な確実性」をもつ「数学的原則」と呼び、後二者を「論弁的な確実性」のみをもつ「力学的原則」と呼んで大別するが、もちろん私はこの区別は認めない。これまで論じてきたとおり、量のカテゴリーの原型を類型的個体（出来事個体を含む）の実在に見て、質のカテゴリーの本質を否定に見るかぎり、量と同類なのは（質ではなく）関係であり、質と同類なのは（量ではなく）様相であるからだ。という了解のもとに、それぞれについて一応の解説をおこなっていく。

二　直観の公理

4　まずは「すべての直観は外延量である」という「直観の公理」について。

現象が覚知されうる、いいかえれば経験的意識の中に取り入れられるのは、多様なものの総合によるほかはない。一定の空間あるいは時間の表象はこの総合によって、すなわち同種的なものの合成とそのような多様なもの（同種的なもの）の総合的統一の意識によって産み出される。ところで、直観一般におけるこの多様で同種的なものの意識は、それによって客観の表象がはじめて可能となるかぎり、量（quantum）の概念である。（A162、B202-3）

ポイントは、この総合がすべて同種的なものの総合であるという点にある。だから、量は必ず数でもあるわけだ。同種の（空間的な）物が7個あると数えられるのと同じように、同種の（時間的な）事が7回起こると数えることができ、さらに何らかの単位を任意に定めて、空間的な大きさも時間的な長さも同じものの反復（の回数）として「測る」ことができる（ように世界はできている）のである。*

＊　そのためには、空間的にも時間的にも「物差し」に当たるものが必要となる。空間の場合は問題ないといえるとして、時間の場合には、原初的には各人の脈拍や日の出・日の入りのようなもの、さらには砂時計に類する工夫、が必要だったろう。単位による時間の分割は、空間の場合ほど任意にはできず、すでに実在する何らかの物理現象に頼ってなされざるをえないという問題がある。この問題はここでは追究しないが、じつはこれは時間の外延性を疑わせる問題であるともいえる。われわれは時間の長さの同じさそのものを直観できない。

5　外延量と内包量の本質的な違いは、それが同じものの反復であるかどうかにある。東京スカイツリーの高さは634メートルだが、地面から上方への5メートルと天辺から下方への5メートルとはまったく同じ長さの反復である。どこを取ってもそうであり、単位を変えて尺で測っても同じことがいえる。それゆえ、これらは外延量である。*対して、たとえば熱さは、水で考えたとして、（0度からの）5度と、95度から100度までの5度は同じものの反復だとはいえない。その二つは違う質のものであり、それを同じと見なすには外延量化することが必要となる。通常は水銀等の膨張する物質を介在させ、熱さに応じて膨張するその長さ（外延量）によって熱さを「測る」ことになる。それが温度である。熱さ自体にも量はあるがそれは内包量であり、それ自体としては「測る」ことができない。＊＊ともあれ、あらゆる現象が外延量化可能であるなら、全現象は数学の対象となりうることになる。

＊　物が常に勝手に伸び縮みしているような世界でもそのようなことがいえるのか、と問われるならば、伸び縮みしているとわかるのであればすでにいえているはずだ、となるだろう（こういうことがいえるという点こそがカントの洞察であろう）。とはいえしかし、すべての物が常に好き勝手に伸び縮みしている世界には、それでも外延はあるだろうが、計測可能な外延量があるとはいえないであろう。

＊＊　前段落の注の問題に戻れば、さてでは時間はどうであろうか、となる。また、時間が外延量化可能であること自体は明らかだとしても、それはこの世界における偶然的事実であり、いわばたんにラッキーなことなのだとはいえるだろう。

三　知覚の先取

6　次に、「あらゆる現象において、感覚の対象である実在的なものは内包量、すなわち度をもつ」と表現される「知覚の先取」について。

経験的意識から純粋意識へは、段階的な変化が可能である。経験的意識の実在的なものがまったく消滅すれば、空間時間内の多様なもののたんなる形式的な（ア・プリオリな）意識だけが残るからである。それゆえ逆に、感覚の量を産出していくほうの総合の場合も、感覚の始まりである純粋直観＝0から感覚の任意の量にいたることが可能である。（B208）

経験的意識の実在的なもの（＝感覚）がなくなって純粋直観＝0にいたることを、カントは「否定」と関連づけているが、何かが無になったり無からある量に至ったりするということは、すでに論じたように、カテゴリーとしての否定の問題とはとくに関係がない。また、段階的に無に至ったり無からある量に至ったりすることは、外延量においてもありえないとはいえない（ありうる）ことなので、こちらも感覚の内包量（度）の問題とはとくに関係がない。全体として否定の存在を中核とする判断の質の問題を内包量（度）の問題に結びつけるのは、たんなるこじつけであろう。

7　とはいえ内包量（度）の問題そのものについては、前章の段落30で「後に機会があれば別の連関で考察したい」と言ったあと夕焼け問題の際にもその連関では触れなかった大きな問題が存在するので、一応の問題点だけは提示しておこう。夕焼けの赤さにも塩のしょっぱさにも水の熱さにも、もちろん音の大きさにも痛みの強さ……にも、必ず度がある。カントが言うように、そのことは「先取」されている。しかし、それは何故だろうか。度のない感覚はありえないのだろうか。たとえばウィトゲンシュタインが想定した、公的には描写できない「E」で私的に指される感覚Eもまた、必ず「E度」が強かったり弱かったりするのだろうか。「する」かどうかはわからないが（しないことも可能だと思うが）、「しうる」ことは間違いないだろう。それはアプリオリであろう。もしEに度が想定できないならば、それは「感覚」ではない何かであることになるはずである。*

＊　そのことの内にも、逆に、「E」が私的言語に属する語ではないことが示されているといえる。それは、単一の人間にしか経験されえないにしても、すでにしてわれわれの純粋悟性概念によって「規定され」ているからだ。

8　度の高いところと低いところで同じことが反復しているだけ（熱さや痛みやしょっぱさという同じものの量だけが増えたり減ったりするだけ）ではなく、質的な違いが存在するにもかかわらず、それでもやはりそれらは「熱さ」とか「痛み」とか「しょっぱさ」といった「同じ」ものの「度」ではある、とされるのは何故だろうか。二つの理由があるように思われる。一つは質の変化が漸進的だから、というものだろう。ゆっくりと痛みが強まっていくとき、最初の痛みとそれよりも少し強いだけの痛みとは質的にきわめて似ており、そのように直前とは似た痛みが連続して、激痛に達したとき、それは最初の微痛とは似ても似つかない（質的には同種で度だけが強いとは思えない）ようなものに変じている、ということは起こりうることだ。熱さについてなら、なおさらこれはいえることだろう（冷たいとか寒いとかに変じるからだ）。もう一つはやはり、感覚そのものという第0次内包には客観的な基準となる第一次内包（のもつ外延量）が必ず先行しており、そちらには客観的に明白な同一性がある、という理由であろう。痛みなら外的損傷（の程度）とか、熱さなら火への近さ（の程度）といったことである。第一次内包（外延量をもつ）との繋がりはやはり重要で、しかもそこには間違いなく因果連関（これについてはすぐ後に論じる）も認められるので、それは強力な支えとなるだろう。

しかし、ここであえて逆方向のことを付言しておくなら、これらの考慮点にもかかわらず、そもそも度（内包量）というものの存在を懐疑する議論があってもおかしくはない、と私は思っている。

9　度（内包量）にはさらに、それが他者のそれとけっして比較対照できない、という大問題がある。ここでまたわれわれは、いやおうなしに独在性の問題に直面することになる。痛く感じても、熱く感じても、しょっぱく感じても、あるいは赤く見えても、もしそういう経験が現に起こっているのなら、それを経験しているのは必ず私である。度の違いもまた、自分自身のうちでは比較できる（記憶によって！）が、他人と比較することだけはけっしてできない。そしてこのことには、前章段落51で指摘したように、じつは二層の異なる（しかし見方によっては同じであるともいえる）意味があるのであった。* すなわち、度（内包量）の概念もまた、人称カテゴリーに依拠してはじめて成り立つ、といわざるをえないのである。第一人称という図式を適用するのでなければ、「度」という、だれもに共通に妥当する一般者が存在するなどとは、とうてい認めがたいはずだからである。他人にも度があると認める理由には、もちろん第一次内包の介在によるところも大きくはあろうが、根源的には人称カテゴリーのはたらきによるほかはないであろう。それゆえに当然、ここでもまた懐疑論的な問題提起をすることがどこまでもできるのではあるが、** その場合にも最大の問題は、その問題提起それ自体がすでに人称カテゴリーがはたらいた後の形で（そこにおいて提起された問題として）理解されてしまい、懐疑をもたらす最深の根拠が初発から飛び越されて（別の問題が問われて）しまう、という点にあるのだ。その根底に存在している問題そのものは、提起不可能というわけではないにもかかわらず、ほぼ問われずに終わる運命にあるわけである。

＊　段落51の「さらに重要なことは、それと同時に（なんと同時に！）それと同型のことが、他の私とその私にとっての他者たちのあいだにも起きているということが併せて言われてもいる」という箇所。（いま読みかえすと、この段落のこの引用以降は、極めて重要な問題が極めて圧縮して語られているので、是非とも注意深く読んでいただきたいと思う。）

＊＊　クオリアの逆転やさらに欠如がありうるなら、度の逆転やさらに欠如もありうる（すなわち「度ゾンビ」も想定可能である）はずだろう。とはいえるのだが、その問題に肯定的に答えるか否定的に答えるか以前に、その問題提起それ自体がすでにして前注＊の「併せて言われてもいる」ことのほうで（すなわち「……他の私とその私にとっての他者たちのあいだにも……」のほうで）理解されてしまう、という問題がそこにつねに伴うわけである。ここでもそれこそが問題の根源であろう。

四　経験の類推

10　「後に機会があれば別の連関で考察したい」と言ったことの「一応の問題点だけ」は提示できたと思うので、「知覚の先取」についてはこの程度にして、次には、原則論の中心であると目される「経験の類推」へ移ろう。これは「関係」のカテゴリーに対応しているので、順番に、実体持続の原則、因果法則に従う時間継起の原則、相互作用法則に従う同時存在の原則、が論じられることになる。つづめていえば、持続、継起、同時存在、である。これらに共通の原理は、第一版によれば、

> すべての現象は、その現存在にかんして、時間におけるそれらの相互関係を規定する諸規則にアプリオリに従う（Ａ１７７）

であり、第二版によれば、

> 経験は諸知覚の必然的な結合の表象によってのみ可能である。（Ｂ２１８）

である。後者は、個々の現象によってではなく、それらが法則的に結合されることによって初めて、経験が成立する、と言っており、前者は、経験の成立条件についてではなく、現象の現存在について、ほぼ同じことが主張されている、と読める。だから、二つを繋げると、客観的世界の成立と主観的経験の成立とは表裏一体の関係にあること、あるいは（より過激に表現すれば）同じ一つの事態であること、が示唆されているといえる。すぐに続けて、次のようにも表現されている。

> 経験は諸知覚の総合ではあるが、この総合自身は知覚の内には含まれておらず、むしろ知覚の多様なものの総合的統一を一つの意識において含んでいるのである。この総合的統一こそが感官（感覚能力）による客体の認識の本質的なものを成しており、すなわち経験（たんに直観あるいは感官の感覚ではなく）の本質的なものを成しているのである。（Ｂ２１８-９）

ここでは、「感官による客体の認識の本質的なもの」が「経験の本質的なもの」と言い換えられ、「この総合的統一」こそがそれらの「本質的なものを成す」とされている。客観的な事象の認識こそが一つの経験を初めて成立させ、またその逆でもあるからである。

11　ところでカントは、この経験の類推は、直観の公理や知覚の先取とは違って、構成的ではなく統制的だと言う。その根拠と目される箇所を引用しよう。

これらの原則には特殊な点がある。現象やその経験的直観の総合を考慮するのではなく、現象のたんに現存在を、だからこの現存在にかんするそれらの諸現象の相互関係を、考慮するにすぎない、という点である。（中略）しかし、現象の現存在はアプリオリには認識されえない。われわれがこの方法によって何らかの現存在を推論するにいたることができたとしても、それの現存在を確定的に認識することはできない。いいかえれば、この現存在の経験的直観がそれによって他の経験的直観から区別されるところのものを先取することはできない。（A178、B220-1）

ここでカントは偶然ということを容認しているように読める。私自身は、世界がほぼつねに一定の大きさを保ちがちな区切れた類型的な物体から成り立っていることも、時間の経過がそういう物体の類型的な変化や運動によって外延化されて計測可能であることも、……、偶然的だと思うが、カントにおいては、この「経験の類推」の段階ではじめて偶然性が介入してくる（というかむしろ少なくともここでは偶然性が成立する）と言っているように私には読める。これはつまり、予測したり推定したりはできるが、公理や先取の場合とは違って、予め知ることはできない、ということであろう。とはいえしかし、起こった後からはそれがいかなる原則に従っていたのかは必ず類推できるようになっている（そういうことしか起こりえない）、ということであると思われる。* それゆえに、構成的ではなく統制的である、と。

＊　いいかえれば、何が可能であるかは起こる前からわかっているが、何が現実であるかまではわからない（そこまで先取はされない）ということである。故に偶然である、と。

12　さて、第一の類推は「実体持続の原則」である。それは、第一版によれば、

　すべての現象は、対象そのものである持続的なもの（実体）と、それのたんなる規定であり、対象が現実に存在する仕方である、移り変わるものとを、含んでいる。（Ａ１８２）

であり、

第二版によれば、

現象のあらゆる移り変わりに際して、実体は持続し、自然における実体の量は増減しない。（B224）

である。これはつまり、移り変わるということが可能であるためには何かしら移り変わらないものがその背景として前提されていなければならない、ということである。もし持続する何ものもなく、文字どおりすべてが変化したなら、変化前と変化後の比較ということも成り立たないだろうから、変化したとはけっしてわからないだろう。ここまでは、まあ、あたりまえのことだともいえよう。では、それでも本当は（＝だれにも知られずに）そういう全面的変化が起こっている、ということは可能であろうか。カント的ワーディングで語るなら、物自体として捉えれば、そのようなことが起こっているという可能性を考えることもできなくないだろうが、われわれの知りうる範囲においては、そうした全面的な変化は（知りうる可能性がないという意味で）考えられもしない、ということになるだろう。*

＊　カント的ワーディングで語り続けるなら、それを考えられることと見なす（それゆえ考えてしまう）のが「形而上学」であることになる。

13　しかし、それでもここにはやはりいくつかの問題がありはするだろう。前章で（早まって？）かなり詳述した問題ではあるが、ここで「持続的（beharrlich）」といわれている、〈それについてはもはや変わるということ自体が想定できないもの〉とはいったい何か、という問題がある。カントの議論は本質的に正しいと思うが、その議論にもやはりより細部があるだろうし、また、持続性・不変性が要請されるという点だけを捉えれば、それはいわゆる「実体」にだけ要請されるわけでもないであろう。前章でかなり詳述してしまった記憶についての議論が正しいとしても、明らかにそれだけでは足りない。この〈常に変わらぬ〉とされざるをえないものにも層があるのではないか、すなわち重層的なのではないか、と私は思う。記憶の層はたしかに最深であるともいえるが、それでも一方には、それが成り立つためにも必要であるとされた自然の問題（突き詰めればいわゆる「自然の斉一性」の問題にいたる）が存在しており、そして他方には、やはりそれが成り立つためにも必要とされるはずの、「渡り台詞」が可能な側の意味の持続性という問題が存在するだろう。後者は、カント的枠組みの内では、カテゴリーの常に変わらなさという問題を含みかつそれを根幹とすることになるだろう。

14　まずは前者にかんして、思いつくことをいくつか提示してみよう。時計で時間を測るということについて考えてみる。それができる以上、文字盤上の針の動き自体は〈常に変わらぬ〉ものと見なされざるをえないだろう。そうでないと、他の動きや変化をそれによって測るということが成り立たないからである。だからそれは〈それについてはもはや変わるということ自体が想定できないもの〉とされざるをえない。時計だって遅れたり進んだりするではないか、といわれるかもしれないが、そうではない。その遅れや進みもまた必ず別の何らかの「時計」によって測られてそう認定されるほかはなく、その背進はどこかで終結せざるをえないからである。地球の自転であろうとセシウム原子の周波数であろうと、その「時計」の（すなわちそれが時計と見なされた場合の）その変動そのものは必然的に〈常に変わらぬ〉〈一律の〉ものとされざるをえない。他のすべての変化がそれによって測られる以上は。*

＊　ひょっとすると、この期に及んでもなお、現実に〈常に変わらぬ〉〈一律の〉ものである必要はないのか、と問いたくなる人がいるかもしれない。カント用語に翻訳すれば、それは物自体においても、という意味になる。すると答えは、そのようなことは原理的に知りえない、となるであろう。視点を変えてそれをさらに翻訳すれば、そのような「現実」なるものはそもそも存在しない、ともなるだろう。

時間の場合だけでなく、空間の場合にも、じつは同じことがいえる。外延量が一定であるといえるためには、物差しは伸び縮みしない（少なくとも伸び縮みしない物差しが存在する）ことが前提となるだろう。*何がそれであるかは、原理的に任意に決めればよいのだともいえるが、現実問題としては、幸いにしてわれわれのこの世界には、同様に大きさが（したがって部分の長さが）ほとんど変わることのない、その意味で物差しにふさわしい物がかなりたくさんある。たとえば同じ長さの木片は、たいていの場合、しばらく経ってもその同じ長さのままである。だから、それらを使って別の物や長さの変わる物を一律に「測る」ことができる。とはいえ、世界にそのような長さのほとんど変わらぬ物がたくさんあること自体は、この世界のもつ偶然的特徴にすぎない。そんな物が一つもない世界もありえたしありうるだろう。そのような世界にも、長さというものはやはり存在するのかと問われるなら、その答えは、この世界で概念形成をしたわれわれにはその世界もまたそのように現象せざるをえない、というものであろう。その意味で、われわれのこの捉え方はアプリオリであるといえる。こういう点もまた、この解釈がカントの意に沿うかどうかは別として、カント哲学の比類なき（そしていかなる風雪にも耐えうる）洞察であると私は思う。**

* もちろんすべての物が一律に伸びれば問題ないが。それはそもそも（まさに測る物差しがないがゆえに）伸びたとはいえない＝伸びていない。それはまさにここで論じている問題そのものである。

** すなわちカント哲学は、それのみが諸々の観念論を論駁しうるような最終的で絶対的な観念論、であると同時に、それのみが諸々の相対主義を論駁しうるような最終的で絶対的な相対主義、でもあるわけである。

16　もちろん、時間の場合も同じことがいえる。幸いにしてわれわれのこの世界には、他の周期的変化との比が常に一定であるような複数の周期的変化が、その意味で時計にふさわしい動きが、存在している。人類の目から明白だったのはおそらく地球の自転と公転に由来するものであっただろうが、その他にも砂時計に類するものとの（また複数の砂時計のあいだの）恒常的な等比的関係性（夜明けから次の夜明けまでのあいだにある砂時計の砂は33回往復する等々）も比較的簡単に発見されえたであろう。まさにその恒常的等比性のゆえに、それらはそれ自身も常に一定の周期的変化（運動）をしていると見なされたにちがいない。* この場合も、そういう恒常的等比性がまったくなく、ばらばらである世界もありうるだろう（夏至から次の夏至までの周期が8日だったり2931日だったり、等々）から、もしそうであったらそもそも時間が測れるかどうか、測れるとしてもそもそも時間を測るということに意味があるかどうかを考えてみるのは興味深い。

＊　それゆえに、空間の場合と同様、その恒常的等比性はすべて維持したまま、それら自身の「常に一定」の周期的変化（運動）だけが以前と変化したとしても、空間の場合に「すべての物が一律に伸びれば」問題がなかったように、やはり問題はない。その「変化」は（今回もやはり測る時計がないがゆえに）変化とはいえない＝変化していない。とはいえ、空間の場合にも時間の場合にも、このような想定が有意味であるように見えることにもまた重要な意味があると私は思うが（物差しもまた世界内の物体である以上は伸びうる――場合によっては一律に――という事実は否定しがたいからだ）。

17　世界の側のこの恒常性は、前章の段落43で想定したような、だれかと身体を交換した自分が、そのもつ記憶を自分の記憶として確証する（したがって私はいついつ誰々と身体を交換したと認定する）ためにさえも不可欠であろう。身体交換というような常軌を逸した一種の非実在論的な想定を有意味におこなうためにさえ、このような実在論的な前提が不可欠なのである。これがすなわち実体持続の原則であり、このような解釈がカントの意に沿うかどうかは別として、ここにもまたカント哲学の比類なき（そしていかなる風雪にも耐えうる）洞察が認められると私には思われる。

18　さて、もう一つは、段落13で「そして他方には、やはりそれが成り立つためにも必要とされるはずの、「渡り台詞」が可能な側の意味の持続性という問題が存在する」として予示された「意味の持続性」の問題である。渡り台詞が可能であるとは、必ずしも単一の主体によって持続的に発言される必要がない、そういう種類の統一性を必要とはしない、たんなる意味的な繋がりのことである。カテゴリーを文法ととれば、それはカテゴリーの不変性も含むとはいえ、より単純に語の意味の変わらなさのようなことを考えてもらったほうがここでの趣旨は通じやすい。何らかの変化を描写する際に、描写する言葉の意味の側が変化してしまえば、変化を描写することはできない。だから、ここでもまた、そちらの側の不変性は前提されねばならない。これを「意味の持続の原則」と呼ぼう。これもまた、おそらくはデカルトとカントがともに見落とした問題である。「私は思う、ゆえに私はある」と考えるあいだに、「私」や「思う」や「ゆえに」や「ある」の、語としての意味が変わってしまうという可能性を、デカルトはその全般的（なはずの）懐疑において考慮に入れなかったし、カントはその可能性を防御するための超越論的な「原則」を立てようとしなかった。しかし、ここにこそ存在論的な「実体の持続の原則」の意味論的な対応者ともいえる「意味の持続の原則」が立てられてしかるべきであった。*

* クリプキが解釈するところのウィトゲンシュタインが、これを初めて問題として提起した。カント的原則の見地からそれを論駁するとすれば、「tableという語の意味がエッフェル塔においてだけchairの意味に変わることはありえない。そう想定するためにも、まさにその想定そのものにおいて、その二つの語の意味の持続的な不変性がすでにして前提されているからである」のようになるであろ

う。この原則もまた、そこから逃れるすべはやはりないと思われる。

19　意味の持続の原則は、渡り台詞可能なほうの（nanchatteble なほうの）意味それ自体の持続の問題なので、統一の成立においてではなく総合の成立の段階においてすでに、意識の文的なあり方の基礎の成立を支えることになる。それゆえ、記憶の成立にはこちらもまた根源的に前提されざるをえない（渡り台詞可能な同一的意味の存在に支えられて渡らぬ台詞もまた可能になるからだ）。つまり、カント哲学にもし観念論の論駁が可能であるならば、それはまた同時に「ウィトゲンシュタインのパラドクス」の論駁も可能であらねばならない、ということになる。経験の可能性の条件はまさにその二つによって両側から支えられざるをえないからである。*

＊　ときに、それでも語の意味だって変わるではないか、というような反論をする人がいるが、そういう問題ではない。そのように変わったと認定できるためにも、つねに必ず何らかの変わらない意味の持続性が前提されざるをえないという種類の、これは問題なのである。

20　実体の持続にかんする議論の最後に一か所だけ引用してコメントしておこう。

もし時間そのものに継起的な生起を与えようとするなら、その生起がその内で可能となるようなもう一つの時間を考えなければならなくなるだろう。（A183、B226）

しかし、A系列的な時間を考える場合には、これは避けられない。そして、A系列的な時間を考えるとは、現在（今）という特異点が存在しており、それは動き、さらにそのことに累進構造がある、と考えることだとすれば、そのように考えることもまた避けられない。だから、時間のこの種の二重化（⇒多重化）は避けられないのだ。なぜなら、複数の出来事A、B、C、D、……、が次々と起こるとはつまり、出来事系列A、B、C、D、……上を現在（今）が動いていく、ということだからである。この二つの言い方は同じことの別の表現の仕方にすぎない。次々と起こるとはつまり、次々と現在になり過去になっていく、ということだからだ。しかし、そうだとすると、次々となっていくその現在に、現在はどの出来事がなっているのか、という問いが避けられないだろう。現在はCがそれになっている、というように（「それ」のほうも「現在」なのに！）。A、B、C、D、……上を移動していく、一般的な性質（あり方）としての「現在」のほかに、その移動する「現在」は今はどこに来ているか（すなわちどの出来事が現に起きているのか）という意味での「現実の現在」が考えられざるをえないのである。すなわち「もう一つの時間」を考えざるをえないのだ。

21　A、B、C、D、……上を移動していくその一般的な性質（あり方）とは、それしかない時というあり方であり、A、B、C、D、……たちは次々とそのあり方になっていく、と考えられているわけである。しかし、そんなことが考えられうるのも、その次々の中に一点だけ、現にそれしかない時が存在するからである。その現にそれしかない時から「現に」性を取り除くかまたは一般化して概念としてだけ残すという操作を施すことによって、A系列という概念が作られることになる。人称においてA系列にあたるのは一般的な第一人称である。思い出されている過去やそれについての予定を立てている未来にあたるのが第二人称である。それらのこと(思い出す行為や予定を立てる行為、等々)の全体をそれら自体の外から眺める視点が第三人称にあたる。第三人称はB系列である。B系列によって整序されなければ(すなわちカレンダーに類するものやことがなければ)、思い出すことや予定を立てることもそれとしてはできず、カントが引用文に続けて言っている時間を量的に測るといったこともできないであろう。B系列には、変わらずに持続するものが存在し、A系列にはそれが存在しない、からである。

22　とはいえ、A系列という発想そのものはB系列の存在を前提にしなければ不可能であっただろうから、その意味ではやはりそこにも持続する不変の何かは前提されている、とはいえるはずだ。それと同様に人称においても、第三人称の視点が確保されなければ、第一人称などという発想は成り立ちようもなかったであろうから、そこにも人称的に平板なあり方が前提されているはずである。それら(第一人称とA系列)は、形而上学的存在ともいえる「現に」性とそれを無化する客観的な視点とを媒介するものだが、むしろその媒介こそが客観性(第三人称とB系列)を可能ならしめている、と見ることもできるのである。この媒介のはたらきこそが本来の「図式」ではあるまいか。そもそも経験とかその前提となる感性といった(一般的な)ものは、この図式の上に初めて成り立つものだ、と考えるべきだと思う。なぜなら、現に明々白々にそうなっているではないか!

23　第二の類推に移ろう。それは「因果性の法則に従った時間継起の原則」であり、「あらゆる変化は原因と結果の結合の法則に従って生起する」(B232)というものである。これは結局、客観的な外的世界と主観的な表象世界との区別がありうるためには、持続するものが存在しなければならなかったのと同様に、いつもどおり因果的に変化するということも存在せざるをえない、ということであるようだ。

たんなる知覚によってでは互いに継起する諸現象の客観的関係は未規定にとどまる。このような客観的関係が規定されたものとして認識されるためには、その二つの状態のあいだの関係が思考されねばならない。その思考によって、どちらが先行しどちらが後続しなければならず、その逆であってはならないかが、必然的なこととして規定される。しかし、総合的統一の必然性をともなう概念たりうるのは純粋悟性概念だけであり、それは知覚の内にはない。それはこの場合には原因と結果の関係の概念なのである。原因は結果を時間において後続するものとして規定し、たんなる構想作用の内で先行する（あるいはどこにも知覚されない）かもしれないような何かとしては規定しない。このように、われわれが諸現象の継起を、したがってすべての変化を、因果性の法則に従わせることによってのみ、経験さえも、すなわち諸現象の経験的認識さえも、可能となるのである。したがって諸現象そのものもまた、経験の対象としては、まさしくこの法則に従うことによってのみ可能となるのである。（B２３４）

しかし、そもそも「原因と結果の関係の概念」がそのような（客観性を作り出す）力をもつのは何故であろうか。たしかに「原因は結果を時間において後続するものとして規定し、たんなる構想作用の内で先行する（あるいはどこにも知覚されない）かもしれないような何かとしては規定しない」とはいえようが、それはしかし、その「原因と結果の関係の概念」がそう言っているというだけのことではないのか（ちょうど道徳規範がその普遍妥当性を自分では主張しているように）。この概念に従っていることが現実に事実であると信じるべき理由はどこにあるだろうか。それは、このような規則が始めから言語化されており、したがって他者たちとの共有が確認ずみだから、でしかありえないように思える。もちろん、一人であっても「原因と結果の関係の概念」は繰り返し体験することによって私的に検証することが可能ではあるが、その場合、すでに論じた記憶の正しさとの相補性の問題は究極的には決着がつけがたいことになるだろう。これに対して、そこに言語的意味を介して他者が参入してくれば、それはほぼ決定的な結着を与える力をもちうるであろう。もちろんその場合こんどは、その言語的意味の同一性の側が、客観的な因果連関や個人の記憶への信頼を逆に前提せざるをえない、という循環の輪が広がるだけである、ともいえるのではあるが。ともあれ、「原因と結果の関係の概念」がカントの言うほどそれ単独で絶対的な力を持つと信じるべき理由はないと思う。

24　以下の有名な一節を手掛かりに、客観性を作り出すために必要であると思われるもう一つの事項を、さらに付け加えておきたい。

私が一艘の船が流れを下っていくのを見ているとする。私が下流におけるこの船の位置についてもつ知覚は、上流におけるその船の位置の知覚に後続し、この現象の把捉においては、その船がまず下流に、後に上流に知覚されるというようなことはありえない。（A192、B237）

カントはこれを、自分が視線を移して見ていく「家屋」の知覚と対比して、「把捉の主観的継起は諸現象の客観的な継起から導き出されねばならない」という結論を出している。この議論の詳細を追うことはしない（それは基本的には正しいと思う）が、ここにはカントが論じていない論点もまた介在せざるをえないように思われるので、そのことに触れておきたい。どちらが客観的（対象そのものの変化）でどちらが主観的（対象の見え方の変化）であるかは、いきなり因果法則を持ち込んで識別されるわけではないだろう。この例においては、自分が視野を動かして視野を変えているということを知っているという要因が介在せざるをえないと思われる。すなわち、ここに「自分が……する」という自由意志の契機が介在し、それとの相関関係をつかんでいなければ、船はそれ自体が動いているが家屋はその見え方が変わっているだけ（それ自体は変化していない）という区別はつけられないのではなかろうか。この知は因果連関の知に先行せざるをえないように思われる。視線が向かう方向を変えることに類する自由意志の発揮が介在しうるのは、他には触覚だけであろうが、そのような自由意志の介在が想定できない聴覚や嗅覚のような場合には、たとえば正常な外界知覚と幻聴や幻臭との区別は（自由意志によるテストが効かないため）因果法則に従うか否かによるカント的な識別方法をいきなり導入するほかはないように思われる。* しかし、視覚と触覚は、こちらから働きかけて調べるということによって、因果法則的把握に先立って主観的ではない客観的な実態を知るということができ、それに基づいて因果的な規則性の実在を検証することもはじめて可能になるのではなかろうか。逆から言えば、まさにこの連関でこそ自由意志なるものの実在性が前提されるように思われる。**

＊　周囲にだれもいなければ、それしかないのではなかろうか。しかし、周囲に他人がいればその意見を聞いてみる、などといったこともできる。とはいえ、他人がいてもいなくても、そしていなければことのほか、自分の記憶への信頼は基礎的に絶対的であるだろう。しかし、それと並んで、知覚の側を意志的に変えられること、それゆえに自然に起こる変化と自分が起こす（目を向ける方向を変える等々の）変化とを区別できること、もまた不可欠な役割を果たすと思われる。

＊＊　外界の存在のためには、それが自由意志が及ばない領域であると同時に、自由意志を働かせることによってそのことが確かめられる、ということが重要であろう。こちらが視線を動かすことが（目をつぶることなども）でき、それに相関的な変化とそれによっては変えられない変化とがあることを直観できなければ、客観的な因果性の存在を信じる基礎が築けないように思われる。客観的世界の構築のためには、こちら側に存在する自由意志は初発に不可欠であったはずだが、この自由は、これまで「哲学探究」シリーズなどで何度も論じてきた〈私〉の存在の「第一基準」の一部であったことも、ここで思い出していただきたい（第４章段落８でもこの「第一基準」が参照されているが、そこでは「自由」については省略されている）。すなわち、〈私〉とはただひとり「現実にその身体を（内側から）動かせる」人間のことでもあり、あらざるをえないのだ。＊後に、物理的世界の理解が進み、この自由感もまた物理的因果性の一部であることが明らかになったとしても、そうしたすべては最初のこの自由を基盤として作り上げられた世界像の内部における一エピソードにすぎない、という事実は忘れられてはならないだろう。その種の矛盾もまた、われわれの世界は不可避的に内在させ続けるであろう。

（注＊＊の中の注内注＊　すると視野というものは第一基準を二重に満たすことになる。何であれ何かが現に見えていれば、それは必ず私の視野である。自由に動かせなくても（目をつぶるということもできなくても）。そのうえ動かせもするという二重性である。この複合の意味するところは大きい。ここで詳述することはできないが、カテゴリーとしての第一人称の成立にはこの事実もまた大きく寄与したにちがいない。ついでにひとこと注意を喚起しておくなら、自由のほうは欠けている状態で自分の視野と外界とを区別することはかなり難しい仕事になるように思われるが、他人の視野との区別のほうはそうでもないはずである。他人の視野というものがもつ超越性は、自由と相関的に作り出せるような種類のものとは違う種類のものだからである。議論が逸れすぎるのでこれ以上は論じないが、ここにタテ問題とヨコ問題との違いを読み取っていただけるとありがたい。ヨコ問題は基本的にすべて様相的問題なので、他人の視野の存在とは結局のところ可能性という問題に含まれざるをえない。）

25　第二類推は因果性に対するヒュームの懐疑論に対する反論でもあるわけだが、私の観点からそのポイントを要約するなら、それはこうなるだろう。もし因果的連関が客観的に実在することを前提しないなら、そもそも「経験」そのものが成立せず、したがって〈私〉は持続的に存在することができず、それゆえに客観的世界というものも成立しがたい、と。これは、因果という限定を少し緩めて、ものごとの類型的な生起ととれば、文字どおりに真理であると言わざるをえないと私は思う。この議論自体には決定的な重要性があると思うが、他者の存在（すなわち自他の違いの存在）の根拠を不問に付している点において、そしてこの議論の延長線上にそれを解決できる見込みがない点において、控えめに言っても十分なものとは言い難いと思われる。＊

＊　控えめにではなく言えば、本質的には役に立たない、と。

五　観念論論駁（その1　観念論は論駁されているか？）

26　第三類推は省略して「経験的思考一般の要請」に移ろう。要請は、次の第一要請から第三要請までの三つである。

1、経験の形式的な条件（直観および概念にかんして）と合致するものは可能的である。

2、経験の実質的な条件（感覚）と繋がっているものは現実的である。

3、現実的なものとの繋がりが経験の普遍的な条件に従って規定されているものは必然的である（必然的に現実存在する）。（A218、B265-6）

これら自体は第一版でも第二版でも改変が加えられていないが、第二版においては、第二要請の後（第三要請の前）の箇所に「観念論論駁」という項目が新たに挿入され、新たな議論が付加されることとなった。三つの要請は一読しただけでも、その意味は明瞭と思われるので、ここではそれぞれの解説や論評はあえておこなわずに、いきなり「観念論論駁」についての議論に入ろうと思う。

27　観念論論駁は、論駁されるべき観念論というものの説明と、定理という形をとったこれから証明すべきことの提示と、その証明と、その証明にかんする三つの注解からなる。その順番に辿っていこう。まず、論駁されるべき観念論は、カントが「蓋然的観念論」と呼ぶものであり、それは「われわれの外なる空間における諸対象の現存在をたんに疑わしく証明されないものとだけ説く」（カントによれば）デカルト的な観念論である。この「たんに……だけ説く」は「誤謬であり存在不可能と説く」バークリ的な観念論との対比でそう表現されている。いわば慎ましい観念論である。当然のことながら、慎ましい主張を論駁するほうが、論駁としては強い論駁である。そんな慎ましいことさえ言えないのだ、とカントは言うのだ。外界は存在せざるをえないのだ、と。*

* しかし、この強さ、この「ざるをえない」に、観念論の臭いを嗅ぎつける嗅覚の鋭い人もいるであろう。外界の実在は、カントにおいては、経験的事実ではない。だから、以下の議論を読みながら、そういう夢を見ている、そう悪霊に欺かれて思わされている、ということはなぜありえないといえるのか、と問い続けることはどこまでもできる（ようにそれはできている）。

28　その「定理」は以下のようなものである。

私自身が現に存在しているという、たんなる、しかし経験的に規定された意識は、私の外なる空

間に諸対象が現に存在していることを証明する。(B275)

その「証明」は以下のようなものである。

> 私は私が現に存在しているということを時間において規定されたものとして意識している。すべての時間規定は、知覚における何か持続的なものを前提する。しかし、このような持続的なものは、私の内なる直観ではありえない。なぜなら、私の現存在を規定するすべての根拠は、それが私の内に見出されうるのなら、表象であり、表象である以上、表象とは区別される何か持続的なものをそれ自身が必要とし、そのような持続的なものとの連関において、表象の変移が、したがって表象がそこにおいて変移する時間における私の現存在が、規定されうるからである。それゆえ、この持続的なものの知覚は私の外なる物によってのみ可能なのであって、私の外なる物のたんなる表象によっては不可能である。したがって、時間において私の現存在が規定されるということは、私が私の外に知覚する現実の物の現存在によってのみ可能となる。(B275-6、ただし真ん中の第三文、第四文は第二版の序文XXXIXにおける改訂に基づく。)

長いのでこのあとの二文は省略するが、さらにその後の最後の結論文は「私は存在するという意識は、同時に、そのままで直接的に、私の外に他の物が存在するという意識でもある」である。

29 そうするとこの証明は、「私は存在する」という自己確証が、じつは同時に「私の外の事物も存在する」を含んでいざるをえないのだ、ということとの証明であるということになるだろう。しかしここで、かりにこの証明そのものは成功しているとして、それは本当に観念論の論駁になりえているだろうかという素朴な疑問を、多少とも思考力のある者ならだれでも、思い浮かべざるをえないのではなかろうか。いまかりに、本当は私だけが存在している、というケースを考えてみよう。私の外の世界は本当はなく、すべては私の表象である、という状況である。カントによれば、私が存在するためには外界の事物も一緒に存在せざるをえないのだから、すなわち「私」というものはそういう仕組みになっており、そういうふうにしか存在できないのだから、ただそれゆえに、この場合にもやはり外界の事物は存在せざるをえない、ということになるだろう。カントはそう言っている（あるいは造り）ことになるだろう。そしてまた、そう言っているのでなければ、この証明はデカルト的な懐疑論に対する決定的な論駁とはなりえないだろう。どれほどデカルト的に懐疑してみても、まさにその懐疑の現場において、懐疑するその「私」は、すでにして外界の実在にコミットしてしまっている、してしまっていざるをえないように出来ているのだ、とそれは言っており、まさにそれだからこそこの証明はデカルト的な懐疑に対する決定的な論駁たりえている（と解釈しうる）からである。本当はどうであるかとは無関係に、ということこそがその論駁のキモであろう。*もう一歩突っ込んで言ってしまえば、そういう本当さはじつは、この証明が確認しているような（すなわちこれまで演繹論や図式論などで論じられてきたような）仕組みによって作り出されるものにすぎないからだ、とカントは言っていることになるだろう。そうでなければ決定的な論駁はできないだろう。このような議論の仕方こそが「超越論的」と形容されるにふさわしいやり方である。そういう意味において、この論駁は真に決定的なのである。

＊　デカルト的懐疑の帰趨を待たずして、それには関係なく、すでにして、外界の事物の存在が確証されてしまう、という点がこの議論のキモである。いいかえれば、外界の事物が存在するかどうかわからない場合にも、すでにしてその思考の内で、それは存在することになってしまうのである。（ゆえに疑念は、それならばそれは、その思考の内でのみ、ということにならないか？　にある。）

30　ところでしかし、われわれの想定は、現実には私（私の意識、私の表象、……）しか存在しない場合、という想定であった。その「私」が、その真実を察知してか、正しくもデカルト的な懐疑を実践している、というケースであった。カントによれば、その「私」が、因果連関が実在しているかのように見える外界の存在や、実体が持続しているかのように思える過去の存在などにかんして、正しく、すなわち言語の正しい文法に従って、一定の時間をかけて、懐疑できるのであれば、まさにそのことによって、それらの外界や過去などは実在することにならざるをえない、ということになる。それはすなわち、本当は外界が存在していない場合でも、唯一者であるその「私」が、少なくともデカルト的な懐疑ができる程度には正気で、時間的に持続していると感じ、ごくふつうに外的世界を表象していると思えてさえいれば、そのことによって外界は空間的にも時間的にも実在することにならざるをえない、ということであろう。これは、思考というものは必然的に「（現実的な）外界の事物」という観念を取り込んで成り立っている、と言っているだけで、それが本当に思考の外にあるかどうかは（思考の内なる「思考の外」観念を超えては）決してわからない、*とも（暗に）言っていることになり、まさにそれだからこそ（そこはわからなくてよいからこそ）デカルト批判として完璧に有効にはたらきうることになるわけである。

* すなわち、彼もまたデカルトと同様、（しかし思考の成立条件の内に外界の事物への参照という要素を不可欠のものとして取り込んだ一段階高い水準の）蓋然的観念論者として、そこはやはり「たんに疑わしく証明されない」と説いていることになる。

31　ここで私はカントを批判しているように見えるかもしれない。「観念論論駁」というタイトルが名が体を表していないという点にかんしては、たしかにそうもいえるが、しかし、カントのこの議論自体は、非常に素晴らしいものであると思っている。とはいえ、少なくともそれは、「私」やその「思考」のあり方の仕組みにかんする議論であって、そもそも観念論 vs.実在論をめぐる議論でありえてはいない、とはいわざるをえないであろう。たとえば落語なら、横町のご隠居さんか誰かから、このカント的な説明を受けた熊さんだか八っつぁんだかは恐らく、こう問い返すに違いない。「なるほど、そういう仕組みになっていることはよーくわかった。たしかに、おれ自身もそうなっているようだ。ところで、おれ自身もそれが実在すると前提せざるをえないように出来ているその外界の事物たちは本当に実在するのかい？　それとも、おれ自身がこんなふうに存在するためには、それも実在すると前提せざるをえないというだけのことなのかい？」と。この問いは正鵠を射えており、ご隠居がどう誤魔化そうと、答えがじつは「おれ自身がこんなふうに存在するためには、それも実在すると前提せざるをえないというだけのこと」であることははっきりしている。＊ その外のことは、やはり「疑わしく証明されない」ことなのである。

＊ ときに「観念論論駁」というこの項目の設定に際してカントが仕掛けたトリックに見事に引っ掛かって、その最大の問題点を見逃してしまい、彼のここでの議論を無意識のうちにか「デカルト的懐疑にもかかわらず……」とか「どんなに懐疑してみても、その場合でさえも……」のように読んでしまう純朴な方も多いように見受けられるが、カントはここでじつはむしろ「デカルト的懐疑のおかげで……」とか「そんなふうに懐疑してさえもらえれば、その場合には……」と（暗に）言ってしまっていることは決して見逃してはならない。すなわち、この証明は（つまりこの場合、超越論哲学は、ということになるが）、経験的観念論に対する返し技としてはきわめて有効（どころか無敵）なのだが、じつのところは単独では何のはたらきももたないのだ。とはいえ、この指摘に納得すると、今度は、またしてもあまりにも従順に、だからカントのこの議論は駄目なのだ、と思ってしまう人が多いのは、さらに困ったものである。返し技として有効であるというただそれだけで、そのことそれ自体が、圧倒的に素晴らしいからである。

32　しかし、誤解してはならない。「私自身がこんなふうに存在するためには実在すると思わざるをえないということ」こそが、そこに付きうる「だけの」を強調しても逆にそれはまったく無視しても、いずれにしても真に驚嘆すべき、画期的な達成なのである。これはどんなに素晴らしい議論であるかを、単なる哲学的思考という領域における議論の洗練度の高さとしてだけでなく（それはそれで味わってほしくはあるが）、デカルト的懐疑を自ら実践し、そこからカント的に脱出する経路を自ら辿ることによって身をもって根源的に実感する人が、少数でもいてほしいと願わずにはいられない。私は、カントの言うことは真実であり、この世界は本当にそのように出来ているように思う。しかし、そこには少なくとも二つの問題がある。第一に、これは少しも観念論の論駁などではなく、あからさまにその再建・再構築でしかありえないこと。そして第二に、より本質的な問題として、この世界が本当にそのように出来ているとはいったいどのように出来ているということなのか、カントの語り方では決して十分ではない、ということである。第一の問題は、段落29で「かりにこの証明そのものは成功しているとして」として提起されたものだが、第二の問題は、論駁として成功か不成功かといった通俗的評価を超えた、その議論の内実そのもののより深い検討を必要とする。

33　先に進む前に、第一の問題についてもう少しだけ掘り下げておこう。この証明は要するに、「私」という観念は、それが外界の存在と込みでしか存在できないように出来ている、と言っているにすぎない。*たしかにそれは、「ということはまた逆に、外界の事物という観念は、それが「私」の存在と込みでしか存在できないように出来ている、とも言っているということかい？」という問いには答えられない。しかし、答えられなくてよいのだ。超越論的観念論においては、その種の問いに対する答えは、つねに「イエス・アンド・ノー」でしかありえない。「外界の事物」にはつねに二義性がある。一つは、「物それ自体」としてのあり方という意味であり、それはわれわれには知りようもない。もう一つは、まさしく超越論的観念論的に正しく構成された世界のあり方という意味であり、この意味からすれば、「それは本当に実在するのかい？」という問いに対する答えは「もちろんだ、それがわれわれの知りうる唯一の正しい「本当さ」なのだから」となるだろう。この分裂はまさしく超越論的観念論の本質そのものを表現している。

＊　しかしそれは、「神」という概念は「存在する」という述語づけと込みでなければ成立しない、というあの存在論的証明の議論と並行的である。その場合もおそらく、あの熊さんだか八っつぁんだかなら、「で、その「存在する」という述語づけと込みでなければ成立しないようにできている「神」とやらは、本当に存在するのかい、それとも本当は存在しないのかい？」と問うであろう。これはもちろん正当な問いである（そして、神にかんしても、その正当性しか存在しない、と論じていくことはできる）。

34　それはそうなのだが、ここではしかし、少なくとももう一歩は問いを進めておくべきであろう。次の問いは「「本当に」とはつまり「私なしにも」ということになるだろうが、「私」なしにもそれは本当に（つまりそれだけで）実在するといえるのか？」である。この点については、観念論に対するこの論駁はひとことも語っていない。しかし、もし観念論vs.実在論ということ自体が主題であるなら、それこそが語られねばならぬ中心課題であったはずだろう。まずはカントを離れて考えてみよう。ごくふつうの実在論の立場なら、私が存在しようとしまいと（そしてそこで「私」がどういう意味で使われていようと）客観的世界がそんなものなしにそれ自体で存在することに何の疑いもない、ということになるだろう。これは自明の真理である、そう考えるのが実在論であろう。しかし、カントがこの見地に同調できるかといえば、それは疑わしい。結果的に同調できるような世界観を構築することはできるだろうが、それはやはり何らかの意味での「私」を出発点として、でしかありえないであろう。ふたたびカントを離れて考えた場合にも、いったん私が存在してしまえば、そいつが生まれたその世界はそいつなしにもありえた世界であることになるだろう（つまりそこからは実在論になるだろう）が、それはあくまでもいったんそいつが存在してしまった（すなわちいったん世界が開けてしまった）から言えることであって、そのような開けなしには世界はそもそも存在することができないのだ、という見地に立つことは十分に可能である。そして、カントもまたその種の考え方の一味である可能性は高い。なぜなら、何度も論じてきたように、もしそうでなければ超越論的観念論などという突飛な考え方を構築しなければならない理由がそもそもありえないだろうからだ。*

* この「いったん私が生まれてしまえば、その世界は私なしにもありえた世界であることになる」は、構造上、カント哲学と同型である。これは、「いったん超越論的な統覚がはたらいてしまえば、そこで出来上がる世界はそれなしにもありえたような（＝そんなものがはたらいて出来ていることはその内部では現れてこないような）そういう世界になるだろう」に対応するからである。これがすなわち、超越論的観念論＝経験的実在論、ということであろう。

35

カントはデカルトを遥かに超えて観念論を徹底させているといえるだろう。デカルトは疑う余地のない「コギト・エルゴ・スム」に達した後、それと同じように明晰判明に知られうることが他に何があるかの探究へと方向を転じ、神の存在証明を経由して、そこから客観的世界の存在へと向かうが、カントはそのように方法論に依拠してではなく、むしろ「エゴ・コギト」のはたらきそのものの内側から、客観的世界の存在の不可避性を導き出そうとした。その際たしかに彼は、規定された「私」の「エゴ・スム」にかんしては、作り出される客観的世界の存在を経由してしか、すなわちその客観的世界の内に位置づけられてしか、ありえないと考えたが、しかし、規定する「私」の「エゴ・コギト」そのものにかんしては、デカルト的なそれの根源性を、デカルト以上に、どこまでも手放していない。この、なぜかそこからすべてが始まる不可思議な「エゴ・コギト」の「私」から、客観的に位置づけられた「エゴ・スム」の「私」にいたるプロセスが、不可避的に客観的な世界を作り出すのであり、しかも、その道筋以外に、われわれに把握可能な仕方で客観的な世界の存在が可能である道筋はありえない、とカントは考えていたであろう。それは驚くべき異様な考え方だともいえるが、理にかなっているどころかそう考えざるをえない、ともいえる理由はたしかにある。そういえる理由についての検討は後ほどにして、この議論のもつ構造上の二義性・両義性だけここで確認しておこう。この道筋が踏破され、客観的世界に完璧に位置づけられた「私」が出来上がると、以前に段落34で提示した「……客観的世界がそんなものなしにそれ自体で存在することに何の疑いもない」という素朴実在論的なとらえ方がその内部で正しいものとなるからである。それは完全に成功しきることはないとはいえ、かなりの程度には——少なくともタテマエ上は完全に——成功したことになるだろう。*

＊　これがあくまでも「タテマエ上」であることからわかることは、構築されたこの世界像は最初からある種の道徳規範であるということである。すなわちそれは、言ってみれば「君は君の認識能力によって君自身をあたかも客観的世界の一部分でもあるかのように存在させよ」という定言命法的なあり方をしているわけである。その意味では素朴実在論は道徳である（この道徳的命令に従わないと利己的であることさえもできない）。

六　観念論論駁（その2　では何がなされているか？　そして何がなされるべきだったか？）

36　段落32で分類した第二の問題に移る前に、その準備もかねて、三つの「注解」の概要を紹介しておこう。注解1の冒頭の言葉は「この証明からわかることは、この観念論は自らがもてあそんだその戯れによって、逆に、より以上の正当性をもって報復を受けることになる、ということである」（B２７６）である。これはつまり、例によって相手のオウンゴールを指摘しているわけだが、繰り返し指摘したように、むしろ相手のオウンゴールを指摘する以外の仕方では点が取れない新しいゲームを開発した、という事実こそが重要であろう。その後、次のように語られている。

> しかしながら、ここで証明されたことは、外的経験は本来直接的であり、この外的経験を介してのみ、われわれ自身の現実存在の意識がではないにしても、時間におけるその現実存在の規定が、すなわち内的経験が可能となる、ということである。もちろん、私は存在するという表象はあら

ゆる思考に伴いうる意識を表現し、ある主観の現実存在を直接的にそれ自身の内に含んでいるものではあるが、しかしそれはまだその主観のいかなる認識でもなく、したがってまた経験的認識、つまり経験でもない。（B276–7）

この後、その理由として、経験となるためには思考だけでなく直観が必要で、主観は「その内的直観にかんして、すなわち時間にかんして規定されねばならない」のだが、そのためには「外的対象」が必要だから、と言われている。

37　引用された第一文には「われわれ自身の現実存在の意識がではないにしても」という譲歩節がある。「外的経験を介してのみ……可能となる」のは「われわれ自身の現実存在の意識」ではなく「時間におけるその現実存在の規定」にすぎない、と明言されている。（定理にも「しかし経験的に規定された意識は……」という文言が見られた。）さてしかし、デカルト的な懐疑を実践するには、本当にそのようなものが必要とされるのだろうか、という疑問が湧く。確実に存在するのは私の意識だけだ（これはここでのカントの表現では「現実存在の意識」のほうに当たるだろう）と言っている人に、それではなくて「時間におけるその現実存在の規定」のためには（「経験的に規定された意識」のためには）外的経験の介在が必要なのだ、と力説してみても、相手は「私は「時間におけるその現実存在の規定」や「経験的に規定された意識」の話などはしていない、そんなものは要らない、そもそも「規定」なんかされなくてよい」と答えるのではなかろうか。「確実に存在するのはこれ（自分の意識を指して）だけだ、と言っているだけなのだから」、と。引用箇所の第二文にかんしても、ほぼ同じことがいえる。規定なんかされなくてよいのと同様、（カントの意味で）「認識」されたり「経験」されたりする必要もない、と言うに違いない。「規定」されるとか「経験」たりうるとか、そのようなことは、要するにはちゃんとカテゴリー適用されて正当な存在者と認められるという意味であるから、カント的にはそれはきわめて重要なことではあろうが、デカルト的懐疑の実践者にとってもそうであるはずだと言い立てるのは論点先取だといえる。懐疑の実践者は、まさにそのようなものの外にこそ「決して疑いえない」場所があるのだ、*ということこそがこの懐疑の決定的な帰結なのだ、と言っている可能性もあるであろうから。自分の側に都合よく勝手にルールを変えて勝利宣言をしてみても始まらない、とはたしかにいえるであろう。

＊　この「外」の意味を、おそらくカントはまったく理解できないに違いない。しかし、ここがこの問題のキモである。これについては段落42以下で論じられる。

38　とはいえしかし、ここで第4章の段落28から後のあたりのデカルトの記憶（ラフレーシュ学院の思い出等々）についての議論を思い出していただきたい。忘れた方は再読・再考していただきたい。そこでは、つづめていえば、懐疑といえども時間的な持続を必要とする、ということが言われていた。そこに、その時間的持続のためには実体持続の原則が不可欠だから、外界の事物が必要なのだ、といったことを付け加えるのが、ふたたびつづめていえば、カントの議論である。それが「規定」を与えるということである。構造上はたしかにそうはいえる。時計の針も、文字盤の固定的な持続性なしには「時を刻む」ことはできない。ゼノンのアキレスとカメのパラドクスとは、針と文字盤が癒着・連動してしまい、独立の文字盤にあたるものが存在しなくなった場合の、すなわち「実体の持続」が想定できない場合の、時間のあり方についての考察であったろう。* しかし、動く針と不動の文字盤との関係は相対的であり、文字盤は文字盤で、針との関係の外では動いていてもとくに問題はないはずである。同様に、持続する（常住不変である）という性質は（したがって実体であるという性質も）相対的であるはずだ。カントの観念論論駁の議論も、実質的には、時間の経過には相対的な意味での不動者・不変化者の存在が不可欠だと言っているにすぎない。それはじつは自分自身の中にあってもよく、それどころかある意味ではじつは自分の中にしかあれないとさえいえる。**

* この点については、青山拓央「アキレスと亀：なぜ追いつく必要がないのか」、『科学哲学』43−2（2010年）を参照のこと。

** この独立性（無関係性）は相対的（相関的）なそれでしかありえないであろう。絶対的に独立なものとはそもそも関係できないであろうから。この相対性の論点は、この注解1に付いているさらなる注と、注解3の内に、明示的に語られていると解しうる。注解3ではこう言われている。「外的な事物の直観的な表象が（夢や妄想の場合のように）たんに構想力のもたらした結果に過ぎないことは十分にありうること」だが、そうしたものが生じうるのは「たんに以前の外的な知覚の再生を通じてのみであり、そうした外的な知覚は、すでに示されたように、外的な対象の現実性を通じてのみ可能である。」「ここで証明されるべきであったことはただ、内的経験一般は外的経験一般を通じてのみ可能であるということだけであった」（B278-9）。最後の引用文には「内的－外的」の対比が相対的な関係にすぎないことが（「一般」という語によって）明示されているとみなしうる。その前の引用文はそのことを誤魔化してはいるが、この議論においては「以前の外的な知覚」自体がじつはまた「(夢や妄想の場合のように）たんに構想力のもたらした結果に過ぎない」可能性が（どこまでも！）否定できない。（一般にカントの議論には、夢――通常そこでは実体は持続し因果連関も成り立っている――を現実から区別できる根拠は見出せない。）注解1の注における「あるものを外的なものとして想像するだけのためにも……すでにしてわれわれは外的感官をもっていなければならず……」（B276-7）という議論についても同じことが言える。その全体がまた想像である可能性は結局のところ否定できないからだ。そして、まさにそうであるからこそここの有意味な対比が成り立つのである。外は不可欠だがつねに内における外でなければならない。

39　観念論論駁の中では、注解2が最も深くまで（あるいは細部まで）考察を進めているように思われる。その中心部分を引用する。

われわれがあらゆる時間規定をおこないうるのは、空間内で持続するものとの外的関係における変移（動き）を通して（たとえば地上の諸対象に対する太陽の動きを通して）だけである。そのうえさらに、われわれが実体概念の根底に直観として据えうるような持続的なものを、たんに物質としてしかもっていない。この持続性でさえも外的経験から得られるのではなく、むしろ、すべての時間的な規定の必然的な条件としてアプリオリに、したがってまた、外的な諸事物の現実存在を通じた、われわれ自身の現存在にかんする、内的感官の規定として、前提されるのである。「私」という表象における私自身の意識はいかなる直観でもなく、思考する主観の自己活動のたんなる知性的表象にすぎない。だから、この「私」は、持続的なものとして、内的感官における時間規定の相関者として役立ちうるような、直観から得られるいかなる述語をも持っていないのである。(B277-8)

第一文は、時間規定にとっての持続と変化の相対的関係の必要性が述べられている。太陽が針で地上の諸対象が文字盤である。固定した文字盤なしには針は時を刻めない。しかし、太陽にかんするこの関係の成立は偶然的事実であろう。そんな規則的な運動(変化)がまったく存在しない世界もありうるであろうから。そういう世界では観念論に対する論駁ができないのであろうか(逆にそういう世界でさえなければそれだけで観念論は論駁されるのであろうか)。これはやはり奇妙な印象を与える。第二文の「物質としてしか」も、やはり偶然的事実である。第三文では、そのような偶然的な事実が不可欠なのではなく、それらにも当てはまるあるアプリオリな関係が不可欠なのだと言われている、と読める。「われわれ自身の現存在にかんする内的感官の規定」は、現実にはたまたま「外的な諸事物の現実存在を通じ」てでなければなされないとはいえ、それはたまたまのことであって、何らかの意味で外的な規則性が存在してさえいればよい、と言われている、と。* 最後の第四文・第五文こそが、最も根底的な意味におけるデカルト論駁であるといえるだろう。「私」は、している思考における内容的な繋がりなしには、そのままでは、すなわち「私」であるという事実だけでは、持続できない。

だから「私」は、おのれのその繋がりを疑うことだけはついにはできないのだ。誇張された根源的懐疑にもかかわらず、そんなところに「疑いえぬもの」が残ってしまう。そして、その疑いえない持続こそが外的な事物の存在を要請する、と繋がっていくはずである。述べてきたように、この最後の一押しは相対的な外部性の要請だといえるのだが、その点とも繋がって、それを要請することになるこの繋がり（すなわち総合と統一）の不可避性こそは決定的な論点となるはずである。**

* たとえば心の中でまるで時報のようにある感覚が規則的に起こるというようなことではどうだろうか。それが、感情や思考等々の内的な繋がりとはつねにまったく無関係に、それだけで独立に起こるのであれば、それは時間を測るのには十分に使えるし、また、起こる感覚がそれぞれ時刻を告げる特徴をも持っていると想定すれば、あらゆる時間規定のために十分に使えるであろう（記憶はつねにその感覚との関連において持たれることになるだろう）。それらは内的感覚ではあるが関係は外的である。ところで、その際に最重要の問題となるのはむしろ、他人たちもまた同じように規則的にそれらの感覚を経験するか否か、であるはずである。じつのところは、カントの挙げている太陽の規則的な動きでさえ、その独立の規則性だけでなく、それを他人たちも皆また見る、という点にこそ真の重要性があるはずである。すなわち、物質的か否かではなく、他人も同じ（と見なしうる）経験をするか否か、こそがじつは決定的なのだ。不思議なことに、カントにはこの視点がまったく欠けている。自－他のヨコ問題がすべて心－物のタテ問題へ還元可能だと信じているかのようである。しかし、それははっきりと誤りである。この点は、その逆の還元ができると思っている人に対しても言いたいとこ

ろである。独立の規則性の存在は、他者もまたそれと同じことを経験するか否かとは独立に、それ自体として重要なのだ、と。ここには、カントvs.ウィトゲンシュタインの対立があって、ここで私はカントに対してウィトゲンシュタイン的視点の重要性を語ったことになるが、通常はむしろ、ウィトゲンシュタインに対してカント的視点の重要性を語りたく感じることのほうが多い。両者は相互に還元不可能だと思う。

＊＊　こんなところで言うのは場違いではあるが、適当な場所が見当たらなかったにもかかわらず非常に重要なことなので、ここでごく簡単にではあるがとにかく指摘しておこう。言語的意味は、時間規定とは違って、外界の物質の存在に根拠を持つわけではないが、他者とのあいだの（言語的意味に関する）間主観的な一致を前提とすることによって、そこを文字盤のように固定することで異なる心のあり方（たとえば意見の違いなど）を知ることができる。その際、意味と意見とは完全に（しかし相対的に）分離されていなければならない。この問題は、内容的にも形式的にも、ここで論じられている問題との強い繋がりを持つはずだが、デカルトもカントもなぜかこの問題にまったく触れない。ついでにいえば、私的言語は可能かという問題は、それにもかかわらず言語的意味の成立にとってもなおカント的な繋がりが本質的な役割を果たしうる（あるいは果たさざるをえない）のではないか、という問題であるといえる（前注も参照のこと）。

40　カントは、「観念論論駁」では相手のオウンゴールばかりを言い立てているが、じつのところは言い立てられている外界の事物の存在などという些事よりも遥かに手前で、もっと決定的に（あるいはもっと事柄に即して）デカルトの出鼻を挫くことに成功している。デカルト的に疑いえなく存在する「私」は、唯一それだけが疑いえなく存在するからこそ「私」であるにもかかわらず、唯一それだけが疑いえなく存在しているというその本質的な（＝それこそがそれをそれたらしめている）性質の持続によっては持続できないというきわめて特殊でしかも根源的な欠陥をもっているからである。*その持続のためには、何かしら偶有的な（すなわちそこは疑いうるはずの）性質に依拠せざるをえないのである。その点こそが決定的で、ただそこを突くだけで、カントはデカルト的に疑いえぬものの存在を易々と瓦解させることができ、返す刀でその持続を可能ならしめる世界の客観的諸性質を認めさせることもまた易々とできたはずなのである。しかも、デカルト的な出発点から出発してそこへと至るには、デカルト的懐疑の実践者は自ずと超越論的統覚たらざるをえない、というかたちで、デカルト的観念論を継承しつつ発展させることもまた容易な（というかむしろそれしかありえない）道筋だったはずである。そうすれば、「経験的に規定された意識」とか「時間におけるその現実存在の規定」といった論点先取的な限定条項を密かに持ち込む必要もなく、むしろ規定されざるをえないその必然性をも、より説得的に示せたであろう。そうでなければ持続できないのだ、という仕方で。超越論的統覚の「規定する」はたらきによって自らも「規定される」ことにならざるをえないのだ。とはいえ、実際にも、実質的にはそれをおこなってはいる。つまり、観念論を論駁するなどという通俗的な（世間の評価におもねった）仕事を経由する必要そのものがなかったわけである。カントはそう思っていないかもしれないが、デカルトを論駁するどころか見事に受け継いで支配下に置いているといえる。

＊　通常の場合（すなわち他のすべての場合）、それをそれたらしめている本質的性質さえ維持されて

いれば（その他の偶有的諸性質がどんなに変化しても）それはそれとして持続できる（できるというよりしてしまう）。そういうものを「本質的」と呼ぶのであるから、それは自明であるともいえる。ところが、この場合にはそれが成り立たないのである。

41　カントのこの論駁は、彼が「規定」にこだわったことからもわかるように、われわれの表現を使うなら、デカルトの「私は思う」を「私は考える」と取った場合のみ妥当する、といえる。カントは強引に（論点先取的に）そう取ったわけだが、そう取らざるをえないのだ、という議論を挟むべきであった、と私は論じてきたことになる。ということはつまり、「私は考える」の場合にだけ、外的世界の存在が前提されることになる、ということである。これはなかなか興味深い事実だといえるだろう。多様に与えられていることどもがカテゴリーに従って文的に繋げられると、そのことによって外的・客観的な世界が作り出されることになるわけである。それではしかし、カテゴリーに従って文的に繋げられていない、たとえば（ウィトゲンシュタインの言う）繰り返し起こる（と感じられる）「感覚E」のようなものの場合ではどうか。それは、その感覚を感じる主体がデカルト的な懐疑のさなかにあるような（まだ規定されていない、あるいは規定を解除された）主体なのか、それともふつうの（すでに規定されており、規定され続けている）人間主体なのか、で変わるはずである。*前者であれば、時間を見渡して「同じ感覚」が繰り返し起こると言える力がないが、後者であればそれは容易なことであるからだ。その場合、「感覚E」はすでにして公共言語の内に位置づけられており、前章で論じた「夕焼けの赤さ」のようなものの仲間として処遇されうる地位を得ているはずだからである。それらはすでにして客観的世界を経由しているからである。

＊　私は処女作である『〈私〉のメタフィジックス』において、この対比を仮想上の「X君」と「Y氏」との対比として、さらにまた自然状態と治外法権との対比として描いた（四十年前と考えが変わっていないようだ！）。しかし、いまならこの感覚が他の心的諸現象とは独立に定期的に起きるように感じられる場合を想定し、相対的に客観的に（すなわち私的に客観的に）それで時間が測れる、という議論を付加して、より過激に論を進めたいところではある。もちろんその場合にも、だいたい一時間おきにといったことはありえず、それがいえる場合は、まさにカントが言うとおり、物理的世界全体の存在が前提されることになるだろう。

42　カントはそう思っていないかもしれないが、デカルトを論駁するどころか見事に受け継いで支配下に置いていると言ったが、当然のことながらと言ってもよいと思うのだが、その逆もいえる。デカルトはもちろんそう思ってはいないだろうし、たとえカントの議論を知ったとしてもなおそうは思わなかったではあろうが、それでもなお、デカルトの側もまた、カントに論駁されるどころか最重要の一点においてその支配の魔の手を完璧にかわしており、最初からまさにその点にこそデカルトに固有の発見があった、とさえいえるからである。その観点から見れば、直前の二段落で述べたことは重大ではあっても最深の問題ではないことになるだろう。なんといっても、そこでは「私」という第一人称が、すなわち人称カテゴリーが、あるいは人称図式が、始めから前提されて、実際に使用されてしまっているからだ。議論の全体がその上に乗っかって成り立ってしまっており、はっきりいえば、それこそが問われねばならない最重要問題こそがまったく手つかずに前提されてしまっているのである。

43　私がデカルトに帰したい（すなわち固有にデカルト的だと見なす）ポイントを、カントのこの議論に対する疑問という形で表現するなら、それは「しかし、そのことは他人にかんしてもいえるのか？　いえるとすればなぜ？」となる。この問いは二つの意味にとれる。一つは、「あなたがその存在が証明した「外界の事物」の内には他人（の心）も含まれるのか、含まれるとすればどのようにして？」という意味であり、もう一つは「デカルトがその存在こそが唯一確実であると見なしてあなたがそれを論駁しようとしたその「私」の存在には「他人の「私」」の存在も含まれるのか、含まれるとすればいかなる根拠で？」という意味である。私はどちらにも否定的に答えざるをえないと思うが*、カントは（次章で「誤謬推理」を扱う際により詳細に検討することになるが）後者の問いには「含まれる」と肯定的に答えることになるであろう。すると、次の問いは「外なる空間的事物よりも先にその存在を前提されるその「私」は、私の「私」と同種的であると見なされているその他人という存在者は、いったい何であるのか。その自己性（「私」であること）も謎だが、その他者性（それが私のではなく他者のであること）はいったい何であるのか。そして、その矛盾したあり方の両立は、いかにして可能なのか」である。観念論論駁における外界の諸対象のようなやり方で、それの存在証明がなされる道筋はありえないだろうが、だとすると、その不可思議な存在者はどこからどのように湧き出て来る（ことができる）のか。最も肝心なこの問いに対する答えが（というか問いそのものが）カントにはない。しかし、はっきりいえることは、デカルトの蓋然的観念論はこの問いをも含みうるのだ。

この小さな（と見えるかもしれない）違いこそが、この二者を隔てる決定的な差異なのである。あるいは、そこにこそこの二者の決定的な差異を見て取るべきなのである。デカルト的な「私」は、カント的な「私」とは異なり、始めから他者でなさの意味を含んでいる、あるいは含みうるのだ。繰り返すことになるが、それこそがこの二者の決定的な違いである。そうであるがゆえに、じつのところデカルト的観念論は、カントの論駁にもかかわらず、まったく無傷で生き残り、その効力を発揮し続けうるし、むしろ発揮し続けざるをえないのである。

＊「どちらにも」であることがこの存在者の特殊性を示している。すなわち、この問題はカント的枠組みでは捉えられない問題なのである。

44　すでに言ったことではあるがこの文脈でもういちど言っておくなら、ウィトゲンシュタインの「私」の主体としての用法の問題も、カスタネダやシューメイカーの誤同定不可能性の問題も、こちらの系統の問題である。これらはみな、他者でなさの意味での「私」の存在から出てくる問題であり、したがってカント的な論駁の仕方では、論駁されないのは当然として、そもそも近づくことさえもできない。たとえば複数の生徒たち（に類する者たち）がいて、先生（に類する者）が「この中にいま気分の悪い者はいるか？」と問うたとき、現に気分が悪いゆえに「はい、私は気分が悪いです」とその口から発する生徒は、たまたまその身体に付いた口と連動しているために、「私」の対象としての用法にも繋がるとはいえ、それはたまたまのことであり、その発話意図の成立において、身体との連動に類する一切は必要とされない。カントふうに言えば、「時間におけるその現実存在の規定が、すなわち内的経験が」（段落36参照）可能になっている必要はない（通常の場合は、たまたま可能になってもいるではあろうが）。その「私」は、客観的に持続している必要がないのはもちろん、主観的にさえ必ずしも持続していなくてもよい（通常の場合、どちらもたまたましているではあろうが）。少し前から気分が悪かったということはたんにいま持っている記憶（のように見えるもの）であってよい（本当にその気分が持続的に存在していたか否かはそもそも問題になりえない）。だからもちろん、自分がだれであるかを知っている必要もなく（通常の場合、たまたま知ってもいるではあろうが）、さらにそのとき身体がなくてもかまわない（通常の場合、たまたまあるではあろうが）。ともあれ、気分の悪さと描写可能な（と思われる）ものが端的に与えられてあるという事実が把握できさえすれば、この場合、それこそが、それだけが「私は気分が悪い」ということなのであるから、カント的な厳密な意味ではそのことを経験的に認識している必要などはない。ともあれ「気分が悪い」と感じさえすれば、その気分の悪さは存在しないことも他人のものであることもできず、存在しておりかつ私のものなのである。そこにこそ（そこにだけ）「疑いえないもの」があるのだ。「私は思う、ゆえに私はある」のポイントも、じつはそこにある。

45　その場合の「私」は、他者との対比（すなわち他者でなさ）こそが本質なのではあるが、その他者でなさという否定性は、ただ何かが現に現れているという肯定的事実の内に、その現れは決して他者への現れではありえないという否定性の含意として、表現されている。ここには、独在性の事実が客観的世界（そこにはたくさんの主体が対等に存在している）の中で有効にはたらく、という驚くべき事実が示されており、その際、その独在的主体に自己同一性が成立しているかどうかといったことは、この真に驚くべき事態の成立にかんしては、関与するところがないのだ。このような意味での「私」の存在にかんしては、外的世界がともに存在していようといまいと、そのような些事はいっさい関与性を持たない。ここには典型的なヨコ問題が存在しており、タテの繋がりの問題は（事実としては存在していても）事柄の本質とは無関係なのである。ヨコ問題的な「私」にとっては、その存在に外界の存在が込みであらざるをえないとしても、そんなことはないとしても、その種のことは、そのあり方の本質にいかなる影響も与えないからである。もしかりにその「私」が客観的にちゃんと持続してもいるとしても、さらにまたそのことにとって外界の存在が何らかの意味で不可欠であるとしても、それらはみなヨコ問題的な「私」の存在の問題とは無関係な外的事情にすぎない。そのような些事はすべて、他者の「私」にも同じようなことがいえもするような事柄であろうからだ。*

＊　しかし、あらかじめ少し高度な話をさせてもらえるなら、本当はここにこそ最も困難な哲学的問題が伏在しているだろう。いまの文脈で「そのような些事はすべて、他者の「私」にも同じようなことがいえもするような事柄であろう」といえるのは、カント的な論駁の公式見解に忠実に言っているだけのことである。本当にそうであるかは、以下にも述べるように疑いうるし、疑いうるどころか、カント自身でさえ暗にその疑いから出発している可能性も小さくはない（段落48を参照のこと）。

46　だから、もしかりにカントの議論が全面的に正しかったとして、そしてそのことを全面的に受け入れたとして、その場合にもやはり、必然的に外界込みで存在せざるをえなくなったその「私」たちのうちに、ただ一つだけ、疑う余地なく存在する「私」が存在することになる。* その一つのものだけがもつ（他とはまったく異なる）特殊性がそもそも何であるのか、いったい何に由来するのか、カントの議論ではそもそも接近することさえもできない。** つまり、その（＝そこでだけ生じている）疑いえなさには接近することができないのだ。しかし、そこに接近できないのであれば、カント的論駁はじつはデカルト的観念論の最深の核にかんして何も為しえていなかった（すなわちカントの観念論論駁は無意味であった）ともいえるであろう。デカルトは少なくともそちらの問題をも同時に捉えていた。すなわち彼の懐疑には、カスタネダ・シューメイカー的な「誤同定の不可能性」の要素がすでにして含まれていたからだ。そしてカントはそこを見逃していた。カントの議論にはその側面がまったく欠けているから。そう見れば、カントは少なくともデカルト的問題そのものの核心を（核心は）取り逃がしていた、と言わざるをえないことになるだろう。

* ここから、本当はその意味での私しか存在しないかもしれないという、いわゆる独我論的な懐疑論を構想することはたやすい。ただこの私だけが、たしかにその種のもの（「私」）が不可欠に伴うことになるらしい客観的世界（あるいは客観的世界妄想）と込みではあるが、単独で存在しているにすぎないのではあるまいか、と疑うことはあまりにもたやすい。カントの観念論論駁にはこの種の懐疑論を対象とする独我論論駁の要素が欠けているのだが、そもそも独我論は観念論論駁のようなやり方では論駁できない。それには二つの根拠がある。まず第一に、他者は外界の一部であると同時にそれ

だけではなくむしろ逆に自己と同型のものであるから、独我論論駁には観念論論駁とは別の、もっとはるかに複雑な戦略が必要になる、というあたりまえのことがある。しかし第二に、こちらのほうが本質的な問題なのだが、かりに観念論論駁ふうのやり方で、私というものは他者（の私）込みでなければ存在できないように出来ている、ということが証明できたとしても、それだけではそこになおも存在しているその自他の差異そのものの根拠が説明できない。同格に存在しなければならないはずのものの同格性がいかにしても説明されない。逆に、いかにしても同格たりえないことの根拠も解明されない。だから、そんなふうに他者（の私）込みでなければ存在できないように出来ていることが証明できたとしても、そのようにそれらが込みになった一つの世界があるだけではないのか、という懐疑は払拭されないどころかむしろ強化されさえしてしまうことになるだろう。ここには、観念論 vs. 独我論という別の対立を見て取ることができ、また見て取るべきである。この対立の存在こそが哲学的に本質的である。他人たちは物たちとは違って口々に「私もあなたと同じです」と言うであろう。そして、ある意味でそれはまったく正しいのだが、しかし、現実には、現に全然違っている。独我論の懐疑はこの事実に根ざしている。

＊＊　ここはおそらく、まさにこの観念論論駁がそこに位置づけられている様相における「現実性」を使うべき場所なのだが、その議論からもわかるように、彼はそれを誤った仕方で使ってしまっている。様相における現実性という問題は、物が実際にあるかじつは妄想かといった問題とは関係がない。もし妄想である（妄想がある）ならば、それが現実にあるからだ。それ（妄想であること）はたんに可能的であることももちろんできる。これは、妄想ではなく物的に実在する物にかんしても同じことがいえる。ライプニッツが深く理解していたはずのこの意味での現実性の問題を、カントはさっぱり捉

えていないように思える。それだから人称におけるヨコ問題の存在も、時間における時制の存在も理解できていないように思える。動く太陽と動かぬ地面との関係だけでは時間が成立することはありえない。その関係がどうなった時が現在か、というさらなる問題があって、それがさらに動くのだ。「私」の成立の問題と同様、そこにも異なる二種類の問題が交差しているのだ。この経路から、われわれの世界には形而上学が食い込んでいるのだが、カントはそれらを悉く見逃しているように思える。

47　ところでカントは、超越論的統覚の存在にかんしては、意識することができるだけで認識することはできないと言っていた。それは、経験的に規定されて存在することができないからである。すると当然、この観念論論駁はカント自身の超越論的観念論にも当てはまることになるはずである。というよりむしろ、カントのデカルト批判は、実質的には超越論的統覚を客観的世界から切り離して捉える可能性への批判であった、といえるだろう。すなわちカントはデカルト的「私」を超越論的統覚へと仕立て上げようとした、と。成功の暁には、それはもはやそれ自体として取り出して捉えることはできない。ウィトゲンシュタインは、『論理哲学論考』の末尾において、登り切った後は打ち捨てなければならないはしごの比喩を持ち出しているが、超越論的観念論は間違いなくそのようなはしごであり、それを登ることで世界の仕組みが全面的に明らかになった暁には、もはやその世界にあることが不可能なものであろう。

48　それにもかかわらず、実際問題としては、それが意識はできるのはなぜか。そこにはじつはヨコ問題が暗にはたらいていると考えるほかはあるまい。段落35において私は「この、なぜかそこからすべてが始まる不可思議な「エゴ・コギト」の「私」から、客観的に位置づけられた「エゴ・スム」の「私」にいたるプロセスが、不可避的に客観的な世界を作り出すのであり、……」と書いたが、大初には、なぜかそこからのみすべてが始まる不可思議な「私」の存在が不可欠であろう。

49　観念論論駁は、第二編「原則の分析論」の第二章「原則の体系」の内の、様相を扱う「経験的思考一般の要請」の中の「現実性」にかんする部分に挿入されたものである。しかし、段落46の注＊＊で指摘したように、カントの様相理解には根源的な欠陥があり、これに続く必然性についての議論にもさしたる意義を認めがたいので、原則論にかんする考察は、観念論論駁を検討したところで終わることにしたい。

第7章

誤謬推理とは本当は何であるか

――カントの躓き

一　カントは何を見誤ったか

1　カテゴリー論、演繹論、図式論、原則論と、「第一部　超越論的分析論」に属する部分の検討を終えたので、本章では「第二部　超越論的弁証論」に属する「純粋理性の誤謬推理について」へと進む。ここもまた第一版と第二版では大幅に書き換えられているが、演繹論のときのように時間的順序に従ってまず第一版を、次にその改訂版である第二版へという順序ではなく、両者を一体化して、基本的には改訂版である第二版に準拠しながら、ときおり第一版のよりくわしい記述（の一部）をも参照する、というやり方で議論を進めていきたい。とはいえ、「一」で扱うのは、最初のほうの、第二版で改訂されなかった（すなわち第一版と第二版が共通の）部分がほとんどである。

2　まずは、ここでいう「誤謬推理」の説明から。

論理的な誤謬推理は理性推理における形式における誤りであり、その内容がどのようなものであるかはまったく関係しない。これに対して超越論的な誤謬推理は、形式において誤った推理をすることに超越論的な根拠がある。すなわち、後者の誤謬推理は人間理性の本性の内にその根拠をもっており、避けがたい錯覚をともなうとはいえ、解決不可能というわけではない。(A341、B399)

「人間理性の本性の内にその根拠をもって」いるという点についても、「避けがたい錯覚をともなう」という点についても、もちろん私は、それは典型的なカントの誤診である、と思っている。が、それらの点についてでは、おいおい触れていくことにしよう。

3　次に、その誤謬推理の主題が示されている。

ここでわれわれは、先の超越論的な概念の一般的な表には含まれていなかったが、それでもその表に数え入れられねばならない、ある一つの概念に思い至ることになる。だからといって、あの表がいささかでも変更を加えられたり、何か不完全なものだと言い立てられたりするわけでないが。その概念とは、「私は考える」という概念、あるいは、そう言ったほうがよければ、判断である。すぐにわかるように、これはすべての概念一般の乗り物であり、したがってそれは超越論的概念の乗り物でもあって、それゆえにこれらの概念のもとでつねにともに把握されてはいるのだが、この概念もやはり超越論的ではあるとはいえ、それはただすべての思考が意識に属するということを示すのに役立つにすぎないので、特別の名前をもつことはできない。（A341、B399）

「超越論的な概念の一般的な表」とはカテゴリー表のことである。ヨコ問題的視点から言えば、「私は考える」が「すべての思考が意識に属するということを示すのに役立つにすぎない」というのはあまりに安易な捉え方で、そのように「意識一般」を想定することができる根拠についての研究こそが事前になされるべきであった、とはいえる。すなわち、カテゴリー表には「人称」かそれに類する項目が加えられ、「私」概念をこのように一般的に使用してよい根拠についての「演繹」が為されるべきであった、と。それは間違いなくそうなのだが、話をタテ問題に絞れば、ここでカントは非常に重大な問題に触れている、といえる。その観点から見れば、与えられるべき特別の名前は「統一的な自己意識」となるだろう。* それはたんなる意識ではありえないし、たんにカテゴリーに従って（あるいはより広く言語的意味が与えうる結合力によって）結合された意識でもありえない。それだけではまだ足りないのだ。さらに必要なのは意味的な結合を超えた意識そのものの一性（Einheit）で、それこそが、言語的意味だけで（その面だけで）結合されている「渡りうる意識」を「渡りえぬ意識」へと強化し、変形させるわけである。それに「乗る」ことなしには言語的意味もまた正しくはたらくことができない（すなわち nanchattebility や渡り台詞可能性を脱することができない）。なぜかあまりそこが強調されることがないように思われるのだが、第3章（および第4章）で詳述したように、意味というものがはたらくためには意識の統一が必要不可欠であるというカントの思想には真に画期的な洞察が含まれているのである。** ここで、「誤謬推理」が問題にされる際にふたたび登場することとなった「私は考える」には、まさにその意味が込められていると捉えられねばならない。「私は考える」が「あなたは考える」や「彼（彼女）は考える」であってはならない理由は、それらではnanchattebilityや渡り台詞可能性を許容してしまうからである（カント自身が明晰に明示的にそのように考えていなくてもじつはそうなのである）。カントは、残念ながら、そこにおいてさらに自他を区別するという問題意識をもたなかったが、そのかわり前後の統一という点では他のだれにもない（彼以前にはもちろん以後にも）画期的な洞察を提示しているわけである。***

* それがカテゴリーのはたらきの乗り物であるのだから、それ自体は世界内には存在しない（世界に属してはいない）。しかし、それがなければ何もない。そして、カテゴリーだけがあってみても仕方がない。とはいえ、それはまた意識という名の一般的なものの一つのあり方であることもまたできないであろう。

** この統一は、だからある意味では、カテゴリーによる結合に先行していなければならず、それどころか（それを思考しうるものであるという意味で）形式論理にさえ先行していなければならない。

*** 私はカントをそのように読むことで、パーフィットの火星旅行の思考実験（『理由と人格』第10章）において、火星に行った私が（機械の故障によって私の原物が現に地球に残っていてもなお）なお唯一の「この私」であることができる理由が理解できた。そのうえさらに驚くべきことに、地球

に残ったその持続的な私がすぐに死んだ場合、地球のその私から見ても、火星に行った私の側が問題なく唯一の「この私」になれる、ということの根拠をはじめて理解できた。他のだれも（パーフィット自身を含めて）この仕組みを解明していないと思う。カントのさらに素晴らしい点は、まさにその仕組みこそが客観的世界（正確にはむしろ客体的世界あるいは対象的世界だろうが）をはじめて可能ならしめる、ということを明らかにした点である（それだからこそパーフィットの問題も解決可能となるわけだが）。これはちょっと信じがたいほど素晴らしい知見であるといわざるをえない。

４　次にカントは、ウィトゲンシュタイン風に、「私」の主観としての用法と対象としての用法の分類を導入している。

> 私は、考えるものとしては内官（内的感覚能力）の対象であり、心《ゼーレ》（魂）と呼ばれる。外官（外的感覚能力）の対象である場合は、身体と呼ばれる。したがって、考えるものとしての私という表現は、すでにしてそれが心理学の対象であることを意味している。そして心理学は、私が心（魂）について知りたいと思っているものが、それがすべての経験（そこにおいて「私」はより詳細に具体的に規定される）から独立に、すべての思考に現れる「私」という概念から推論されうるものだけである場合には、合理的心理学（合理的魂論）と呼ばれうる。（Ａ３４２、Ｂ４００）

分類の仕方は、ウィトゲンシュタインの「私」の主観としての用法と対象としての用法の分類と同じだが、そこに存在する最重要問題である誤同定不可能性と誤同定可能性の対比という問題は、残念ながら、まったく考慮されていない。なぜ前者の場合だけ誤同定が不可能なのかという問題が考慮されないと、心と物、内と外の差異とはそもそも何であるのか、その根幹がつかめない。心とはすなわち世界そのものがそこから開けている唯一の（なぜかそれしかない）原点のことなので、それしかないがゆえに誤認の可能性がないのに対して、物（身体）は他の物（身体）たちと並んで世界内に存在するので誤認（取り違え）の可能性があるのだ。この差異こそが決定的である。世界という観点から見れば、内（すなわち心）のほうが外にあり、外（すなわち物）のほうが内にあるわけである。この意味で世界の外にあるという点では超越論的統覚も同じなのだが、カントは「私は考える」から出発する捉え方をデカルトから引き継いだにもかかわらず、最も肝心なしかなさ（という意味での Einheit）の意味を深く理解していなかったので、そこに含まれている「私は思う」の独在性・私秘性の含意が本質的には継承されなかった。「心」とか「意識」といった一般的なものには、唯一の原点である一つしかありえないものが並列的に複数個ある、*という矛盾を経由しなければそもそも到達できない。**これを複数化するためには世界そのものを複数化する必要があるのだ。カントは最も肝心なこの問題系を全然つかんでいないのだが、この文脈でそのことがとりわけ重要であるのは、この根源的なしかなさの問題を多少とも直接的につかんでいないと、合理的心理学というものが実のところは何にこだわっていたのか、そもそも何を問題にしたかったのか、最も根源的なところが少しも理解できないということになるからである。前段落で（とくに注＊＊＊で）も大絶賛したカントの画期的な達成にもかかわらず、それとはまた別のところで、合理的心理学が問おうとしたことにもなお十分な根拠があるのだ。この対立[***]こそがすべての問題の根幹である。

＊　したがって、これらは、身体を含む諸事物が並列的に複数個あるのとは（同じ次元で相並ぶことはできないので）違う次元で相並ぶことになる（この構造それ自体にかんしては段落15を参照のこと）。この問題状況に「矛盾」が含まれているという事実は、「私」ではなく「今」の問題として、マクタガートによって初めて掘り起こされたが、このように階層差を認めれば矛盾は解消されるともいえる。矛盾があるのは、「A系列」のような二つの次元が合成されたヌエ的構成態だけであるからだ。しかし、われわれはその矛盾態こそを実在と見なす世界に生きていることに変わりない。

＊＊　カントはこの場面で「私は考える」にいささかでも感性的な要素が含まれることを嫌うであろうから、前章段落44の「気分の悪い者」の例を「三平方の定理の証明を考えている者」に変えて、その形で同じ問題を提示しておこう。先生が「この中にいま三平方の定理の証明を考えている者はいるか？」と問われたとき、現に考えているので「はい、私は考えています」とその口から発する生徒のことを考えていただきたい。それを考えていればそれを考えていると直接的にわかり、また考えているのは自分だと直接的にわかる人、それが「私」である。考えているかいないか（間接的にしか）わからない人、考えているのが誰であるか（間接的にしか）わからない人たちは、「私」ではない人たちである。そういう意味での「私」が存在する。誤解の余地のないように断わっておくが、これはすでに客観的事実である。われわれの世界はそのように出来ているのである。[*]そしてこの場合、例が「気分が悪い」であるか、「三平方の定理の証明を考えている」であるか、他の何かであるかは、問題の本質に影響を与えない。前章の「気分が悪い」の例の際に、客観的持続等々、諸種の「必要ない」

「たまたまの」事実を列挙したが、たとえそれらのうちどれかが「必要」であったとしても、その必要性は他者の場合もまた必ず必要とされることになるので、この意味での「私」の成立にはまったく寄与しない、という点がとりわけ重要である。その場合、それらは「必要ではあっても十分ではない」ということになる。合理的心理学者たちは、「私」の成立にはこの種のヨコ問題的な要素が（おそらくは最も重要な要素として！）含まれているという、なぜかカントは知らないらしいがまったく自明の真理を、当然のことだがよくよく知っており、本当のところはただそれのみを唯一の究極的な拠り所としていただろうと思われる。

（注＊＊内の注＊　世界は存在していてもそこに〈私〉は存在しないこともありえた、しかしなぜか存在してしまったその〈私〉が、この人間であることには根拠がない、といった形而上学的問題は、さしあたってここで述べられている事柄とは区別されなければならない。しかし最終的に、合理的心理学者の主張にはカントの予想を遥かに超える非常に深い哲学的根拠がある、という問題に話が至れば、この注内注で語られていることも／こそが参照されねばならないだろう。カントの盾はこの矛を阻止する力を持つだろうか。おそらく、それは持たないだろう。（これについて段落15も参照されたい。））

＊＊＊　この対立は、前章の段落40と段落42以下との対立である。

5　続けてカントは、この「私」あるいは「心（魂）」に、関係、質、量、様相のそれぞれのカテゴリーの観点から性格づけを与えている。それは順番に、実体、単純、単一、可能な対象に関係する、となる。（「実体」であるとされるのは、他のものに依存せずに存在するからであり、「単純」であるとされるのは、部分に分解されないからである。）それに続けて、次のような一見少々謎めいたことが言われている。

この超越論的な心理学（魂論）は、われわれのもつ思考する存在者としての本性についての純粋理性の学であるかのように見なされているが、それは誤りである。この学問の根底にあるのは、単純でそれ自体では内容的にまったく空虚な「私」という表象でしかない。それは概念であるとさえ言えず、それはむしろすべての概念に伴うたんなる意識であるにすぎない。思考するこの「私」、あるいは「彼」、あるいは「それ」（物）、によって表象されるのは、思考の超越論的主観＝Xであるにすぎない。この主観は、その述語であるその思考によってしか認識されないものであり、それだけを取り出すなら、その最小の概念も得ることができず、われわれはこの超越論的主観の周りを果てることなく回り続けることになる。というのは、この主観について何か判断をしようとするなら、いつもすでにこの主観の表象を使わざるをえないからである。これはこのような主観から取り除くことはできない困難である。なぜなら、この意識自体は、個別の客体を識別する表象ではなく、そうした表象が認識と呼ばれるべきであるかぎり、表象一般の形式だからだ。（A345-6、B403-4）

まず、「思考するこの「私」、あるいは「彼」、あるいは「それ」（物）、によって表象されるのは、思考の超越論的主観＝Xであるにすぎない」という文が謎めいて見えるが、これは単純に解釈するなら、その直前に「……、それはむしろすべての概念に伴うたんなる意識であるにすぎない」と言ったので、それに従って、「彼」や「それ」の場合も伴うのだ、と言っただけのことであろう。すなわち、それらもまた皆、この意味では「私」でありうることになるわけである。そのことは前提するにしても、その先の議論は明らかに問題がある。順に論じていこう。

6　まず「この主観は、その述語であるその思考によってしか認識されないものであり、それだけを取り出すなら、その最小の概念も得ることができず、われわれはこの超越論的主観の周りを果てることなく回り続けることになる」というのは、事態の精確な描写であるとはいいがたい。たしかに、その主観が何であり、誰であるかは、その述語であるその思考によってしか認識されえないとはいえるが、現にただひとりだけ「主観」として存在してしまっているその当のものが、複数のそれと同種的な（とされる）ものたちのうちのどれであるか、といういちばん肝心な点は、逆に、述語であるその思考の側から決して知りえないからである。そして、このことこそが最も決定的な事実である。なぜなら、じつのところはこの一点を唯一の典拠《テクスト》として、合理的心理学の全議論は成立しているからである。段落4の注＊＊の例でいえば、「それを考えていればそれを考えていると直接的にわかり、また考えているのは自分だと直接的にわかる人」がすなわち私であり、「考えているかいないか（間接的にしか）わからない人、考えているのが誰であるか（間接的にしか）わからない人たち」は私ではない人たち、すなわち他人たちである。この識別はあまりにも端的におこなえる。その後、カントはさらに、ある「困難」を指摘して、それに対して「なぜなら、この意識自体は、個別の客体を識別する表象ではなく、そうした表象が認識と呼ばれるべきであるかぎり、表象一般の形式だからだ」と応答しているが、この応答も明らかに誤りであろう。同じ例を続けて使って説明するなら、唯一、自分が三平方の定理の証明を考えていると直接的にわかる人物、（すなわち、唯一その眼から本当に世界が見え、唯一殴られれば現実に痛く、唯一現実にその身体を自ら動かせる、……人物）がすなわち私なのだが、こうした主観的な事実の成立と同時に、（おそらくはまさにそのことに自己触発されて）それが客観的に位置づけられたただれであるかもまた、原理的に知ることが可能だからである。その自己認識が成立する以前に、唯一動かせる口から「私は……」といった発語をすれば、それだけですでに、その口が付いている人物こそがその「私」が指す人物であることが（まずは）客観的に知られるので、それを経由して自分が誰であるかを知りうることになる。ともあれ、この経路を経ずに、最初からいきなり「表象一般の形式」であることなどは、逆にむしろ、そもそも不可能であろう。表象一般の形式となる（あるいはそういうものとして理解される）には、むしろかなり困難な経路を経なければならないだろう。

7　この箇所にかんしては御子柴善之が、おそらくはカント解釈としては忠実で正確であると思われる、非常にわかりやすい発展的解説をしているので、それを使って説明のほうももう少し発展させておきたい。

実際、私たちは、自分と他人とを区別できています。しかし、それは「私」の表象によってではないことに目を向けましょう。それを区別させるのは、それぞれによって「考えられたこと（換言すれば、おおげさに響くかもしれませんが、思想）」です。たとえば、Ａさんが「私は、今年の夏は冷夏になると思う」と主張し、Bさんは「私は、今年の梅雨は長引くと思う」と主張しているとします。両者の「私」には、それが「私」である限りで差異がありません。しかし、「今年の夏は冷夏になる」と「今年の梅雨は長引く」という〈考えられたこと〉は明らかに異なっています。この後者の差異に基づいて、ようやく先の「私」もまた異なるものとして理解されるというのが実情なのです。(御子柴善之『カント純粋理性批判』角川選書、420頁)。

しかし、これはありえないことだろう。このような違い(すなわち二人の「思想」の違い)だけでは、ただそれだけの条件では、どちらが私でどちらが私ではない人、すなわち他人であるかは、決してわからない。思想(考えられたこと)のかわりに、感覚や感情(一方が苦痛で悲しく他方が快適で楽しいとか)、意図や記憶(一方が過去の恨みから復讐を意図し他方が過去の支援ゆえに恩返しを意図しているとか)を置いても、事態は改善されない。異なる複数のそれらが、したがってそれらの「違い」が存在しているとしても、そのことだけからでは、異なるそれらのうちのどれが自分でどれが自分ではない他人であるかは、決してわからないからだ。そして、じつをいえば、御子柴の説明は説明になっていない。引用文の最初では確かに「自分と他人とを区別」することが問題とされ、「それを区別させるのは、……」と議論が始まっていたのに、最後は「……先の「私」もまた異なるものとして理解されるというのが実情なのです」と、複数の「私」の間に差異ができることが説明されて終わっている。最初に設定された問いには答えられていない。「異なるものとして理解される」だけでは、各人の区別が可能になるだけで、そのうちどれが私でどれが他人か(そしてどれとどれは他人どうしの、差異にすぎないか）は、決してわからないからである。＊ここでしかし、カント解説者としての御子柴を責めるわけにはいかないだろう。なぜなら、カント自身もやはりこの程度までのことしか考えていない可能性は高いからである。

＊　これは第5章の段落39における自己触発の議論と本質的に同じことである。内的世界の成立の問題は私の成立の問題とは関係がないのだ。その時も書いた（第5章の主として段落41と段落42）が、この関係なさこそが問題のキモである。また、そこでの中島義道もここでの御子柴善之も、カントがあまりはっきり言っていないことを専門家の立場からはっきり言ってくれてたいへん有り難い。ともあれこの問題は「私」という問題を考える際には破格に重要であって、もしこの問題が存在しなければそもそも誤謬推理で扱われている「誤謬」など起きるはずもないといえる。（逆に言えば、この問題の存在に気づいていない人にそもそもここで何が誤られているのかが理解できるはずもないように思われる。実は多くの人がそうなのではないかと私は疑っている。）

8　そのことを確認するためにも、まずはこれに続く段落を読んでみよう。それは次のように始まっている。

最初は次のようなことが奇異に思われるにちがいない。私が一般的に何かを思考する条件、したがって私の主観の性状であるにすぎないものが、同時に、思考するすべてのものに妥当すべきであるということ、そしてまた、経験的であるように見える命題［「私は考える」のような］によって必然的で普遍的な判断を根拠づけることがあえてなされ、「およそ思考するものはすべて、自己意識が私について言明するのと同じ性状をもつ」と見なされるということ、といったことがである。（A346、B404）

と、話が始まるのだが、この新しい段落を読み始めてまず驚嘆せざるをえないのは、いつの間にかカントが、自分と他人の区別を前提した話を始めていることである。そのような区別そのものはいったいいかなる根拠によって存在する（といえる）のか、そこの考察はいっさいなしに、である。これは話が逆であろう。このことを問題にするのであれば、それに先んじてまず問われるべきこと、すなわち先に「奇妙に思われる」べきことは、ここで問われているような、私自身の条件にすぎないことが他人たちにも当てはめられて一般化されてしまう、というような問題ではなく、そのような問題を立てさせるそもそもの根拠である、私と他人という差異がそもそも存在しているということ、*まさにそのことでなければならない。それらはいったい何であるのか、その差異はいったい何の差異なのか（そして、その差異は他人どうしの差異とはどのように違うのか）、まずはそこが問われなければならないはずである。それを飛び越えて問われる、その差異の乗り越えについての問いは、そもそも何の乗り越えが問われているのかがわからないという意味で、意味のない問いであろう。**そしてさらに、文脈上あえて付け加えるなら、そこは問わずに前提してしまい、その乗り越え（あるいは一般化）の根拠から話を始めてしまうような人に、合理的心理学がじつのところは何を問いたかったのかがわかるはずもない、という悲しい感嘆も伴わざるをえない。

＊　これは、いかにしてもそのような一般化がついには成功しえないものが存在してしまっているということ、ともいいかえられるであろう。

＊＊　しかし、残念ながら、どういうわけか、哲学の歴史を通じて、この種の意味のない問いが問われ続けてきた。なぜ、ほぼすべての哲学者が哲学のしどころを誤認したのか、それ自体が研究に値する事柄であるように私には思われる。

9　前段落で述べたことと同じことだともいえるのだが、私の感じたこの「驚嘆」を別の観点から語りなおしてみるなら、それはカントがいつの間にか「私」の意味を根本的に変えているということにある、ともいえる。「奇異に思われるにちがいない」ことの例として第一に挙げられるのが「私が一般的に何かを思考する条件、したがって私の主観の性状であるにすぎないものが、同時に、思考するすべてのものに妥当すべきであるということ」であって、たしかにそれも奇異に思われはするが、それよりもまず最初に奇異に思われることは、この文で「私」が、突如としてそれまでと違う意味で使われていることである。それまでは「私」はむしろ、「すべての概念に伴うたんなる意識」、「表象一般の形式」、「思考するすべてのものに妥当すべき」もの、のような意味で使われていたはずである。といあたかも、ここで新しく立てられた問いの可能性などはそもそも考えられもしないかのように。ということは、出発点はそちらにあったということだ。ところが、ここで登場した「私」は明らかにそのような意味ではない。では、いったいそれは何なのか。何が新たに登場したのか。まずはそのことこそが徹底的に問われ、徹底的に論じられねばならないはずではないか。それがほんの少しもなされず、あたかもそこはわかりきったことであるかのように処理されていることが、私がここで「驚嘆」せざるをえなかったことだともいえる。*

* これは哲学者の風上にも置けないとんでもないことだと私は感じるのだが、そうするとほとんどすべての哲学者が哲学者の風上にも置けないとんでもない人物であることになってしまうのである。哲学をするということは、思われている以上にとても難しいことなのではないか、と私は疑っている。

10　いったいそれは何なのか、新たに何が登場したのか、そんなことは明々白々ではないか、と思う人がいるかもしれない。しかし、そうではない。少なくとも合理的心理学の誤謬推理を批判したいのであれば、まさにそこにこそ目を見開き、目を凝らさなければならないだろう。とはいえ、その多少とも込み入った実情について私は、図式論を論じた第5章の段落50と段落51において、『プロレゴーメナ』§46（S.334）におけるカントの発言を引いてすでに論じている。そこと同様、ここのカントの発言もまた、すでにして（まだ「演繹」も為されていないはずの）第一人称カテゴリーが、とりわけその図式が、使われてしまっている、と認定すべきものであろう。繰り返しにはなるが重要な点なので、いちおう再確認しておこう。ここに登場する「私」も、第5章段落40で「私が哲学を学び始めたときにいちばん気になった（＝気に入らなかった）のがこの種の曖昧な「私」の使用法……」と言ったその使用法で使われている、といえるだろう。それゆえ、この文の「私」にも二義性がある、と。カントはおそらく自分自身を念頭に置きながら、この文を書いたであろうが、それを他人に向かって語るとき、その意図していることが逆向きにも（すなわち他人たちの側をこの意味での「私」と取っても）いえるとも考えていたに違いない。ということはつまり、まさにここで問題とされている「一般化」がその問題提起そのものにおいてすでに使われてしまっている、ということでもある。*しかし、もしそれを使ってはならないのだとすると、ここでカントが立てようとしている問いはそもそも立てられない、ということにはならないのか。と、このような問いこそが立てられるべきであった。というのは、ここに、そもそもその一般化を伴った仕方では立てることそのものができない問題が現に存在しており、そしてそれこそがまさに、ここで主題とされている合理的心理学が（その本質を見誤ったとはいえ）固執せざるをえなかった問題の根源であったにちがいないからである。**

＊　カントは、そこにある種の矛盾が介在していることをおそらくは意識していなかったであろうと思われる。

＊＊　いうまでもないことではあるが、その「一般化を伴った仕方では立てることそのものができない」そのできなさそのものを一般化して提示するという仕事が私の主要な仕事であった。

11　これに続く箇所の議論にも、当然、その問題は持ち越されているはずであろう。と、思われて当然のところなのだが、これまた驚くべきことに、それが必ずしもそうとはいえないのである。段落8

で引用した箇所の問いに応答すべく、カントは次のように言う。

> そのことの理由は以下の点にある。われわれは事物に対して、われわれがそのもとでのみ事物を思考する条件を構成するようなすべての性質を、アプリオリに、必然的に付与せざるをえない、ということである。ところで私は、思考する存在者については、ごくわずかな表象でも、外的経験によってではなく、ただ自己意識によって持つことができるにすぎない。というわけで、このような対象［思考する存在者］は、この私の意識を他の事物へと置き移したものでしかなく、他の事物はこの置き移しによってのみ思考する存在者として表象されることになるのである。この場合、「私は考える」という命題はたんに蓋然的なものと解されることになる。（Ａ３４６-７、Ｂ４０５）

この「私」とはだれか、という問題は以前と同じで、ここでもそれは二重の意味を持ち、これらの文はみな「人称図式」を使って語られている、というべきであろうか。素直に読むかぎり、この箇所はそうとばかりは読みがたい。この箇所からは、それ以上の（あるいは以前の）問題を読み取ることができるからだ。カントは冒頭で「われわれは……付与せざるをえない」と言っている。が、それが理由のすべてであったなら、相互に立場を入れ替えて付与しあうだけでよかったはずであろう。なぜ、次の文は「ところで私は、……」と始まり、その次の文では「この私の意識を他の事物へと置き移したものでしかなく、……」という方向へそれは繋がっていくのであろうか。少なくとも、これは全体の理路に忠実な展開とはいいがたい。理路に忠実であるかぎり、この展開には理解しがたい飛躍が含まれているからである。ここまでの理路に忠実であるならば、ここは、「ところですべての思考する存在者は、他の思考する存在者については、ごくわずかな表象でも、外的経験によってではなく、ただ自己意識によって持つことができるにすぎない」のようになるのが当然であり、相互に立場を入れ替えて付与しあうだけでよいはずだからである。* しかし、もしそのように修正したならば、最後の「この場合、「私は考える」という命題はたんに蓋然的なものと解されることになる」は意味不明となるだろう。そう修正した場合には、それぞれの人にとって「私は考える」という命題が実然的である(=現実にそうである)ことは話の前提であることになるはずだからである。**

*　じつをいえばこれでも問題はある。思考する存在者はなぜそのような仕方で断絶しており、なぜそれぞれ自分の場合を置き移すなどということをあえてしなければならないのか、それがじつは謎だからである。しかし、それはまさに、ここで論じているような特異な構造的事実に由来するものであり、それ以外には説明することができない。この話は少し複雑なので、当面は無視していただき、さしあたって本文だけの繋がりで理解していただいて問題ない。その場合には、この注は後から振り返ってほしい。(この注で提起されている問題は、段落4の注＊＊の注内注で提起されている問題とともに、段落15でその本質構造が図式的に解説される。)

**　それゆえ当然にまた、そもそも何を置き移す必要があったのかもわからないことになるはずだろう。なぜなら、ここでもし「さあ、置き移し合いましょう」といえるのであれば、置き移されねばならないはずのものを相手の側もすでに持っていることがその際にすでに前提されていることに（いいかえればもうすでに置き移し合いはされ終わっていることに）なるからである。カントはここではこの問題を回避している。しかし、そうすると今度は、なぜかもっぱら置き移す側に立つその例外者――カントはここではその存在を前提しているように読める――はいったい何であるのか、何がそいつをその例外的な位置に立たせているのかが、まったくの謎となるだろう。彼の議論の内にはいかなる答えも見出せないその不可思議な何かを、議論の最も重要な場面でいきなり投入し、重要な役割を演じさせてしまうのは、奇妙なことである。以前に第4章段落6の注＊＊で言及し、その後に第5章段落51で議論した、『プロレゴーメナ』§46（S.334）の「私とは現に存在しているという感じのことである」をここで思い出していただきたい。おそらく、その箇所の「私」も主としてはここで登場した「この私の意識」のような意味で使われていただろう。逆にいえば、ここの議論は、第5章段落51の議論における、「それと同時に」以下の議論を含まない段階の「落差の存在」に依拠して語られていると見るべきであろう。すなわち、他人は「現に存在しているという感じ」がしないから「私」ではなく他人なのである。だから、それはこちらから一方的に「置き移され」なければならないが、置き移されたにすぎないものはあくまでも「蓋然的」である。カントはこれ以下の議論で、この実然的な「私」を排除し、問題領域を蓋然的な「私」に絞っていくが、それ以前に重要なことは、カントはこの落差の存在をよくよく知っていたということである。カントが知らなかったことは、まさにその落差の存在こそが合理的心理学の主張の根底にあるものなのだ、ということである。魂とはつまり、その落差の存在を世界内的に対象化し事物化し物象化したもののことだからである。

（注＊＊内の注＊　ちなみに、その注（第4章段落6の注＊＊）で言われている、「他人もまたじつは

（その他人自身にとっては）「現に存在する感じ」を感じているはずだ、というのはあくまでも人称カテゴリーが持ち込む根源的な規約にすぎない。」という問題は、その後、第5章では「図式」として再解釈されている。さらにその後の「この自他の対比はそれ自体が、「私」を〈私〉と取っても《私》と取っても成り立つということにある」という問題については、これまた本章段落15において解説される問題の一部である。）

12　さて、そうだとするとしかし、カントはなぜここで突然、「ところで私は…」などと言い出し、それをさらに「この私の意識を他の事物へと置き移したものでしかなく……」などと続けたのであろうか。自らが設定した理路から飛躍してまでわざわざ、このように繋がるような意味において「ところで私は…」（傍点引用者）などと言い出さねばならなかった理由は何か。カント哲学の体系的解釈などということを離れて、素朴に考えるなら、答えは明白だろう。ここには「すべての思考する存在者は……」という形で問えるような並列的な事実を超えた、それとは別の問題があることを、カントもじつは知っており、ここはそれを持ち出すのがふさわしい（持ち出さざるをえない）場所であると感じたからであろう。するとここには、カントが見事に「論駁」したはずのデカルト的な見地の、しかしカントが関知しなかった（とはいえじつは最重要の）要素が期せずして混入した、と見るべきであろう。すなわち、ここにははっきりとヨコ問題の混入を認めるべきだといえる。「この私の意識の（dieses meines Bewußtseins）」という表現が（すなわちこの「この（dieses）」の介入が）そのことを強く示唆している。*その点から見れば、段落10で主張した「二義性」はここではむしろ消滅していると見るべきであろう。すなわち、ここでカントは「それを他人に向かって語るとき、その意図していることが逆向きにも（すなわち他人たちの側をこの意味での「私」と取っても）いえるとも考えて」はいないと思われる（まさにそれこそがこの dieses の意味することであろう）。[**] さらにこの線の読みを強力に推し進めるなら、ここでカントは、前章の段落46において「カントの議論ではそもそも接近することさえもできない」として提示された、「必然的に外界込みで存在せざるをえなくなったその「私」たちのうちに、ただ一つだけ、疑う余地なく存在する「私」」の立場に期せずして立った、と見なすことさえもできるはずである。[***]

＊ ちなみに、参照したすべての邦訳がこの表現を「この私の意識」と訳しているので、ここでもそれを踏襲したが、この訳は必ずしもよい訳とはいえないだろう。この日本語表現を「この「私の意識」」と読める人は少なく、多くの人は「「この私」の意識」と読んでしまうであろうからだ。カントはさすがに「この私」などとは言っていない。「私のこの意識」という訳のほうがまだしも原意に近いのではなかろうか。

＊＊ おそらくここには、第1章の段落15で提示した、「置き移しも、その舞台の上でなされるほかはなく、舞台それ自体はそのままにとどまるほかはない」ような（もちろん舞台であるというその形式は他者に置き移されうるのだが）者の存在という問題があるはずである。それはどこまでも形式化されて置き移されうるのだが、どこまでもその舞台としてとどまり続けもするわけである。[*] その観点から解釈を入れるなら、形式化されて置き移されたにすぎないということがすなわち「蓋然的」である

ということであり、それがなされるその舞台としてどこまでも（形式化されずに）とどまり続けるということが「実然的」であるということになるであろう。（前段落の注＊＊でも言ったが、合理的心理学的な「魂」とはむしろ、この形式化されなさの側を抽象化・形式化し、それ自体として概念化・対象化したものであるといえるであろう。）

（注＊＊の注内注＊　もし置き移しということが完全に成功してしまったら、その他者は私になってしまうだろう、という問題がここにある。敏感な人がいてほしいが、この問題は哲学的に非常に重要である。置き移しはつねに適度に成功しなければならないのだが、といってもそれはたんなる程度の問題ではないので、段落15で再説される「描けない図」の段階差（落差）を必ず利用しなければならない。（そして、もう一つ重要な点は、この段階差の利用ということそのものはどの段階でもできる、ということである。これについても、実質的には同じことを何度も言っているが。）この問題についてはまた、段落35の注＊＊＊（のとくに後半）もぜひ参照されたい。）

＊＊＊　さらに強力に推し進めるなら、その段落の注＊で提示された「独我論」の立場に立ったと見なすことさえ必ずしもできなくはないだろう。

13　ところで、一般的に言って、そもそもなぜ「相互に立場を入れ替えて付与しあうだけ」では足りないのであろうか。これは大問題であろう。とはいえ、その問いにはこう答えざるをえない――われわれのこの世界がなぜか現実にそのように出来ているからだ、と。すなわち、一般的にそうしあっているだけであるようには出来ていないからである。一般的にそうしあっているだけであるように出来ていてもよかったのに、である。そうであることもまた可能であったのに、である。われわれのこの世界はなぜか現実には、ここでのカントが言うとおり、「この私の意識を他の事物へと置き移す」という仕方でしか他者たちが存在できないような、いわば一方的なあり方をしている。つまり、そういう唯一的な、すなわちもっぱら「置き移す」側に立つような、そういう「私」が存在するように出来てしまっているのである。これは、なぜかわからないが現実に（現在は）そうなっているという意味である。*

＊　もちろん相互的な置き移し合いもまた存在してはいるが、その種の経験的な事実の水準の問題とはまた別のところで、そもそもこの世界を初めて開いている根源的で唯一的な置き移しが存在せざるをえないのである。この差異の存在こそが決定的である。根源的な意味においては、ただひとりだけが置き移す側に立ち、そこからすべてが始まっているというように、この世界は出来ているからだ。これは、これを読んでいるだれもが賛同せざるをえないという意味で、客観的事実でもある。（そうであるならばしかし、それはふたたび相互的な置き移し合いであることにならないか、という問題は存在しており、そのうえしかも、本注冒頭の「経験的」という認定も疑われて然るべき認定ではあるのだが――それはじつは累進的に超越論的であらざるをえないというのが私の議論なので――そうしたことについてはカントについて論じているこの場面で論じることはできない。その点についてもやはり、段落15の解説で多少はその前提を補足することができると思う。）

14　ところでしかし、一つだけ「置き移す」側にだけ立つ者がいるとはそもそもどういうことなのだろうか。それはいったい何であり、そいつの何（どこ）が他と違っているのだろうか。そして、それはなぜ（さらにまたいかにして）固定しているのだろうか。すなわち、なぜ置き移す側と置き移される側がときに入れ替わったりはしない（できない？）のであろうか。* これらのことは真に驚くべき事実であり、この世界にはこのような驚くべき事実が実在していることに疑う余地はない。と私は思うのだが、なぜかこの事実に驚いている人が哲学者の中にさえほぼ皆無のように見えるのが、私には昔から非常に不思議であった。とはいえ、じつをいえばこの一性（＝こいつだけ性）の事実こそが、デカルト的観念論や合理的心理学の成立の根拠であったと同時に、またカント的な超越論哲学の成立の（隠された）根拠でもあったこともまた疑う余地はないとは思っている。この事実の存在ぬきに、どうしてそうした諸思想の存在に意味が与えられることがありえようか！

＊　最初の二つの問いはデカルト的であり、固定性（入れ替らなさ）にかんする次の二つの問いはカント的である。しかし、後者もまたあくまでもデカルト的問いを受け継いだカントでなければならない。デカルト的な「私」はただカント的にのみ維持されえ、カント的な「私」はただデカルト的にのみ始まりうるのだ。

15　ここで少しだけ話を戻して、カントからは少々離れざるをえないが、これまでにも何度か言及してきた、『独在性の矛は超越論的構成の盾を貫きうるか――哲学探究３』第８章の段落20の「描けない図」の話をもう一度しなおしておきたい（読まれたことのない方はそちらも是非ともお読みいただきたいが）。それは、「まずは中心をもたないのっぺりした通常の世界像から出発しよう。しかし実は、その内部に在るとされている人間たちのうちの一人がその世界そのものを（というかおよそすべてを）はじめて開いているという異様なあり方をしていることに気づく（一体こいつは何だ？・）」と、始まっていた。* この始まり方は「世界そのものをはじめて開いているという異様な」人物の存在を——すなわちその「異様」さを——際立たせるにはよく出来てはいる。明言されていない最重要ポイントは、そんなやつはいなくてもよかった、という点にある。そいつがいなければ何も無かった（と同じことである）といえると同時に、そいつがいなくても世界にいかなる違いもなかったともいえる、という点がこの問題のキモである。しかし、超越論哲学の問題意識をこれと関係づけて理解する際には、この構図はあまり適切だとはいえない。「中心をもたないのっぺりした世界像」そのものもまた超越論的に構成されねばならないので、それを前提するわけにはいかないからである。しかし、この超越論的な構成の考え方は哲学的により大胆で根源的なものではあるのだが、それゆえにかえって大味過ぎて、タテ問題に対するヨコ問題の独自性というより繊細なポイントを取り逃がしてしまうという憾みがある。ここで重要なことはむしろ、一般的に主観が客観的世界を構成するというタテ問題的構成の問題とはまったく違う、それの内部に含めることは決してできない、ヨコ問題的構成の問題というものが存在している、ということにある。そのポイントは、原理的に一つしかありえないはずの、そのような「異様なあり方をしている」やつと本質的に同じ——そんなやつはいなくてもよかった等々の点を含めて——やつらが複数存在しうる、と考えるという点にある。*** これを認めると、ほんとうは世界そのものが複数に分裂することになる。とはいえしかし、これはまた、「世界そのものがそこからはじめて開かれる」という「異様なあり方」をしたそいつを、通常の世界内の人間の一人として位置づける、ということでもあるので、世界は分裂などせず、もともとの一つの世界内に複数の主観（それは超越論的であってもかまわない、相並びさえすれば）の存在が認められただけである、ともいえることになる（そして通常はこちらの解釈が取られる）****。この段階こそが、段落13の注＊でちょっとだけ触れた「そうであるならばしかし、それはふたたび相互的な置き移し合いであることにならないか、という問題」が成立する段階である。その注＊の最初に「経験的な事実の水準」と言われていたことも、じつを言えばこの段階で起こることを含まざるをえないことになるがゆえに、いちばん最初に起こることと本質的には同じことでなければならないという意味において、*****必ずしも「経験的な事実」とはいえない、ということになるのだ。この図が「描けない」理由等々にかんしては『哲学探究3』のほうの「原典」にあたっていただきたいが、そこでは、その説明の後に、こう書かれていた。「とはいえこれは、第一ステップの平坦（のっぺり）さとは平坦（のっぺり）の意味が違うだろう。実のところは共存できない種類の、作られた平坦さだからだ。この第三の世界像を認めたとしても、現実にはそのどれかから開ける視点しかありえず、その一つが現実であるならその他はじつは非現実であるほかはない、というあり方が認められて……も、しかし、それは必ず各人と相対的（相関的）に存在する主観性という問題に矮小化されることになる」。ここの「現実」と「非現実」の対比は、カント的には「実然」と「蓋然」の対比となる。現実にこの対比が存在するのは一つ（一回）だけだが、概念的には無限に繰り返され、段階としても無限の段階を想定することができる。いわゆる客観性には、タテ問題的な客観性とこのヨコ問題的な客観性との二種類があって、それは——しばしば混同されているとはいえ——まったく異種のものと言わざるをえないはずである。

＊　何よりもまず重要なことは、この最初の出発点を客観的な一般論として受け取らないことである。これを本質の問題としてではなく実存の問題として（すなわち唯一無根拠な存在者としてのこの私一人のみのこととして）受け取らなければ何も始まらない。というより、少なくともその二つのことを識別できることが最も重要である。この点についてはまた、第5章の段落51の「（なんと同時に！）」の箇所の議論とも関係づけて理解してほしい。

＊＊　ここの「そいつ」は「そいつのようなあり方をしたやつ」の意味である。そいつである人物はいても、ここで描写された「そいつのようなあり方」をしていなければ、それを「そいつはいなかった」と描写してよいことになるので注意。だからこそ、そいつ自体はいても「何もないのと同じ」である場合もありうるわけである。（もちろん、より単純に、そいつ自体がいないことによって「そいつのようなあり方をしたやつ」もまたいない、という場合のことも考えてよい。たしかに、そいつ自体はいてもそういうあり方をしてない場合を考えるほうがより高度な哲学的思考ではあるが、どちらにしてもそういう場合がありうるということで同じ問題を考えているという面もありはするので、高度でないほうも必ずしも軽視するにはおよばない。）

＊＊＊　これはまた、「そんなやつは存在しなくてもよかったのになぜか存在した！」といえるその唯一者の、そういうあり方そのものの一般化・形式化・概念化でもある。この問題意識には超越論哲学のそれとは別のものが入り込んでおり、カントにはもちろん、デカルトにもウィトゲンシュタインにも、この問題感覚が欠けていると私は思うが、それを考慮に入れなければ理解できない問題が存在することに疑う余地はないと思う。

＊＊＊＊　これがカテゴリーとしての第一人称（the first person）の起源である。とはいえ、この並列的諸第一人称の存在だけで完結してしまったなら、そのたくさんの「第一の人間」たちのうちのどれが私であるかは判別そのものができないことになってしまうので、ここにはそれがわかるような唯一的な突出構造もまた同時に内在していなければならない。この「矛盾」の存在が不可欠である。（ところが、そのこともまたすべての人にかんして成り立たなければならない、という次の段階の矛盾が必要になり、この累進プロセスには終わりがなく、この矛盾を消す方法もない。）

＊＊＊＊＊　ただしもちろん、本質的に同じ（＝本質が同じ＝本質だけ同じ）であるだけである。そしてもちろん人称図式の成立の問題でもある。その点についても第５章段落51を参照されたい。また、本書では自由意志については第６章第24段落でしか言及されていないが、ここでまたもし、最初の「異様なあり方」をした存在者の成立に（いいかえれば〈私〉の存在の第一基準の内に）、「その身体を殴られると現実に痛い」等々のほかに、「その眼の視線の方向を自由に動かせる」といったことも含めうる／含めざるをえないなら、ここで描写されている全過程は自由意志のカテゴリー化とも関係していることになる。すなわち、カテゴリーとしての第一人称（the first person）の成立には最初から自由意志を割り振ることも含まれていたことになるはずである。

16

次にカントは、経験的心理学と合理的心理学との違いを説明した後、次のように言う。

ところで、「私は考える」という命題（蓋然的なものと解された場合）は、すべての悟性判断一般の形式を含み、あらゆるカテゴリーにその乗り物として伴っているので、この命題に基づく推論はたんに超越論的な悟性使用しか含みえないことは明らかであり、この超越論的使用は、いかなる経験の混入も排除する。（Ａ３４８、Ｂ４０６）

ここでは何よりもまず「(蓋然的なものと解された場合)」という括弧内の挿入に注目すべきであろう。これは実然的ではない（現実に存在するとはかぎらない）という意味であるから、この「私は考える」は現実に存在するかどうかは度外視して、その命題の意味だけが考えられている、ということになるだろう。ということはつまり、まず第一に、前々段落（カントの原文で）で登場し中心的な役割を演じた、あの意味での「私」はこの議論からはすでに排除されている、ということを意味する。すなわち、置き移す側のその「私」は（それが何であったにせよ、何であったのかを含めて）もはや問題にされず、置き移された側の「私」――要するには他人の「私」！――だけが問題にされている、ということを意味する。*そして第二に、その置き移された側の「私」は「あらゆるカテゴリーにその乗り物として伴っている」ようなものとしてだけ考えられることになる。こちらもこちらでやはり疑わしい見解だといわねばならない。置き移された蓋然的なものだからといって、「超越論的な悟性使用しか含みえないことは明らかであり、この超越論的使用は、いかなる経験の混入も排除する」などといえるだろうか。むしろ、たんなる超越論的な悟性使用を超えた「経験の混入」をも「蓋然的」に含んでいる、と考えるのが妥当であろう。実然的か蓋然的かという様相上の対比と経験的な内容を含むか否かという事象内容的な対比は区別すべきであろうからだ。「この私の意識」が置き移されるのだから、概念上はそれと同じものが置き移された先にもあることになる、と想定されるべきであろう。神の存在論的な証明を批判するに際してカント自身が言ったことを転用して語るなら、置き移す側の実然的な百ターレルと置き移された側の蓋然的な百ターレルはまったく同じ事象内容でなければならないはずだから、ここで置き移されえないものは経験（的なもの）ではありえず、それはあくまでも（様相上の）実然性・現実性でなければならない、ということである。これはつまり、他人であるからといってゾンビであるわけではない、という問題と同じである。他人はゾンビなのではなくただ他人なのである（ゾンビには別にならなければならない）。

＊　たしかにこれは不思議な展開である。以後、批判対象である合理的心理学の主張が、もっぱら蓋然的なものとしては考えられることになるが、これは、議論の展開からすると、もっぱら他人にかんするものとして考えられるということであって、明らかに変な話である。合理的心理学者はおそらくはむしろつねに、置き移す側の「私」を考えており、それをこそ概念化・事物化したであろうからだ。変な話であるというよりもむしろ、ここでカントが密かに何を隠蔽しようとしたのか、精神分析を施したいような場面であるともいえる。それほどに不思議な展開であるといえる。

17　さらに、こうもいえるだろう。置き移すとは、この一性（＝こいつだけ性）の事実そのものを概念化して置き移すことでなければならないはずである。そうでなければ置き移し先は「私」になれないだろう。カント自身が使った言葉で言えば、それではせいぜい「彼」になるだけであろう。ここには、デカルト的「私は思う」の成分を受け継いて、そこに「渡らぬ台詞の主体」の存在を認めるか否かの重要な違いがある。カテゴリーの乗り物であるだけでは、表象を総合して文をつくれるだけのものだろう。置き移すに際しては、置き移す側である（＝すべてがそこから開けている開闢の主体である）というあり方それ自体を、その意味での一性それ自体を概念化（形式化）して、そのこと自体を置き移さねばならないはずだが、この最重要な論点が蔑ろにされているように思われる。すなわち、ここではこの二重の仕方で、おそらくは意図的に、私が「デカルト的」と呼んできた要素が抹消されている。置き移す側が議論から排除される第一の点も問題だが、この第二の点もやはり問題である。それではカテゴリーの乗り物、せいぜい個々の総合の主体が出来上がるだけだろうからだ。「彼」は、そう判断し、そう思考し、そう語る。しかし、そう思ってもいるだろうか。すなわち、渡り台詞可能的な意味上の繋がりを構成することと実際にそう思うことの区別ができる（という点まで置き移されている）だろうか。彼はそういう意味で「私」であるのだろうか。

18　次にカントは、「一般的注意」として、次のようなことを言っている。

> 私が私自身を認識するのは、私が私を思考するものとして意識することによってではなく、私が私自身の直観を、思考の機能にかんして規定されたものとして意識することによってである。だから、思考における自己意識のあらゆる様態は、それ自体ではまだ客体についての悟性概念（カテゴリー）ではなく、たんなる論理的機能にすぎない。この機能は思考に対していかなる対象も与えることがなく、したがって私自身を対象として認識させることもない。規定する自己の意識

ではなく、規定可能な自己の意識だけが、すなわち私の内的直観（その多様なものが思考における統覚の統一の普遍的な条件に従って統合されうるかぎりでの）の意識だけが客体なのである（B406–7）

「思考の機能にかんして規定されたものとして意識する」とは「カテゴリーのはたらきによって規定されたものとして意識する」というようなことであろうから、これはわれわれにはもうお馴染みのカント哲学の開陳である。この第一文は「私自身を認識する」といえる場合はどういう場合か、ということについて述べているにすぎないことになる。すると次の、「思考における自己意識のあらゆる様態は、それ自体ではまだ客体についての悟性概念（カテゴリー）ではなく」というのはもちろん正しいことになるが、だからといって「たんなる論理的機能にすぎない」というのは、少なくとも通常の場合は、正しいとはいえない。そもそもこの二分法そのものが（「意識する」と「認識する」の二分法もだが）通常の場合は、成り立たない。それ以外の要素が本質的な役割を演じるからだ。唯一実然的な（＝現実に存在している）自己意識はたんなる論理的な機能ではありえないからである。なぜなら、それは世界の開けの唯一の原点でもあらざるをえないからだ。それは、唯一の原点という仕方で、きわめて特殊であるとはいえ、いわばまったく特別の内容を、中身を持つのである。「私」とはすなわち「唯一の置き移す側の者」の名でもあるからだ。*そのことを、カント自身もじつは知っていた。だからこそ彼は、「ところで私は」で始まるあの議論をあの箇所にわざわざ挿入して、議論の舞台を「蓋然的」な場面に絞ったのでもあろう。蓋然的とは、それが現実に成り立っているかどうかは問題にしない、という意味である。しかし、「私」（や「今」）を論じる際には、じつのところは、この現実性にこそ問題の本質がある。現実的でなければ「私」にならないからである。現実的でない私とはすなわち他人の私、じつは私ではない私である。そこでは真の問題はすでに抹消されている。真の問題が直接的には登場しない場面でだけ、「私」という問題が扱われることになる。カントは合理的心理学の誤謬推理を論駁する場面で、議論の主題である「私」を、じつは私ではない私に絞った。意図的に、わざわざそうした。体系構成の都合に合わせてちょっと狭い議論の進め方をしたか、敵の正体を見誤ったか、どちらかであろう。

＊　それを世界内の特定の「規定されうるもの」と同定する仕事は、後から為されるべき別の仕事である。

19　善意に解釈して、カントは敵の正体を見誤った、としよう。敵はたんに概念をこねくりまわすだけの議論をしているように見えるかもしれないが、じつはそうではない。敵はじつは、カントがここで排除したものこそを、すなわち本来は概念化不可能なものを、無理に概念化して、世界内において存在者化しているのである。敵の議論のまずい点はすべてその無理に由来している。議論の焦点は、だから蓋然的な事柄の中にはなく、その真逆の実然性に、すなわち現実性そのものにある。誤謬推理批判の議論は、だから、すべてを取り違えている。

二　四つの誤謬推理

20　ここからは「誤謬推理」そのものについての議論を対象とすることになる。第一版のよりくわしい記述も参照しつつ、基本的には第二版の要約的な記述を基礎として進むことにする。すでに段落5で紹介したように、誤謬推理は、関係、質、量、様相のそれぞれのカテゴリーの観点から性格づけられて、順番に、実体、単純、単一、可能な対象に関係する、となる。そこで、まず第一に「実体性の誤謬推理」から。

> あらゆる判断において私はつねに、その判断を構成する関係の、規定する主体（主語）である。ところで、思考する私は思考においてつねに主体（主語）として、すなわち述語のようにたんに思考に付属するものとは考えられない何かとして、見なされなければならない、ということこのことは、一個の確然的な命題であり、同一的な命題でさえある。しかしこの命題は、私が客体として、それだけで自存する存在者、すなわち実体である、ということを意味してはない。（B407）

最初の文の「規定する」に対応させていえば、「私」は規定される側にはまわれないのだ、と言っている、とこれを要約することができる。ウィトゲンシュタイン風に言えば、示されうるが語りえない*、ということである、とも言える。これは要するに、世界が端的にそこから開けているその開けそのものは、あるいは世界をそのようなものとして作り出しているその作り出しの仕組みそのものは、開かれたあるいは作り出されたその世界の内部には位置を持たない、ということである。これは、そのまま受け取ればいわゆる無主体論にも通じる見地ともなり、これはこれで重要な一面の真理であって、本質的には尊重されねばならないものではあるのだが、それでもやはり全面的に正しいとはいえないだろう。その根本的な理由は、前章の段落48でも示唆したように、ここにもまたヨコ問題が介入しうるからである。もしそうでなければ、そもそも自分というものについて（ともあれそれをまずは自分として捉えて）何かを語るということ自体が不可能となるからである。たくさんの人間たちのうちからともあれ自分を識別すること自体が、である。実際にはそれができるわけだが、それは何故なのか、というきわめて単純で原初的な問いが（したがって答えも）不思議なことにカントにはない（この問題を諸個人のそれぞれ違う個別性の問題と混同しているようにしか見えない）。

＊　くわしく言えば、（その語りにおいて）示されうるが（それ自体は）語りえない。

21　開けそのものや作り出しの仕組みは、それによって開かれ作り出されたその世界の内には位置を持たない、という問題は、その開けの原点が（現実的にだけでなく）概念的にも一つしかありえなかったり、あるいは複数あってもみな完全に同型同列（同水準）で並んでいたりしたならば、完全に正しい問題設定でありえたであろう。が、しかし、どういうわけか現実は、このような捉え方を可能ならしめるような問題系（「私」と「世界」が対置されるような、すなわちタテ問題系の）とは別種の要素（すなわちヨコ問題系のそれ）が存在しており、それがそこに介在してくるために、その種の問題はある意味では自ずと解消され、ある意味ではもっと遥かに複雑化されてしまうことになる。概念的・形式的には同型である「私」のなかに、（カントの言葉でいえば）蓋然的なそれと実然的なそれとが、別の言葉でいいかえれば、たんに可能的で概念的なそれとただ一つだけ現実的なそれとが、混在しているからである。すなわち、その種の別の種類の差異が存在しているからである。そして、「私」という問題の本質はむしろ、この後者の問題系のほうにある。世界と対置されるほうは、むしろ「主観」とでも呼ばれるべきものであり、それとは違って「私」には他の主観ではないという強い（否定性の）意味が含まれており、こちらの対置（すなわち自他の）こそがその第一義であるといえる。＊段落11の注＊＊でも言及したように、カントも『プロレゴーメナ』§46（S.334）において、この差異に依拠して「私とは現に存在しているという感じのことである」と言っていたことを思い出してほしい。他人は現に存在しているという感じそのものではないから私ではないのだ。それが「私」ということがらの中核的な意味でなければならない。

＊　タテ問題が第一義的であるのは人称ではなくむしろ格、すなわちここでは第一人称ではなく主格であろう。ich や ego で「私」の問題を考えようとする西洋人はしばしばこの混同に陥る。日本語の「私」で考えたほうが、格から切り離された人称の問題そのものが考えられる。ちなみに、その箇所ではこの解釈には触れていないが、段落47で論じられる三段論法の誤謬もまた、カント自身の解釈とは異なり、人称と格の混同に由来すると解釈することもできる。「主語（Subjekt）」という概念によって、大前提は主格一般を、あるいは第三人称的な主格を考えているのに、小前提はそこに固有に

第一人称的な主格の意味を、すなわちそれに固有の（すなわち主格一般の場合には含まれていないような）主格性の意味を込めて用いている、というように。すると一般に誤謬推理の本質は、人称問題の格問題へのすりかえにあるともいえることになる。

22　一般的に言って、「私」というあり方はこの落差によってしか把握できないように思われる。これは、蓋然性と実然性との、可能性と現実性との落差である。* もちろん（即自的《アンジッヒ》には）つねに「私」でしかありえないのだが、そうであることを（対自的《フュアジッヒ》に）「知る」ために最低限必要なのがこの落差の存在であろう。さしあたって、自分がだれであるかまで知る必要はない。ただ落差を捉えるときに、すでに一種の概念的把握が起こっている。すなわち、カント的な意味での（一般的・形式的な）自己意識の把握を超えた、ある種の様相的な自己把握が起こっている。これはそれ自体を形式的なことと見なすこともでき、だからそのこと自体を一般化することができるのだが、常に必ず形式を超えた実然性そのもの、実存そのもの、をそこに見ることができないと、この落差そのものは把握できない。その二義性（形式と現実の、本質と実存の、蓋然性と実然性の）が「図式」を作り出すのだ。だからこれは、A系列というものが（そのように「系列」化されてしまうことによって）A事実そのものを捉え損ねているという意味では、〈私〉の現実存在そのものを捉え損ねている（しかしもちろん、捉え損ねるからこそ、それは一般的に使用可能なものとなるのだが）。しかしまた、A系列はつねにA事実そのものを、どんなに概念化されてはいても、まさにそれだからこそその本質を保存してはいる、ともいえる（だからこそ、それには特殊な価値があるのだ）。

＊　蓋然性と実然性の差異は、可能的な百ターレルと現実的な百ターレルの差異と同様、事象内容的な差異ではなく様相的な差異である。ここで様相的把握そのものをいかなる事象内容からも（超越論的なそれさえも含めて）自立させなければ、この問題の本質は捉えられない。それが人称（と時制）カテゴリーの本質を成している。（その意味では、「超越論的」はあくまでもタテ問題上の一つのものの見方にすぎない。）

23　実然的な〈私〉そのものは、けっして落差ではない端的な現存在そのものなのだが、落差として捉えられて、それが図式化されることによってはじめて「語りうるもの」となる。が、そうなると、この落差システムそれ自体はどこからでも始められるものともなる。この議論それ自体は累進構造図という形でこれまで何度もしてきた。しかし、それだからこそこれはカテゴリーなのだ、という話はここで初めてしたことになる。人称も時制も本質的に図式としてしかありえないがゆえに本質的にカテゴリーであらざるをえないのだ。ところで、いまここで言っていることは、その最も深い意味においても、より浅い表面的な意味においても、カント哲学には本質的に関係がない。いわば永井哲学に固有の問題なのだが、しかし、この落差の図式が、それを構成する二面のうちの一面において、必ず超越的な要素（図式超越性）を要求するというその点において、その側面がそれ自体として概念化され、世界内的に事物化されると、「魂」という形象が生じうるとはいえる。それは、最終的でもはや形式化できないあり方を、すなわち限界的な落差としてしかありえないものを通常の世界の内に共在させる方法の一つであるといえるだろう。だからそれはまた、無くてもよかった（のになぜか在る）ものから開始される唯一的で立体的な（錐的な）あの構造が、平板化されて複数化された（いわば押し潰された）形態である、ともいえるのだ。

24　超越論的統覚のはたらきとしての「私は考える」がその成果としての世界の中には存在しないというのは正しいとはいえ、それだけでは足りない。そういうはたらきをする複数の同種（のはず）のものの中に、ただひとつだけ実然的な（つまり現実の）そのはたらきが存在する、といういわば一段階階層を上げた対比において（すなわちいわば諸超越論的統覚間の様相的対比において）、それは通常とは異なる階層において規定可能となるのだ。世界の中にある複数のものの内の一つとしてではなく、世界を初めて開くことが可能な複数のはたらきの内の、唯一実然的なそれとして。その差異において。その階層における差異において。この水準における様相的な規定可能性こそが「私」の本質であるといえる。「私」とは、その実然性そのものを形式化した概念であるが、カントがはたらきそのものをその現場で捉えようとするのでむしろタテ問題一辺倒になりがちであるのに対して、合理的心理学はその現場からは身を引いているためにむしろそれとは別の問題（すなわちヨコ問題）があることをよく捉えたともいえるだろう。合理的心理学を批判するなら、むしろ実然性という様相的性質を世界内的に実体化してしまった、と批判されるべきだろう。たしかに持続可能性という論点にかんしてはカントの議論が本質をついているとはいえ、それ以外の点——単一性や単純性——にかんしては合理的心理学のほうが本質をとらえていると言える。超越論的統覚はそういうはたらきにすぎないからそのような（物が持つような）属性は持たないとはいえ、ヨコ問題としての実然的な「私」には、たしかにそれらがあるともいえるのである。そして、その指摘には疑う余地のない重要性が含まれている。

25　この問題に関連して、第一版からは、次の一箇所を検討しておこう。

> われわれがいかにそれを目論もうとも、確かな観察によって（「私」の）持続性を証示することはできないだろう。というのは、たしかに「私」はあらゆる思考のうちにありはするが、しかし、この表象には、「私」を直観の他の対象から区別するような、いかなる直観も結びついてはいないからである。それゆえ、「私」というこの表象があらゆる思考に際して繰り返し現れることは知覚されても、この表象が、その内でさまざまな思考が（変化しつづけるものとして）移り変わるような、持続的な直観であるということは、知覚されえない。（A３５０）

このことの「帰結」として、「われわれは「私」のこの論理的な意味を除けば、この「私」およびすべての思考の根底に基体としてあるような主体それ自体についてはいかなる知識も持っていない」（A３５０）と言われている。はたして、いかなる知識も持っていないといえるであろうか。「（「私」という）この表象には「私」を直観の他の対象から区別するような、いかなる直観も結びついてはいない」というのは、すべてはその「私」という場の上で生起するからである。だから当然、それを直観の他の対象から区別するような直観がそれと結合することなどはありえない。すべてがそこにおいて開かれる究極の場であり、ただその結合の仕方を背後から差配するだけのものであれば、確かにそれについてはいかなる知識も持ちえないであろう。

26　たしかに、もし主観的な「私」と対象的な世界しかなければ、その通りでもあろう。しかし、カント自身も、それとは別に、主観的な存在者の内に自他の差異を認めていた。それはいかにして知りうるのだろうか。そもそも自分とその点において同型の他者なるものが存在する（少なくともしうる）ことをいかにして知りうるのだろうか。かりにそれは謎だとしても、少なくともそれを知りうる以上は、他者たちとは区別される「私」（すなわち主客の主ではなく自他の自）の存在を知りうることは疑う余地がない。主客の主は、客を作り出すそのはたらきそのものとしてのみ、その意味では客においてのみ知られうる、といえるかもしれないが、自他の自は、他と同型のもののうちの唯一の実然性として、その意味ではむしろ他との差異において知られるしかないように思われる。そして、この意味での自己意識（様相的落差の直観としての）を根底においてのみ、自己知（自分がだれであり何であるかの知）というものもはじめて可能になるといえる。

27　第二に、単純性の誤謬推理。

統覚の「私」が、したがってあらゆる思考における「私」が、単数的であり、複数の主体へと分割されえず、それゆえに論理的に単純な主体を表示するということは、すでに思考という概念の内に含まれており、したがって分析的命題である。しかし、このことは思考する「私」が単純な実体である、ということは意味してはいないのであって、もしそうであるなら、それは総合的命題となろう。（B407-8）

しかし問題は、なぜそれが分析的真理なのか、ということにあるだろう。概念の内に含まれているといっても、だれかが任意にその概念を作り出した（だから定義上その意味が始めから含まれている）というわけではあるまい。「私」であることの内には、「分割されなさ」の意味を含ませざるをえないような、そういう何かが始めからあったはずである。この問題を考察するためには、たとえば「彼」もまた定義上、すなわち分析的に単数だが、さて分割されえないだろうか、と考えてみるのが役立つ。何かしら特殊な技能を持った人、たとえば前天皇の冠動脈バイパス手術をおこなった天野篤医師が、時に複数の人間に分裂しえたなら世の中のお役に立つであろう、というようなことが考えられる。そして、そういう場面を想像することはたやすい。彼らは同時に複数の手術をおこなうことができる、としよう。すなわち、「彼」は複数に分割されることが可能である。しかし、その場合でも、当人にとってはどうであろうか。三人に分裂して、並んだ三つの手術室で、別々に手術をおこなっているとき、真ん中の手術室にいる「私」は、左右の手術室にいる自分のことを、その時点で「私」として捉えることはできない（そもそもいまどういう気分で何をしているのかも知りえない）。それゆえに、彼らは他人である。* その意味において、「私」は複数に分割されることができない。それが、つまり、「私」は本質的に単数的であるということの意味であろう。**

＊　非常に高度な技能が要求されるとはいえ、もちろん、三手術すべてを一人の「私」がおこなっている、という状況も考えられはする。しかし、その場合も「私」はやはり一人である。このような意味においては、「私」が複数に分割されるということは、もちろん、およそ考えてみる

ことも不可能であり、そういう状態を考えてみようとしても、何を考えたらよいのかがわからない。(「私」の数は1か0でしかありえない。)

＊＊　読者にとっては意味のない差異だが、私自身にとってはこの例示は永井均が三人になって三つの教室で同時に授業をするという場合にのみ真の意味を持つ。しかし、この差異も、この状況だけがもつ特異性も、一般的な言語では語りえない。読者から見ればどちらにしても「とって」付きだが、私にとっては私の場合だけ「とって」なしの直接的現実性が実現することにおいて、というような形で、ふたたび「とって」付きでしか言えないからである。しかしまさにその「とって」が究極的には外れる、ということが問題の核であり、それが〈私〉が存在するということの意味である。そしてここに絶対的に同化されえない完全な落差が厳存していること(にもかかわらずそのことそれ自体が様相カテゴリーの力によって形式化され客観化されうることも含めてではあるが)によってこそ、この議論はその真の意味を得ている。繰り返しになるがこの絶対的な差異の厳存の問題を決して忘れてしまわぬようにお願いしたい。ここが「私」という問題の源泉であり、すでに読者諸氏もご存じのようにカントでさえも議論の中で時々それを使っている。

28　この思考実験は「私」が分割不可能な、本質的な単一者であることを証示しはするが、それは「私」が分割不可能な「単純な実体」であることを意味するわけではない。そういう通常の「実体」の意味においては、三人の天野医師が存在可能であるように、「私」である人物も複数の人物へと分裂することが可能だからだ。さらにまた、分割不可能であることは消滅不可能であることを意味するわけでもない。「私」が消滅不可能であることのほうは、むしろ逆に、記憶の連続性があるかぎり三人とも、「私」でなくなることができない、という記憶に条件づけられた持続がはたらくことによって与えられることになる。だから、「私」が消滅するためには、記憶を持った人（全員）に死んでもらうしかない（逆にいえばそのことで消滅できる）。すなわち、分割の阻止と消滅の阻止とでは、はたらく原理が異なっており、前者にかんしては独在論的な原理が、後者にかんしては超越論的な原理が、はたらくことになる。* こういう問題は実際に存在しているということが、合理的心理学の問題設定をけっして軽視してはならないことの理由である。

＊　すなわち、同一 vs.分裂と持続 vs.消滅において、別の原理が働くのである。端的な一性の維持は独在性が、持続の維持は超越論性が、である。

29　第一版からはとくに次の箇所を読んで、置き移しの問題と渡り台詞不可能性の問題の繋がりについて考えてみたい。

思考する存在者を表象しようとしたならば、自分自身をその存在者の位置に置き、考察しようとした対象の代わりに自分の主体を置かねばならないということ（そのようなことは他のいかなる探究の場合にも起らぬことではある）、そしてまた、われわれは一つの思考に対して主観の絶対的統一を要求するが、それはひとえに、さもなければ「私は（多様なものを一つの表象において）考える」と言われえなくなってしまうからである、ということ、このようなことは明白なことである。なぜなら、思考の全体は分割され多くの主体に割り当てられうるにしても、それでも主体である「私」は分割されることも割り当てられることもできず、やはりわれわれはこのことをあらゆる思考において前提とするからである。(Ａ３５３－４)

ここは注目すべき箇所である。引用された段落は二文に分かれており、第一文は二つのことが語られているが、第二文はそれらをまとめて一つの理由によって説明している。カントの思考法がよくわかるとはいえ、この議論が透徹したものであるとまでは言い切れないだろう。

30　第二文の理由のほうから見ていこう。「思考の全体は分割され多くの主体に割り当てられうる」とは、渡り台詞が可能だということである。これは言語的意味というものがいわゆる合成原理によって成り立っているということでもある。それゆえ、それは個々のパーツに分解するということが可能ではあるわけだ。これに反して、「主体である「私」は分割されることも割り当てられることもできず」は、渡り台詞は不可能だと言っている。文で表現されるものとしての思考は分割可能であっても、主体によって為されるものとしての思考は分割不可能であり、ある主体にその一部が割り当てられるということもない。ここには、言語的に有意味な文を口から発していても、それを「言って」いるとはかぎらない、という問題がある。「それを言っている」性の源泉は言語的有意味性にはなく、また逆に、言語的有意味性の源泉は「それを言っている性」にはない、という事実があるのだ。これは重要な事実ではあるが、そのことを根拠に第一文の二つの主張が正当化されうるであろうか。たしかに、第一文の第二の主張は正当化されうるといえるであろう。「一つの思考に対して主観の絶対的統一を要求する」とはすなわち、渡り台詞不可能な「一性」の存在をそこに認める、ということだからである。そうでなければ「私は（多様なものを一つの表象において）考える」とはいえなくなってしまうだろう。さて、しかし、第一文の第一の主張はどうであろうか。第二文の主体の分割不可能性を根拠に「自分自身をこの存在者の位置に置き、考察しようとした対象の代わりに自分の主体を置かねばならない」と主張することが正当化されるであろうか。そして、もしされるとすればそれ何故か？

31　ところで私は、ここでカントの議論に反対しているのではない。むしろ、根源的には賛同しているといえる。しかし、それは何故か？をもっと掘り下げて議論すべきだと言っているにすぎない。そして、その前にもう一つの問題がある。ここでは「この私の意識」が各人の「自分」に変わっている点である。もし前者が正しければ後者のように言うことは不可能であろうし、後者が正しいなら前者のような限定は必要ない。本当はどちらであろうか。主観の絶対的統一の存在は私自身の場合にしか味わえないがそれを各人に置き移す、ということが本当なら、それを他者に語るということは何を語ることなのか。それを語られた相手は、もしそれを有意味な哲学的主張と理解しようとするなら必ず、この「私自身」を一般に「自分自身」に読み替え、自分を出発点にして理解するだろう。すでに指摘したように、それなら置き移しはすでに終わっている。それならもうすでに各人の「自分自身」のことを知っていることになるからだ。それでも、この問題を無視して、あたかも各人の「自分自身」を経由せずにそれぞれの「私自身」にいきなり思想伝達ができるように語るしか語りようのない問題が存在するのだ。ここでカントは、各主体の分割不可能性（絶対的統一）は実然的な主体から置き移されなければならないと言っている、と解釈できる。分割不可能性は、渡り台詞不可能性をふくめて、実然性（現実性）によって根拠づけられている、と。これは驚くべき思想である。しかし、その逆の解釈も可能だ。置き移しの不可避性は主体の分割不可能性（絶対的統一）に由来する、と。これはつまらない思想である。はっきりしていることは、少なくともカントはこの問題を詳述してはいない、ということである。もう一つはっきりしていることは、絶対的に統一されている（分割不可能である）ということと、蓋然的にでなく実然的にそうであるということとは、まったく違うことだということである。カントはこの問題を考えていない。じつは実然性（現実性）こそが統一（一性）をはじめて作り出すのだ、という発想を彼が暗に持っていたかどうかは、テクストからは判断しがたい。

32　次は第三の、人格性の誤謬推理。

私自身は、あらゆる多様なものを意識するにもかかわらず、同一である。というこの命題は、同じく概念そのものに含まれている命題であり、したがって分析的命題である。この主体の自己同一性は、私が私のあらゆる表象において意識しうるものであるが、主体がそれによって客体として与えられる直観にかかわるものではない。だから、それは人格の同一性を意味することもできない。人格の同一性によって理解されることは、思考する存在者としての主体自身の実体が、その状態がどれほど変化してもつねに同一であるという意識、だからである。（B408）

これまた、その「分析的」な真理は何に由来するか、という問題を提起するだろう。それは一見してそう思われるほど容易な問題ではない。「この主体の自己同一性は、私が私のあらゆる表象において意識しうるものであるが、主体がそれによって客体として与えられる直観にかかわるものではない」とは、驚くべき精確な描写だと思いはするが、それならばしかし、そもそも「客体として与えられる直観」にはかかわらずに「自己同一性を意識する」とは、何をどうする（ことによって成立する）ことなのか、という疑問が湧く。「客体として与えられる直観」にはかかわらないというのだから、私は永井均であるとか、東京駅まで来たので横須賀線に乗り換えようとか、さっきはいい天気だなと思っていたが今は雨が降りそうだと思っているとか、そういった諸々の繋がりとは独立に、「私である」という同一性だけを意識しているということであろう。それはいかにしてあるいはそもそも可能なのか。

33　人格の同一性であれば、私は永井均であるとか、東京駅まで来たので横須賀線に乗り換えようとか、さっきはいい天気だなと思っていたが今は雨が降りそうだと思っているとか、そういった中身の繋がり（とそれと繋がった身体の物体としての同一性）によって成立しているといえる。その種の個別的な内容的繋がりなしに、「私である」という自己意識だけで同一性が確保されうるだろうか。超越論的統覚の同一性によって？　いや、それはありえない。超越論的統覚はだれもがそれを持っており、そのはたらきはだれの場合にも同一であらねばならないはずだからだ。それでは、そのうちどれが私の統覚であるかは、いかにして識別可能なのか。驚くべきことだといえるのかもしれないが、これは独在性に頼らざるをえない。なぜか一つだけ、カント風に言えば、実然的に存在しているがゆえにもっぱら「置き移す」側にいるやつがいる（他はすべて置き移される側にいる）という現実がある。その基準によって、どれが「私である」のかがわかる。それしかありえない。* このことの成立には、超越論的統覚の形式的・論理的なはたらきも、「主体がそれによって客体として与えられる直観にかかわる」ような感性的・個別的なはたらきも、少しも関与できない。独在性はそれにたいしてはまったく無関与的である。にもかかわらず、独在性のはたらきを前提しないかぎり、カントがここで言っていることもまた成り立たないだろう。これはおそらく、カントと合理的心理学者たちが密かに共有している前提であろうと思う。

＊ 超越論哲学者や合理的心理学者はもちろんそうなのだが、それ以外の経験論者も唯物論（物理主義）者も……哲学に無縁な人も、だれが「私である」かを知るにはこの独在性の基準を用いている。それ以外の方法は存在しないからだ。皆これを使っているのではあるが、超越論的観念論と合理的心理学だけが、その学説の根源において本質的にこれに依拠しているのではないか、という疑いを抱かせるという点で、他の諸学説とは本質的に異なっているのである。

34 しかし、じつのところこれは、これで問題は解決されたのではなく、むしろ問題はここから始まるのである。「同一性」という問題が生じるのはここからだからだ。独在性の原理によってだれが「私である」かがわかったとして、それが維持されるのはどのようにしてなのか。それが、その「私」の同一性の問題である。独在性の原理が毎瞬はたらきつづければ、そのことによって同一性が成立するだろうか。毎瞬とぎれなく独在性の直接知がはたらき続けることで同一性が成り立ちうる、というのが合理的心理学の魂論の根幹にある隠された直観であり、カントはそれこそを批判した、と考えることもできる。カントの本質的な批判はそれでも維持されるからだ。ともあれまずは、独在性の必要性を認めた以上、私が合理的心理学に帰したこの考え方（＝毎瞬とぎれなく独在性の直接知がはたらき続けることで「私」の同一性が成立する）にも十分な根拠があることをまずは認めていただかなければならない。とはいえ、それに完全に説得されてしまってもまた困る。直前の独在性と現在のそれとが同一の私にかんするものであることはいかにして知られうるか。と問われれば、それは現在そう思うということの内にしかないであろう。二つを比較してその繋がりを確かめる方法はないからだ。だから、この場合、同一性は独在性の事実そのものの繋がりの内にはなく、現在におけるその記憶に頼っている、といえるように見える。しかし、独在性を記憶するということはそもそも意味をなさないのではないか。私はかなり昔もつい先ほどもやはり私であった、特定のだれかであったという意味においてではなく、独在性（しかなさ）の意味において、すなわち世界がそこから開けている原点であったという意味において、という記憶は、そうでなかった記憶をもつことは不可能であるという意味において、そもそも記憶の体をなしていないからである。この意味において、だれも「私はかつても私であった」という記憶をもつことはできない。カントなら「分析的」と言って終わるでもあろうこの事実には、しかし、さらにもう一歩掘り下げて考察すべきものがあるはずだ。

35　それぞれの記憶内容はもちろんそれぞれ異なるが、それが自分の記憶であるということがとる（とらざるをえない）形式はだれの場合も同一である。それと同じことはたしかに「私であること」についてもいえる。それもまた、だれの場合にもまったく同型であるはずだろう。各人がそれぞれ自己を意識するであろうが、そこに伴う個別的内容を度外視して、それだけを抽象してみれば、それらはまったく同型であるはずだろう。しかし、もしそうであるなら、それぞれバラバラの記憶や意図をもつという点で異なるだけの、そうした同型の諸自己意識たちの中から、どれが自分であるかはいかにして識別可能なのか。そして現実にどのように識別しているのか。この形而上学的に困難なはずの問いに対して、事実として与えられている答えはしごく簡単で、カントもまた認めているように、実然的な自己意識はじつは現に一つしか存在せず、他はみな（カントによればそれを置き移すしかない）蓋然的なものにすぎない、という差異の存在によって、なのである。* この事実を使用する以外には、自己を識別する方法は存在しない。** 一般的な意味での「私であること」の成立そのものの中にも、じつのところはこの事実が（抽象化された形で）深く入り込んでいるのだが、*** それを含めて、ここに様相的差異の把握（カントにおける「蓋然性－実然性」の対比のような）が決定的な役割を演じざるをえないことがとりわけ重要である。****

＊ 段落15での説明を踏まえてもう一歩踏み込んで説明するなら、基本的にこの世界の構造はあの「異様」な唯一者から開かれる錐的構造をしており、その内部から自己を世界内に位置づける超越論的世界構成が為されるのだが、唯一者から開かれるという構造そのものはどの段階でも消滅しない。この構造はこのように一般論として相対化しても語れるが、それにもかかわらず、そのように相対化せずに、現実の「異様」な唯一者から開かれる、これ一つしかない、という絶対性の要素なしには成り立たない。これはつねにすでに一般論として語られもするとはいえ、じつは一般論ではないのだ。だから、語られているのはじつは「一般論ではなさ」なのである。

＊＊　この点について最も単純明快には、拙著『新版　哲学の密かな闘い』（岩波現代文庫）に入っている「自分とは何か―存在の孤独な祝祭」（とくに66頁とその周辺）をお読みいただきたい。ついでに、次の「〈今〉と〈私〉の謎」も読んでいただけるとなお有難い。全体としてもごくごく短いものである。

＊＊＊　だからこそ一般化された「誤同定不可能性」のような事実が成り立つわけである。だから、私自身に誤同定不可能性の問題が起きるとき、それはつねに二重に起きていることになる。そのことによって「語りえぬ」こととされるものについては、段落37の注＊＊の中の「ついでにいうにはあまりにも重要すぎること」のところを参照されたい。

＊＊＊＊　それが人称カテゴリーの起源なのではあるが、様相的に把握するということを他面から見ると、これは独我論を退けるという意味をもつ、という点もまた注目に値する。実然的‐蓋然的の対比には事象内容的な対比は対応しないからだ。それが実然的であろうと蓋然的であろうと、事象内容的にはまったく同一でありうる。そのように考えた場合、「置き移す」という思想ももっと精密化されねばならないことになるだろう。超越論的に捉えた場合、それは様相を置き移す（すなわち思考において現実性を与える）だけであるはずである。これを、他者の心の中を想像する（想像的に付与する）といった経験的事実から峻別することが、とりわけ重要だろう。カントもだが、独我論的側面をもつ多くの哲学者がここを混同しているように思われる。この問題を鋭利に捉えたのは、おそらくウィトゲンシュタインだけであり、多少とも引き継いだのは私の知るかぎりでは日本の大森荘蔵だけである。彼らは、ふつうに置き移すだけでは「彼の頭に私が痛みを感じる」といったことしかできないではないか、という問題につねに敏感であった。そうではなく彼が頭が痛いことはいかにして可能な

のか。この差異こそがこの問題のキモであろう。私は、この問いには人称がカテゴリーである（すなわち人称をカテゴリーとする）ことによってという答えしかありえないと思うに至った。

36　このことはもちろん記憶にも当てはまる。記憶しているとか、思い出しているとか、その種のことにかんしては、当然のことながら、ごく普通に独在性が直にはたらく。その意味では、実然的（現実的）な記憶もやはり一系列しかありえない、といえる。* とはいえ、その内容にかんしては、その現実的な独在性は直には届かないのだ。それが届くのは思い出しているというその事実まで、である。思い出されている内容のもつ独在性（「あの時も私は世界の開けの原点であった」等々）は記憶というものがとらざるをえない形式にすぎない。過去との繋がりの内に最終的な独在性が直接的に浸透することはできないのだ。** 最終的な独在性が直接的にはたらく現に思い出すというそのことによってではなく、思い出された内容としての記憶そのものによって人格は個別化され、だれであるかは定まる。それが魂は持続できないということの真の意味である。われわれは魂ではなく人格（Person）なのだが、それは独在性が直接的には持続できないからなのである。

＊　それゆえ、記憶の場合、独在性（しかなさ）による基準（第一基準）と記憶内容の整合性による基準（第二基準）が矛盾するという想定が可能であることになる。これはたとえば、ジキル博士がハイド氏である時の自分の体験や行動をわがこととして思い出せ、逆にハイド氏もジキル博士である時の自分の体験や行動をわがこととして思い出せる、だから一人格として整合性のない二系列の記憶をど

ちらもありありと思い出せる、というようなケースである。連関なきたんなる生起の記憶というものもまた可能であるかぎり、これは不可能であるとまでは言い切れない想定なのだが、それならいかなる理由で「ジキル博士が…」とか「ハイド氏が…」とかいえるのか、すなわちいま「ジキル博士である」ことや「ハイド氏である」ことそれ自体はいかにして可能なのか、という（想定の成立根拠そのものにかんする）問題が成立せざるをえない。この問題は、ウサギ－アヒルの反転図形が同時にウサギとアヒルの両方に見える（これもまた不可能とまでは言い切れないであろう）といった問題とは、同種の問題といえる側面をもつにもかかわらず、水準の異なる問題であり、だから水準の異なる不可能性があるはずである。もし本当に両者の体験をいずれも対等にわがこととして思い出せるのであれば、そのとき彼は（主体自身が）その合体者であらざるをえない、という問題がそこにあるからである。しかし、今度は、それは可能であろうか。ふたたびそれは不可能とまでは言い切れないことになるだろう。

＊＊　記憶内の独在性は記憶という形式が取らざるをえない一般形式としてのそれであり、ふたたび段落15の議論とつなげて語るなら、これは段階を一つ上げないと成立しない。私が昔から使っている記号法で表現すれば、〈〉は《》となって持続可能となる、ということである。

37　だから、過去にせよ未来にせよ、いま私であるその人物が（つまり過去の自分や未来の自分が）二人存在したなら（つまり、たとえば自分がジキル博士であるなら、ジキル博士の記憶をもつ人物が二人いたなら）、自分が二人のうちどちらから／へと持続しているのかは自分自身にもわからない。というかむしろ、そもそもそういう事実（どちらから／へと持続しているという）は存在しない。存在しうるのは、現在においてどちらであるか、だけであり、これははっきりと存在することができるが、時間的な持続にかんしては形式によって私であり続けることができるだけなので、その時点において自分はじつはどちらであった（ある）か、という問題は存在しない。そして、そのように形式によって私であり続けうるためには、すなわち形式としての「私」を保存しうるためには、（まさにカントの言うとおり）対象化されて世界内の一個体とされるという経路を経ることが必要不可欠となる。が、その際にきわめて重要なことは、そのことで独在性が消滅するわけではない、ということである。すなわち、そこでもまた形式化されて保持されざるをえない、ということである。* ここにも独在性はあるが、それは一般化された形式的なものにすぎない。** 可能な繋がりはすべて、私は永井均であるとか（東京駅まで来たので横須賀線に乗り換えようとか、さっきはいい天気だなと思っていたが今は雨が降りそうだと思っているとか）、そういった中身の繋がりしかありえなくなる。

＊　出てくる度に指摘してしつこいが、これがすなわち風間問題である。もう一つ、こちらも何度も言及してこれまたしつこいが、段落15の言い方で言えば、階層を上げて形式的に保持されるということである。

＊＊　私が使ってきた記号法でいえば、〈私〉は《私》となって保持される、ということになる。この際に維持される「私」連続性は、そうでないことは不可能（その形式をとらざるをえない）ということであるから、何らかの知（認識）ではない。知であるとしても、これこそは分析的真理の知であるといえる。ついでにいうと（ついでにいうにはあまりにも重要すぎることだが）、これに対して、現

在において〈私〉であること（そこで最終的な独在性が成立していること）のほうは分析的真理ではないので、そうでないことも可能なのではあるが、にもかかわらず、この場合もまた通常の分析的な真理もまた成立してはいるので、すなわち二種の異なる真理が重なって成立してしまうので、そうでないことは不可能でもあることになる。（舌の根も乾かないうちにもう一度いうが、これもまた風間問題である。また段落15との繋がりでいえば、一段ずれて同じことが成立してしまってもいる、ということである。）だから、形式上は、そうでないことは不可能であることのほうが正しいことになってしまい、疑う余地なくあるにもかかわらず言葉の上では無きこととされる「語りえぬもの」がここに生じることになる。時間という観点からこれを見れば、時間的なずれが図式化を作り出す、とこれを見ることもできる。すなわち、端的な今と他の時とのあいだにある関係が、その時の今とその時の今にとっての他の時とのあいだにある関係と、同じ関係とみなされてしまう、ということがここに起きるのである。（ここでは是非とも第5章の段落51を参照して、その同型性を確認していただきたい。）

38　だから、人格同一性の根底に自己同一性というものは存在しない（もしかりに存在するとしてもごくごく微弱にごくごく短期的にしか）。存在するのはヨコ問題における端的なしかなさとしての主体と、それのもちうる超越論的な統覚のはたらき、それに由来する人格の同一性、だけである。最初の、ヨコ問題におけるその主体が悟性と感性と構想力を備え、超越論的統覚でも経験的統覚でもあることによって、そいつは（他者たちではないという意味で）こいつであるだけではなく、特定の内容を持ったその人であるという意味でのこいつでもあれることになる。* われわれが表象する際には、始めから統覚のはたらきというものにも同一性があるかのように表象せざるをえないが、それらはすべてこれらのはたらきの結果であるはずだろう。魂のようなものが存在しうるとしても、その同一性のためには現象的世界内における人格の同一性を必要とし、それを作り出すためには超越論的統覚がはたらかねばならない。

＊　このとき、世界を客観的に構築し自分をそこに位置づけるはたらきが必要となるとはいえ、いくら悟性と感性と構想力を備え、超越論的統覚でも経験的統覚でもあっても、特定の内容を持ったその人でもあるという意味でこいつであることができるだけで、そいつはただそれだけで最初のヨコ問題におけるこいつになりうるわけではない。ここには形而上学的飛躍が存在する。

39　枢要な議論はすでに完了してしまったので、人格性の誤謬推理にかんする第一版の記述からは、以上のような私の見地と本質的に整合的であると解釈できる箇所の一つを引用しておくことにする。他に、いきなり「私を他者の観点から考察する」議論が出てきたり（A362-3）、「弾力のある球が……衝突する」という比喩が出てきたり（A363-4）する箇所も有名だが、質の高い議論とは思えない。前者は、他者などというそもそもそれが何であるかこそが最大の問題である最も不可思議な存在者を主題的に検討もせずに議論の前提として使ってしまっているという点において。後者は、この種の移し入れの寓話は独在性の観点も含めて考えないと本質的な話にはならないという点において。

40　「万物は流転し、世界において持続し留まり続けるものは何もない」という命題は、もし実体というものが存在するなら否定されることになるだろう、というところからこの議論は始まる。

それでもこの命題に対して自己意識の統一を根拠に反駁することはできない。というのは、われわれが魂として持続的なものであるかどうかは、自分の意識に基づくことによっては判断できないからである。なぜなら、われわれは自分が意識するものだけを自分の同一的な自己に数え入れるので、そのため自分が意識している全時間を通じて同一の自己であると必然的に判断せざるをえないからである。しかし、他者の立場に立つなら、これが妥当なことであるとは明言できない。というのも、われわれが魂において見出すのは、決して何らかの持続的な現象ではなく、あらゆる表象に伴いそれを結合する「私」という表象にすぎないため、この「私」（たんなる思考）が、その「私」によって相互に結合される他のすべての思考と同様に、流れ去るものではないのか、については決して決定できないからである。（A364）

「なぜなら…」と始まる第三文はカントなりの「しかなさ」の表現であろう。必然的にそう判断せざるをえないのはそれしかないからである。これを「独在直観を持ち続ける」と言い換えてもよい。次の第四文にも「他者の立場」が出てくるが、これはナンセンスであると言わざるをえない。次の第五文は「他者の立場」からのものではなく、むしろ内在的なものだからだ。それは、しかないものは決して実体にはなれないのだ、と言っている。その通りであり、しかないものはその内部からそこに内在する固有の原理に基づいて外へと開かれねばならず、その結果として自分を人格実体の一つに数え入れるのでなければならない。道はその道ひとつしかなく、カント哲学はその道の存在を発見したのである。だから、議論のこの段階で早くも他者の存在などを前提してはならない。カントのこの達成からさらに他者の存在に至るにはまだまだ多くの段階を経なければならないはずである。

41　第四の誤謬推理は、第一版において「観念性（外的関係の）にかんする誤謬推理」と名づけられているが、それは第二版においては次のようになっている。

「私は思考する存在者としての私自身の現実存在を、私の外部にある他の事物（私の身体も含まれる）から区別している」。これもまた分析的な命題である。というのは、他の事物とは私が私から区別されたものとして考えているもののことだからだ。とはいえ、私自身のこのような意識が私の外部にある事物――それらによって私に諸表象が与えられる――なしにおよそ可能であるのか、そしてそれゆえ、私はたんに思考する存在者として（人間であることなしに）現存することが可能であるのか、こうしたことを私はこの命題によって知ることはできない。（B409）

しかし、この命題もまた、いきなり天下り式に分析的なものとして与えられたわけではあるまい。このことが「私」（や「他」や「外」や「物」）の意味に含まれるには経緯が必要だったはずである。また、「私」が感じかつ動かせるものとして「私の身体」を現実存在する「私」の内に含めないことは私には珍しいことのように感じられるが、それはあくまでも感じかつ動かせるものとしての「私の身体」だからであって（外延は重なるとしても）物体としてのその身体ではないからかもしれない。

42　しかし、経緯の話をし始めると同じ話を繰り返さねばならぬので、ここではデカルトの場合で考えてみよう。デカルトが「私は思う、ゆえに私はある」と言ったとき、たしかに「私」を外部にある他の事物から区別してそう言ったであろうが、「私」という語の意味を分析してそう言ったわけではあるまい（もしそうなら最初から他人の「私」についても同じことが言えてしまい、実際の生身の懐疑の過程などすべて不要だったことになるであろう）。ではデカルトは何を言ったのか。この文脈に合わせて言えば、彼は「私の外部にある他の事物の存在とは異なり、いまこのように考えているこの私の存在は疑う余地がない」と言ったのであり、実際にそう実感してもいたであろう。もちろん、このとき、分析的真理が語られたのではない。ここで是非ともう一度、段落37の注＊＊の中の「ついでにいうにはあまりにも重要すぎること」を再読していただきたい。そこと同様にここでもやはり、二種の異なる真理が重なって成立してしまうために、疑う余地なくあるにもかかわらず言葉の上では無きこととされる「語りえぬもの」が生じる、ということが何よりも重要である。その点を強調するなら、ここで問題なのは「私の存在」というよりはむしろ「この私の存在」で、重要なのは「この」のほうであることになる。カントの対比で言えば、実然性である。

43　この問題の視点に立った場合、私自身のこのような意識が私の外部にある事物なしに可能であるのか否かは重要な問いではないだろう。かりにもしそれが私の外部にある事物なしには不可能であったとしても、他者はなしにも可能であることはすでに言われてしまっている――それこそが実然性―蓋然性の対比そのものであろうから――ことになり、重要なのはその点だからである。なしにも可能であるどころか、この対比なしには「この私の意識」の存在は不可能であるのだから、ある意味では他者とは額面どおりには存在できないもののことであることにさえなるはずである。額面どおりにとは、私とまったく同格の（いかなる遜色もない）「私」として、ということである。そんなものがあってしまったら、私は唯一疑う余地のない存在者ではありえなくなってしまうからだ。だから、「私はたんに思考する存在者として（人間であることなしに）現存することが可能であるのか」という問いのほうにかんしても、可能であるどころか、現実に――それを「たんに思考する存在者として」と形容するかどうかはともかく――少なくとも「人間であること」を超えた仕方では存在してしまっているではないか、といわざるをえないことになるだろう。ここには、観念論vs.独我論の対立という問題があるのだが、カントはこの問題の存在には気づいていないと思われる。

44　「観念性（外的関係の）にかんする誤謬推理」と名づけられた、第一版における第四誤謬推理は、その題名どおり、観念論を批判するものであり、それゆえその主題は第二版の「観念論論駁」と同一であったのに対して、いま論じてきた第二版における第四誤謬推理は、主題の焦点そのものがそれらとは少々ずれているといえる。それは、観念論を論駁して、外的な事物が思考する私の外に実在することを認めようとする議論であるというよりはむしろ、思考する私が外的な事物を離れて自存しうることのほうを否定しようとする議論であるからだ。たしかに、後者のほうが「誤謬推理」の趣旨とは一致するといえる。ところで、第一版の第四誤謬推理論と第二版の観念論論駁とでは、そのように主題そのものは一致しているとはいえ、こんどは議論の方向がむしろ背反していたともいえる。

45　第一版の第四誤謬推理が観念論にすぎないと解釈されたのはやむをえない。それは内的な思考と同様に外的な事物もまた「私は考える」の内部にあるとみなすことによってその確実な存在を確保するというものであったのだから。第二版の観念論論駁ではこれに修正を加え、単純に要約するなら、内的な思考が成り立つためにもすでにして外的な事物の存在が必要とされる、という形にこれを変更した。これを大変更と見なすこともできるが、本質的には同じであると見なすこともでき、私自身は後者の見解なのだが、その議論は本書の骨格をなす議論とは別の、いわば些末な論点なので、重要な話をする際には余計なことは言わないという方針に従って、ここではその議論はしないことにする。というわけなので、第一版の第四誤謬推理にかんしては、私の見解は前章の観念論論駁についての見解と本質的に変わらない。第二版の第四誤謬推理にかんしては、先ほど論じたとおりである。

三　第二版のその後の議論――「唯一の躓きの石」

46　以下では第二版のその後の議論をたどる。まず興味深いのは、この直後に登場する次の言葉である。

もし、あらゆる思考する存在者はそれ自体として単純な実体であり、それゆえそのようなものとして（これは同じ証明根拠からの帰結だが）人格性を不可分に伴っており、あらゆる物質から切り離された自己の現実存在を意識している、といったことがアプリオリに証明される可能性があるとしたら、それは、われわれの批判全体にとって一つの大きな、それどころか唯一の躓きの石となるだろう。というのは、もしそうであったなら、われわれはけっきょく感性界を超える一歩を踏み出して叡智界の領域に足を踏み入れたことになり、そうなればわれわれがその領域で自らをさらに拡大し、そこに定住し、各々がそれぞれの幸福の星による加護によってその地を占有する権利を、だれも拒むことはできないだろうからである。(B409-10)

私はもちろん、カント批判全体は、まさにこの「唯一の躓きの石」のある部分に、完璧に躓いていると考える。私は、あらゆる思考する存在者がそれ自体として単純な実体であるとも、そのようなものとして人格性を不可分に伴っているともまったく考えないが、しかし、この世界に(なぜか現在は)もっぱら(カント用語を使えば)「置き移す」側にしか立てない実然的な「私」というものが存在しているという事実は、あらゆる物質的根拠を欠いているという意味で*、「あらゆる物質から切り離された自己の現実存在を意識している」といわざるをえないと思う。これは明らかなことである。そうでなければ、もろもろの「私」たちのうちからただ一人の(実然的な)自分を識別するというあまりにも簡単なことができないことになる(みんなが平等にそれをするところまでしか行き着けない)からだ。この事実の存在は、カントの「批判全体にとって一つの大きな、それどころか唯一の躓きの石と」なっていることは疑う余地がない**。そのことの帰結にかんしては、この以下の「感性界を超える一歩を踏み出して叡智界の領域に足を踏み入れたことになり、……」という記述が文字どおりそのまま当てはまるといわざるをえまい。

* それに物質的根拠を与えることは可能であり、それは唯物論的独我論という立場になる。これにつ

いては『世界の独在論的存在構造――哲学探究2』で論じた。

＊＊　カントはこの「誤謬推理」の議論を「蓋然的」なものに限っているが、それは不思議な論の進め方であった。そうすると、素直に読むかぎり、そこから除外された実然的な私だけは「叡智界」にいることになるのか、という疑問が湧くからだ。カントはそんなことを言っているつもりはないだろうが、しかし、この議論の構造自体がそれを言ってしまっているとも読むことができ、そう読めばさらに、ついつい本当のことが言われてしまった、とそこを読むこともできるようになっている。

47　カントはしかし、「だが、ことがらを子細に見るならば、そうした危険はそれほど大きなものではない」（B410）と言って、以下のような有名な三段論法を持ち出す。

合理的心理学のやりくちを支配しているのは、以下のような三段論法によって示される一個の誤謬推理にほかならない。

主語としてしか考えられないものは主語としてしか現実存在せず、それゆえに実体である。

ところで、考える存在者はたんに考える存在者としてのみ考察されるかぎり、主語としてしか考えられない。

ゆえに、考える存在者はただ主語としてのみ、すなわち実体としてのみ現実存在する。（B410-11）

自分が無知であるせいでこの三段論法の意味がわからない、と思ってしまう人が多いようなので、そんなことはない、これはわからないほうが正しいのだ、ということを示すために、まずはこの三段論法に対する素朴な疑問を提示しておこう。まずは最初の大前提だが、「主語としてしか考えられないもの」などありうるだろうか、という疑問が湧くだろう。そういうものがもしあったなら、それはたしかに「主語としてしか現実存在」しないかもしれないが、なぜ「それゆえに実体である」といえるのか、今度はそれがわからない。これまでの議論において、「実体」の定義として、または主要な属性としてさえ、「主語としてしか考えられない」などという規定が登場していただろうか。こんなわけのわからないことを突然言われても、とたいていの人は思うであろう。次の小前提はもっと酷い。考える存在者をたんに考える存在者としてだけ考えたとしても、それを述語とすることは簡単だろう。まさに「私は考える存在者である」とか。さらにもちろん「彼は考える存在者である」も。あるいは「彼らは考える存在者を尊敬／軽蔑している」等々も、問題なく考えられるだろう。というわけで、大前提も小前提も「そんなことが言えるわけはないよ」としか言いようのない代物なのだが、しかし、かりにそれらを真であると仮定するなら、たしかに結論は真となるだろう。そういう意味で、これはたんに事実として誤謬であるだけで、とくに誤謬推理ではないといえる。

48　しかし、カントはこれを「媒概念曖昧の虚偽」による誤謬推理であるという。

二つの前提において、「考える」が異なる意味で使われている。大前提においては、客体一般（したがって直観に与えられうるような客体）に関係する「考える」が意味されているが、小前提においては、自己意識との関係において成立するような「考える」が意味されており、客体についてはまったく考慮されておらず、もっぱら主語（思考の形式としての）である自己への関係だけが表象されている。大前提においては、主語としてしか考えられない事物が問題になっているのだが、小前提においては、事物ではなく（すべての客体的なものを度外視した）思考が問題にされており、その思考においては「私」がつねに意識の主体の役割を果たしている。（Ｂ411）

要するに、大前提においては、主語としてしか考えられないような客観的な事物（のおこなう思考）が問題になっているのだが、小前提においては、そういう客観的な諸事物が存在する世界を構成し、そういう世界がまさにそこから開けるような、「私」のおこなうまさにその思考そのものが問題にされている、というわけだろう。大前提は経験的であり小前提は超越論的である、と言ってもよい。*合理的心理学者たちは、この小前提的な「私」のおこなう思考を大前提的な意味での事物がおこなう思考に同化してしまう（ことによって世界内に超越者を作り出してしまう）、とカントは言っていることになる。提示された三段論法の文言にこの対比を重ねるのは無理だとは思うが、この議論そのものは、観念論論駁的な議論の方向とはまた微妙に異なる、むしろこの小前提的な「私の思考」をその客体化・事物化・物象化から守ろうとする議論であり、超越論的な哲学の立場の宣明として、十分に価値のある議論であるとは思う。

＊　段落21の注＊においては、この誤謬推理を人称と格の混同という観点から解釈した。

49　そうするとしかしじつは、前々段落の「主語としてしか考えられないものなどありうるだろうか」という疑問は正しかったことになるだろう。そんな「事物」はあるわけがない、とカントも言っていることになるからだ。では、小前提的な「私は考える」はどのような位置づけを与えられるのだろうか。カントは「そのような概念が実体という名のもとに与えられうるような何らかの客体を提示すべきであるとするならば、すなわちその概念が一個の認識となるべきであるとするならば、……」(B412) という仮定を立てた後、それを次のように続けている。

……、概念が客観的な実在性をもつための不可欠な条件である持続的な直観――それによってのみ対象が与えられる――が、その根底に置かれなければならない。ところが、われわれの直観には持続的な何ものもない。「私」は私の思考の意識にすぎないからだ。それゆえ、われわれが思考の内にとどまるかぎり、実体という概念を、すなわちそれ自体だけで存続する主体という概念を、思考する存在者である自己自身に適用するために必要な条件を、われわれは欠いているのである。(B412-3)

これはカントのデカルト批判の中心的な論点である。何度も言ってきたとは思うが、私はそれを非常に高く評価している。* それにもかかわらず、そこからの帰結として語られる、だから結局「思考一般における自己意識のたんなる論理的な単一性」(B413) しか残らないことになる、という結論には、これも何度も言ってきたとは思うが、少しも賛同していない。カントは、人々がしばしば躓く目前の石を極めて注意深く跨ぎ越したそのときに、じつは自分が別の石に躓いていたことに気づいていないのだと思う。前々段落で引用した、三段論法の解明によってそれが証明されるはずであった、「だが、ことがらを子細に見るならば、そうした危険はそれほど大きなものではない」（Ｂ４１０）という断言は、結局のところ、証明されずに終わったと思う。

＊　カントのこの議論がどれほど素晴らしいものであるか、字面ではそれを肯定しているかのように語るカント研究者たちも身に染みて理解してはいない（おそらくはそもそも論敵の主張の素晴らしさを理解していないために）ように感じられることが多いので、ぜひもういちど本章の段落３の注＊＊＊の参照をお願いしたい。

50　この後の「魂の持続にかんするメンデルスゾーンの証明に対する論駁」は、われわれの議論にとってはさしたる意味のないものなので取り扱わずに、その中からメンデルスゾーンの議論とはとくに関係のない、次の一箇所のみ取り上げて終わることにする。

かくしてカテゴリーの主体は、カテゴリーを思考するということによっては、カテゴリーの客体としての自己自身の概念を得ることはできない。カテゴリーを思考するためには、カテゴリーの主体は、その純粋な自己意識を根底に置かなければならないが、この自己意識こそが説明されねばならない当のものだからである。同様に、時間の表象の根源的な根拠である主体は、時間におけるおのれ自身の現存在を、時間の表象によって規定することができない。そして、そのことが不可能であるならば、前者も、すなわちカテゴリーによってその主体自身（思考する存在者一般としての）を規定することも不可能である。（B４２２）

統一的な自己意識の存在は世界構成の根拠であるから世界の中にある通常のもののようには捉えられない。統一的な自己意識はまた時間の表象の根源的な根拠でもあるから、自分の存在を時間の中にある通常の時間的現象のようには捉えられない。これは、文字どおり、そのとおりだと思う。しかし、ここに落差を差し入れてみよう。統一的な自己意識にも蓋然的な（＝置き移される側の）それと実然的な（＝置き移す側の）それとの二種があり、その差異によって自己を（通常の世界の中においてではないが、段落15で描写したように、それを超えた諸々の自己意識たちがそれぞれ開きうる諸世界を鳥瞰できるような高次のいわば「論理空間」において）把握できる。たんなる一般的な統一的自己意識としてではなく、かといって特定の一人物としてでもなく、それらと合体しているがしかし、唯一の実然的な自己意識として。それはしかし、特定の一人物としてではなく、唯一の実然的な自己意識として捉えられているのであるから、その特定の一人物を離れても、持続しうるのか。すなわち、その点において、それは「魂」たりうるのか。その「私」は、その特定の一人物を離れても（瞬間的・現在的には使いうるし、それどころか瞬間的・現在的にはそのように使うことしかできないのだが）それを持続的に使用しうるか。唯一の実然的な自己意識は特定の人物を経由せずに直接的に唯一実然的であるという点で同一の自己意識として把握されうるのか。もしそれが可能なら、それがたまたま永井均という人物と結びついている状態から、たまたま大谷翔平という人物と結びついている状態へと、変移することもできることになるだろう。* すなわちいわば、魂が転生しうることになる。しかし、それは不可能である。変化や転移はすべてカテゴリー的な、それゆえにまた時間内の現象だからである。それはただ統一的な自己意識である私が（その内部に私であるその人物が実在するような仕方で）開くその世界の内部でのみ、したがって通常の時間的現象としてのみ、可能なのである。だから、いま世界はなぜか永井均から開かれているという事実は確かにあるとはいえ、それだからといって、それが大谷翔平から開かれるように変わるということは、ありえないだけではなく、考えることもできない。かりにそれを考えてみたとしても、結局のところは永井は永井のまま、大谷は大谷のままで、どちらにも何の変化も起きない。** 世界の開けの原点が移動する、といったことは起こりえない。*** もし起きうると想定したなら、それは時間の中にはない出来事となる。****

＊　「ここに落差を差し入れてみよう」以下の議論は、「私」だけでなく「今」についても本質的には同じことがいえる。「今」の存在もまた落差を必要とする。それゆえここでは、それがたまたま第7章段落50執筆中という状態にあることから、たまたま第2章段落20執筆中という状態にあることへと変移する（一年以上戻ることになるが）ことも可能か、という問題を立てることができ、そのことの形而上学的可能性を主張する合理的時間学の主張はありうるが、カントの超越論的時間論によって否定されることになる。この場合も重要なことは、この問いは有効な問いである、でなければ「今」の存

在の特殊性は理解できないのだ、ということをまずは認めることである。
＊＊　もはや先刻ご承知のこととは思うが、これもまた風間くん問題である。
＊＊＊　こうしたことが起こりえないということこそがカントの根源的な洞察である。ただし、形而上学的には（＝われわれには認識不可能ではあるが）起こりうるはずだ、というような問題意識を背後に持っていないと、この哲学的洞察がどれほど価値あるものであるか、その意義そのものが理解できないだろうと思われる。多くの現代人にはそちらができないので、カントのどこがどんなに素晴らしいのか、ピンとこない人が（専門家の中にさえも）多いように思われる。だから、現代においてそれを理解するためには、独在性の立場を身に染みて実感し抜くことしかないことになるだろう。
＊＊＊＊　具体的にいえば、たとえば、それはいつ起こったのかということが（わからないとか決まらないといったことではなく）ないことになる。世界はあるとき大谷翔平から開かれる世界に変わったと考えると、もともとそうであっただけのことになる。いつそのもともとが成立したのかを規定する時間は存在しない。それは、われわれに理解可能な時間を超えた、あるいは手前のことを語ろうとしているからである。われわれの時間は意識の統一を前提にして成り立っており、その外に出る方法はない。

51　この引用文よりも少し前の箇所だが、このような事情をひとことでまとめて、美しく表現している箇所があるので、それを引用しておこう。

われわれが自分の意識の統一を知るのは、経験が可能となるために不可欠なものとしてそれを使用せざるをえないということを通じてだけなのであるから、そのような意識の統一によって経験（生存中のわれわれの現存在）を超えるなどということがどうして可能でありえようか。（B420−1）

これは超越論哲学のマニュフェストともいえる素晴らしい文章で、ウィトゲンシュタイン風にアレンジして言えば、「経験が可能であるということの内に示されていることを（その経験の内部に）取り出して語ることはできない」ということである。これに私が一つ条件を付け加えてよいなら、もし様相的な落差がそこに含まれていなかったならば、という条件を付け加える。しかし、もしこの条件が付いていなかったなら、合理的心理学風の諸学説はもちろん、超越論哲学さえも存在しえなかったであろう、と私は思う。*

＊　だからこの種の洒落た文章も書かれなかっただろう。ただたんに、文字どおり語られずに、それが実践されただけだったであったろう。

52　この後、カントの叙述は概して、この「魂」の問題を実践（道徳）哲学の水準で解決するという話に移るが、これについては本書では触れない。もともとの構想では、このまま続けて『道徳形而上学の基礎づけ』と『実践理性批判』についても論ずる予定であったのだが、すでに分量的にかなり膨らんでしまったので、ここで一応は打ち切り、続きは別著で、ということとした。そこで最後にひとこと道徳について語っておくなら、それはもうこの『純粋理性批判』の世界構成の議論のうちで十分に語られていると私は思う。私が他者たちと相並ぶ一人の人間というものでもあるのだと認めることで、すでに十分に道徳的なのであるから、それに加えてさらに、他者たちと本質的に違いのない、普遍的な人間の一例であるにすぎないところまで自分を類型化、形式化、平板化、隷属化することを要請し、それを賛美することは、理性の暴走というものであろうと私は思う。一人の個人が自分の趣味嗜好としてそのような生き方を選択することには何の問題もないが、それを道徳規範として一般的に提唱し、他人にまで要請したりするのは不当で危険な行為である。しかし、そのことについては、別に論じたい。

付論

この現実が夢でないとはなぜいえないのか?

——夢のような何かであるしかないこの現実について

1

夢は必ず覚めてから後でその本質(夢であるということ)が露呈する。これは間違いなく夢というあり方の一大特徴である。ヘーゲルなら、これを「覚醒が夢の真理である」と表現するでもあろう。それは、夢の反実在論であるといえる。とはいえ、夢という概念がそのようなコンテキストに依存してひとたび導入された後では、やはり逆襲は起こるだろう。覚めることのない夢、たとえば目が覚めてから思い出されることのない夢もまたありうる、と。それは夢の実在論である。いずれにせよ、夢はその内部からはその本質(すなわち夢であるということ)がつかめない、という特徴づけは重要な意味を持ち続けるはずだ。そうでなければ、いま醒めている(現実である)と思っているこれがじつは夢であるかもしれない(夢でありうる)、などということ自体がありえなくなるであろうから。

夢にはその他の内在的な特徴もある。その一つは、次々と状況が与えられて展開してゆき、そこに反省意識が挟まる隙間がない、というある種の切迫感あるいは緊迫感の存在である。反省意識が介入する余地がないのだから、たとえば過去（その夢の中での）を思い出したり、逆に長期計画を練ったりすることも、ほぼないといってよい。これは夢の内在的な特徴ではあるが、偶然的・事実的特徴にすぎない。だから、そうではない夢を見ることもまた可能ではある。この特徴を欠く場合でも、他の諸々の特徴（先に指摘した覚めてから夢だとわかる等の）によって、夢であると判定可能であるからだ。

では、夢の必然的な特徴は何か。それは、幻覚のようなものと類比的に捉えられた、全体として偽であるといった特徴づけであろう。切迫感が無くても、後で醒めなくても、この特徴づけによって「夢を見た」とみなされうるような体験を持つことは可能であろう。それは実在的に偽なる体験であり、後で目覚めて偽であったとわか**る**ことが可能な体験のことである。

2

ところでしかし、後で目覚めなくても、夢的緊迫感などなくても、そのうえ必ずしも偽であるともいえないとしても、われわれの体験には、やはり夢、あるいは少なくとも夢に極めてよく似た何か、であるとはいえるような、ある本質的な特徴が付随しているように私には思われる。言い換えれば、この現実は、一般に思われている以上に夢に似ており、一般に思われている以上に一般に思われている意味での現実にはあまり似ていない、という特質を持つように私には思われるのだ。

　そこで、夢のもう一つの、おそらくは最も本質的であるといえる特徴を提示してみよう。それは、結局のところ、じつは単独の夢見の主体から開けているだけで、そこに他者もたくさん登場してくるし、自分もその世界の一員として（も）登場しているにもかかわらず、じつは他者たちと共有された世界ではない、という点にあるだろう。その世界は、自分も他者たちもともにそこに内属する世界として現象するにもかかわらず、実のところは、そこで自分とされるその主体だけが一方的に体験している世界であるにすぎない。これが夢の本質的特徴であることに異論をさしはさむ人はあまりいないと思われる。その際、夢の本質的な特徴であるということには、夢ではない現実の世界のあり方と対比して、という意味が含まれていることも確かなことであろう。

　ところでしかし、そうであるはずのこの特徴を、この現実は夢と共有してはいないだろうか。現実は、実のところは、夢のもつ（そのことによってそれが現実と差異化されるはずの）この最大の特徴を、夢と共有してはいないだろうか。夢ではない現実の世界と呼ばれているものは、実のところは、その内部に登場する（という建前になっている）ある一人の人物から（だけ）開かれ、実のところは、その人が体験することに尽きている（というあり方をしていざるをえない）のではないか。これに反して、通常の世界解釈においては、一つの共通の世界の内に自分を含めたみんなが共存していると見なされているのだが、それは実のところはある種の作り話にすぎないのではあるまいか。この現実の夢ではなさ（夢ではないことの特徴とされるものを持っているという共通了解）は、実のところはある種の規約に基づいて後から構成されたもの、端的な事実に反する一種の約束事にすぎないのではなかろうか。

3

ところで、この点から逆に考えてみると、その非現実性において一見夢に似ているように思われている、デカルトが提示した悪霊の欺きによって現出する世界とか、パトナムが提示した水槽脳が作り出す世界とか、映画の『マトリックス』の世界とか、あの種の世界はみな、不思議なことに、むしろその作り話（建前、約束事）のほうを、現実と共有しているといえるように思えるのだ。あれらはすべて、みんなが共通に体験する（できる）という形で提示されているからである。つまり、あれらは実はあまり夢に似てはおらず、どれも少なくとも建前上はみんなが共通に見ている夢のような設定になっており、それゆえに夢の最も夢らしい特質を欠いているからだ（それだからこそ現実と区別できないともいえるわけではあるが）。

たしかに、悪霊の場合はもっぱら私を欺くともいえる。とはいえ、悪霊は疑う余地なく他人たちもまた欺くことができる。ともあれ悪霊はただ誰かを欺く（偽なることを真だと信じさせる）ことができるだけなので、私と私でない人を区別してその差異に応じて違いを（その差異を）作り出すことなどはできない。私というあり方をしている人とそういうあり方をしていない人とを区別して、その差異に応じて異なる欺き方をすることなどはできないし、その欺き行為によってその差異を作り出す（つまり私——すなわち夢見の主体——であるというあり方をした人を作り出したり私を私でない——すなわち夢見の主体ではない——人にする）ことなどもできない。彼は事象内容的《リアル》な意味での虚偽しか創り出せないのだ。私と私でない人との違いを、悪霊の欺き行為のどこに位置づけることができようか（創造する神については話が別だが、それは夢に関係ないのでここでは論じない）。水槽脳やマトリックスならなおさらそうなのである（それらのどれによっても、一人の人間を除いて他の人間たちには意識がない実在的《リアル》な独我論世界なら容易に創り出せることに注意せよ）。

それにもかかわらず、悪霊欺き世界も、水槽脳世界も、マトリックス世界も、それぞれの極めて興味深い特性とはまったく無関係に、この現実と同じく、やはり夢のようなあり方をすることもまたできる（今度はまさにそれだからこそ現実と区別できないといえるわけだ）。すなわちそれらは、それが悪霊欺き世界や水槽脳世界やマトリックス世界であることとは無関係に、なぜかその世界の中にある一人の人間からだけ――だからそれを「私」と呼ぶのだが――開けている（という構造をもつ）ことができるのである。何がそれを可能にするのかの答えをそれらの設定のうちに求めても無駄だ。これはまったく驚くべきことでなかろうか（「これは」とは「この無関係性は」という意味である）。悪霊であれ、水槽であれ、マトリックスであれ、それぞれの設定のポイントとはまったく無関係に、その効力によって生じる主体たちのうちの一人がなぜか私である（すなわち世界は一貫してそいつからのみ開けている）という特性をもつことができ、逆に、それらの設定の側がそれを作り出すことはできないのである。言い方を変えれば、なぜかそのうちの一人が私であるというあり方をしているという真に驚くべき事態の成立を、悪霊も水槽脳もマトリックスも説明することができないのだ（とはいえ、そもそもこれが説明できるとはどういうことなのだろうか？）。

4

だから「この現実が夢でないといえるか」という問いに対する答えは「いえない」であり、それどころかこの現実は、それの内部で見られるあの夢たちの一種ではないにしても、それに似た何かではあり、むしろもっと大規模な本格的な夢であることに疑う余地はない。それにもかかわらず、多くの世界解釈はこの事実を無視して成立している。それらはみな、まったく客観的であるか、平等に主観的であるという意味での主観性を許容しているか、どちらかである。どちらであっても、それらはじつは同じ種類のものである。世界が最初から最後まで実は一主体の体験としてしか存在できないようにできている理由はすこしも説明されず、そもそもそれは何が起っているということなのかを問おうとする問題意識の微塵もない。

　だから、私にとってこの現実世界は明らかに夢のようなものなのではあるが、これを読んでいる方々にとってもそうであるかどうかは私にはわからない。しかし、方々がもし実在するのであれば、方々もやはりそういうあり方をしているしかないのではなかろうか。もしそうでなければ、方々は文字通り私のこの夢の中の存在にすぎないことになってしまうからである。そうであっても、私としてはべつにかまわないし、私から見れば、どう転んでも所詮はそうであるしかないのだが、この点では通常の夢とは大きく違って、私には決して分らぬことながら、皆さま方も——カント風に言えば物自体の世界においては——それぞれ夢見の主体として実在しているのではないか、と私は疑っている。おお、しかし、そうだとすると、皆さま方が夢見の主体である世界は、私のこの世界から（重なって存在しているにもかかわらず）なんと遠いことか。そして、そうだとすれば、この現実は（奇妙な言い方になるが）夢よりもっと夢のようなあり方をしているといえるように思う。

これはいったい何なのだろうか。

本書は、二〇二三年四月から二〇二四年八月までWeb春秋に連載された「カントの誤診――『純粋理性批判』を掘り崩す」（全七回）に加筆修正を施し、書き下ろしの第7章と、『現代思想二〇二四年一月号　特集：ビッグ・クエスチョン』に掲載された「この現実が夢でないとはなぜいえないのか？」を付論として加えたものである。

著者
永 井　均　（ながい・ひとし）
1951年生まれ。慶應義塾大学大学院文学研究科博士課程単位取得。信州大学人文学部教授、千葉大学文学部教授、日本大学文理学部教授を歴任。専攻は哲学・倫理学。著書に『存在と時間――哲学探究1』（文藝春秋、2016年）、『世界の独在論的存在構造――哲学探究2』（春秋社、2018年）、『遺稿焼却問題――哲学日記2014-2021』、『独自成類的人間――哲学日記2014-2021』（ともにぷねうま舎、2022年）、『哲学的洞察』（青土社、2022年）、『独在性の矛は超越論的構成の盾を貫きうるか――哲学探究3』（春秋社、2022年）など。

『純粋理性批判』を立て直す――カントの誤診1

2025年1月15日　第1刷発行

著者――――――永井　均
発行者―――――小林公二
発行所―――――株式会社 **春秋社**
〒101-0021 東京都千代田区外神田2-18-6
電話 03-3255-9611
振替 00180-6-24861
https://www.shunjusha.co.jp/
印刷・製本―――萩原印刷 株式会社
装丁――――――明石すみれ（芦澤泰偉事務所）

ISBN978-4-393-32417-2
定価はカバー等に表示してあります